VERTIGEMPORUMFIO

PETER PÁL PELBART

VERTIGEMPORUMFIO
POLÍTICAS DA SUBJETIVIDADE CONTEMPORÂNEA

ILUMINURAS

Copyright © 2000:
Peter Pál Pelbart

Copyright © desta edição:
Editora Iluminuras Ltda.

Capa:
Eder Cardoso / Iluminuras

Revisão:
Renata Cordeiro
Ana Luiza Couto
Milagros Luna

CIP-BRASIL. CATALOGAÇÃO NA PUBLICAÇÃO
SINDICATO NACIONAL DOS EDITORES DE LIVROS, RJ
P433v

Pelbart, Peter Pál, 1956-
A vertigem por um fio : políticas da subjetividade contemporânea / Peter Pál Pelbart. - 1. ed., reimpr. - São Paulo : Iluminuras, 2018.
224 p. : il. ; 23 cm.

ISBN 8573211253

1. Filosofia. 2. Psicanalise. 3. Subjetividade. I. Título.

18-48984
CDD: 150.195
CDU: 159.964.2

2018
EDITORA ILUMINURAS LTDA.
Rua Inácio Pereira da Rocha, 389 - Cep: 05432-011 - São Paulo - SP - Brasil
Tel./ Fax.: 55 11 3031-6161
E-mail: iluminuras@iluminuras.com.br
Site: http://www.iluminuras.com.br

ÍNDICE

PRÓLOGO 7

PARTE I
SUBJETIVIDADE CONTEMPORÂNEA

Eu(reka)! 11

PARTE II
POLÍTICAS DE SUBJETIVIDADE

Direitos humanos e cyber-zumbis 23
Da claustrofobia contemporânea 29
Cidade, lugar do possível 43

PARTE III
CRÍTICA E CLÍNICA

Literatura e loucura 53
A gorda saúde dominante 63
Solidão de Bartleby 83

PARTE IV
A LOUCURA EM CENA

Deserto vermelho 93
Ueinzz – Viagem a Babel 99

PARTE V
TEMPO E LOUCURA

O tempo se quebra 113
Tempo e psicanálise 127
Da psicose.. 145
Subjetividade esquizo.. 161

PARTE VI
VARIAÇÕES TEÓRICAS

Imagens de tempo em Deleuze 177
Rizoma temporal.. 183
Tempo pós-moderno 187
O anjo da morte.. 193

PARTE VII
A GUERRA E O TEMPO

Lembrar de esquecer Lampe! 201
A vergonha e o intolerável 207

REFERÊNCIA DOS TEXTOS..221

PRÓLOGO

Um trapezista se dá conta, subitamente, de que sua vida está por um triz: "Viver assim, com uma só barra entre as mãos... É vida, isto?". A existência de repente lhe parece estreita demais, pobre demais, frágil demais. Passa a exigir dois trapézios em vez de um, e promete "nunca mais e em circunstância nenhuma" voltar a apresentar-se como antigamente, pendendo de uma única barra.

O trapezista de Kafka, em sua exclamação apavorada, expressa o que as acrobacias do mundo contemporâneo tentam dissimular a todo custo: a percepção vertiginosa de que estamos por um fio, a descoberta penosa de ver-se reduzido a quase nada, a suspeita crescente de que esse pouco talvez não baste para prosseguir. Ao lado da certeza esvaída, a vida depauperada, o abismo escancarado, a quebra irremissível no fio do tempo e no contorno da alma.

Se alguns dos textos que seguem podem ser colocados sob o signo desse sobressalto, o foco principal da maioria deles está em outra parte. Pois se é certo que parecemos desarmados diante dos múltiplos sentidos que o desgosto primeiro do trapezista continua a suscitar (o conto de Kafka chama-se "A primeira dor"), é preciso ir além do susto e de seus efeitos de superfície para sondar os gestos de reinvenção da vida que ele esboça. Não há como fazê-lo, no contexto contemporâneo, sem antenar para a miríade de riscos, ofertas e urgências na qual nos lança, na sua oscilação sincopada, a barra do presente.

***

Este é um livro de notas, de sobras, de restos. Quase um diário de bordo. Reuni aqui tudo aquilo que rodeou uma pesquisa de anos, teórica e pessoal, em torno da intersecção entre tempo e subjetividade. Às vezes um estudo sistemático produzido alhures vai deixando à margem uma quantidade imensa de franjas soltas, anotações de percurso, notas de rodapé, páginas avulsas cujo destino em geral é o apêndice, o lixo ou a gaveta. E no entanto, em retrospecto, essa massa de textos vai se revelando menos fragmentária do que parecia à primeira vista, e o autor se dá conta de que existe, em meio ao caos aparente, o que a ciência contemporânea chama de atrator estranho: um ponto para onde convergem distintas trajetórias – no meu caso, muitas intuições embrionárias, desvios aventurosos, curiosidades atrevidas, não suficientemente amadurecidas para constituírem uma "tese", mas autônomas o suficiente para distribuírem seus próprios indícios.

As trajetórias deste livro giram em torno, pois, do efeito de vertigem que resulta dessa intersecção entre a subjetividade contemporânea, com suas mutações próprias, e as cisões na nossa experiência do tempo, seja em suas manifestações estéticas, clínicas, filosóficas ou tecnológicas.

Tal amplitude temática comporta matérias muito heterogêneas, desde uma anedota de Internet até as desventuras de um anjo da morte, uma reflexão sobre a cidade contemporânea, um filme de Antonioni, o diário de Kafka ou mesmo uma peça de teatro encenada com pacientes do Hospital-Dia "A Casa", onde trabalho. Tudo serve para nutrir o pensamento: diferentes perspectivas se revezam, diversos encadeamentos são tentados. Pareceu-me que cada uma dessas modalidades expressivas ou teóricas representava um convite para experimentar de modo renovado a noção de subjetividade, de tempo e mesmo de mutação.

A quinta parte deste livro tem um tom nitidamente mais sistemático do que as demais, já que é composta por fichas de leitura sobre a questão do tempo na loucura, segundo diversas teorias "psi". Apesar da diferença de estilo, esse bloco guarda uma conexão secreta e necessária com o restante.

Reservei um último capítulo para uma incursão de índole inteiramente pessoal na história nada pessoal do Holocausto. Fazia eu aí, é provável, uma pesquisa "íntima" sobre tempo, memória, história e subjetividade, ou ainda sobre as imagens de tempo de que dispomos e às quais recorremos nas nossas diferentes narrativas em torno de colapsos inenarráveis, seja na escrita, no sonho ou mesmo no cinema.

* * *

Parte dos textos aqui reunidos foi originalmente apresentada em colóquios e mesas-redondas, ou em cursos na Universidade. Mantive, na medida do possível, o tom coloquial e ziguezagueante, o caráter ao mesmo tempo circunstancial e experimental dessas falas. A afinidade teórica com a filosofia de Deleuze, evidente na maior parte dos textos, não descarta outras entradas nem hibridismos diversos. Fiquei menos preocupado em garantir alguma coerência teórica entre esses percursos do que em ir operando conceitos, descrevendo cenários e testando as hipóteses de trabalho.

Por isso não tentei em momento nenhum colmatar o inacabamento dos vários textos aqui reunidos, nem atenuar a variação perspectiva que eles propiciam. Talvez o leitor tenha a impressão, ao percorrer estas páginas, de atravessar um canteiro de obras a céu aberto. Se for o caso, ao menos é essa uma imagem sintônica com uma das preocupações básicas deste livro, qual seja, a de conceber a própria subjetividade como obra a céu aberto – obra aberta.

* * *

Aos que me presentearam com sua vizinhança nos últimos anos e assim colaboraram, voluntária ou involuntariamente, na elaboração destes textos – amigos, mestres, alunos, pacientes, aliados e sobretudo as almas gêmeas com quem me foi dado compartilhar secretamente, sem que elas nem sequer o soubessem, o que aqui vem a lume –, que este livro possa valer como retribuição e lhes chegue sob o signo de minha inapreciável gratidão.

PARTE 1
SUBJETIVIDADE CONTEMPORÂNEA

"subjetividade" [...] designação escolhida como que para salvar nossa parte de espiritualidade. Por que subjetividade, senão para descer ao fundo do sujeito sem perder o privilégio que este encarna, essa presença privada que o corpo, meu corpo sensível, me faz viver como minha? Mas se a pretendida "subjetividade" é o outro no lugar de mim, ela não é subjetiva nem objetiva, o outro é sem interioridade, o anônimo é seu nome, o fora seu pensamento [...]

Maurice Blanchot[*]

---

[*] Maurice Blanchot. *L'écriture du désastre*. Paris: Gallimard, 1980. p. 48-49.

EU(REKA)!

Forças poderosas e estratégias insuspeitadas redesenham, a cada dia que passa, nosso rosto incerto no espelho do mundo. Face à vertigem das mutações em curso, sobretudo nessa matéria-prima tão impalpável quanto incontornável a que chamamos de subjetividade, e a exemplo do que ocorreu desde a queda do muro de Berlim, não paramos de nos perguntar: o que se passou, o que terá acontecido que de repente tudo mudou, que já não nos reconhecemos no que ainda ontem constituía o mais trivial cotidiano? Aumenta nosso estranhamento com as maneiras emergentes de sentir, de pensar, de fantasiar, de amar, de sonhar, e cada vez mais vemo-nos às voltas com imensos aparelhos de codificação e captura, que sugam o estofo do que constituía, até há pouco, nossa mais íntima espessura.

Subjetividade e Pós-Modernismo

Talvez seja conveniente acompanhar Frederic Jameson em pelo menos uma parte de sua avaliação sobre o momento pós-moderno[1]. O chamado capitalismo tardio, segundo ele, teria penetrado e colonizado dois enclaves até então aparentemente invioláveis: a Natureza e o Inconsciente. O Inconsciente, diz Jameson, foi açambarcado pela ascensão da mídia e da indústria de propaganda, segundo uma nova lógica cultural do capitalismo que não cabe esmiuçar aqui. Importa, nesse contexto, o preço que se paga quando o capitalismo impregna a tal ponto a esfera cultural e subjetiva, com consequências que se conhecem sob o nome de pós-modernismo: descontextualização dos objetos, privilégio da superfície, império do simulacro, fim das hermenêuticas da profundidade, seja da essência e da aparência, do latente e do manifesto, e com isso da ideia mesma de repressão, seja ainda dos pares autenticidade e inautenticidade, alienação e desalienação – categorias que orientaram nossa cultura marxista, freudiana, existencialista, ou suas hibridações diversas. Ao mesmo tempo fim do sujeito centrado, ou do ego burguês, bem como das psicopatologias desse ego, esmaecimento dos afetos, o desbotamento da grande temática do tempo, da memória e do passado, a irrupção de um eterno presente de fascinação com seu efeito alucinógeno, a de-historicização generalizada etc.

Já podemos interromper esse resumo canhestro de algumas teses de Jameson, é óbvio para distanciar-nos do requisitório generalizado a tudo isso que ele enfia

1) Frederic Jameson. *Pós-Modernismo – A lógica cultural do capitalismo tardio*. São Paulo: Ática, 1996.

alegremente no saco de gatos chamado pós-modernismo. Mas apesar de a tematização explícita da subjetividade como tal ser escassa em seus textos, conviria ao menos reter um de seus pontos de partida para se pensar de modo mais intrínseco a relação entre subjetividade e capitalismo, questão incontornável caso se queira dar algum sentido à expressão "subjetividade contemporânea". Parafraseando Jameson, seria possível dizer que o capitalismo tardio, multinacional, global, globaritário, mundial integrado, em suma, chame-se como se quiser esse momento que vivemos, de fato tomou de assalto a subjetividade para investi-la numa escala nunca vista. Félix Guattari já chamava a atenção para essa preponderância dos fatores subjetivos na lógica capitalística, e sobretudo para o modo pelo qual as máquinas tecnológicas de informação e de comunicação operam no coração da subjetividade humana, não só na sua memória, na sua inteligência, mas também na sua sensibilidade, nos seus afetos, nos seus fantasmas inconscientes.

Das inúmeras consequências dessa investida maciça sobre a subjetividade por parte do capitalismo, cujo alcance ainda mal vislumbramos, ao menos duas parecem incontestáveis, e perfazem um curioso efeito bumerangue. Primeiramente, a subjetividade ganhou visibilidade como um domínio próprio, relevante, capital. Michel Foucault o expressou nestes termos: hoje em dia, ao lado das lutas tradicionais contra a dominação (de um povo sobre outro, por exemplo) e contra a exploração (de uma classe sobre outra, por exemplo), é a luta contra as formas de assujeitamento, isto é, de submissão da subjetividade, que prevalece cada vez mais. Do que ele conclui: "o objetivo principal hoje não é descobrir o que somos, mas recusá-lo"[2]. O segundo efeito bumerangue, estreitamente ligado a esse, é o seguinte: se a violência do capitalismo na sua ânsia de moldar de cabo a rabo a subjetividade se revelou ultimamente de modo tão obsceno e escancarado, ao menos tem isso a vantagem de nos desfazer do mito de uma subjetividade dada. Podemos então, por fim, compreendê-la como plenamente fabricada, produzida, moldada, modulada – e também, por que não, a partir daí, automodulável. Talvez venham daí esses discursos contemporâneos mais preocupados em reinventar a subjetividade do que em decifrá-la. O que Foucault exprimiu da seguinte maneira: cabe-nos "promover novas formas de subjetividade, recusando o tipo de individualidade que nos foi imposto durante séculos".

Fabricação da subjetividade

Ora, a fabricação social e histórica da subjetividade não é um tema novo. Nietzsche mostrou quanta violência e crueldade foi preciso para moldar o homem nessa sua forma atual, quanto terror foi preciso para incrustar nesse animal um mínimo de civilidade, de memória, de culpa, de senso de promessa e dívida, em suma, de moral! São célebres os métodos evocados por Nietzsche como auxiliares da mnemônica entre os alemães: o apedrejamento, o empalamento, o dilaceramento ou pisoteamento por cavalos, a fervura do criminoso em óleo ou vinho, o popular esfolamento, a excisão

---

2) Michel Foucault. Questions et réponses. In H. Dreyfus e P. Rabinow. *Michel Foucault, un parcours philosophique*. Paris, Gallimard, 1984, pp. 303-308.

da carne do peito etc.[3] Recentemente se mostrou que a docilização de um corpo pode recorrer a tecnologias mais suaves, dispensando até mesmo a violência direta, física... Novas maneiras de moldar o corpo, modelá-lo, marcá-lo, excitá-lo, erotizá-lo, obrigá-lo a emitir signos etc. Não cabe aqui aprofundar o sentido dessa domesticação, da qual, pelo visto, ainda nada vimos. Basta lembrar o que daí se depreende mais e mais como um truísmo: se a forma do homem, a forma-homem, é uma moldagem histórica complexa e mutante, não há por que desesperar-se com a exclamação do filósofo: "Estamos cansados do homem". O que o enfastia é o fato de que o homem se tornou um verme medíocre e insosso, e que esse apequenamento nivelado se tornou meta de civilização. O homem está doente, e sua doença chama-se homem, essa forma reativa e impotente que se pretende eternizar.

É preciso então seguir Nietzsche até o fim, mesmo e sobretudo quando seus textos sugerem que o homem aprisionou a vida, e que é preciso livrar-se do homem para liberar a vida... Em termos contemporâneos isso significaria que quando o poder toma de assalto a vida, tendência crescente detectada por Foucault há já duas décadas, a resistência invoca o poder da vida, bem como de suas múltiplas forças.

Mas como liberar as forças aprisionadas sob a carcaça atual do homem? É uma guerra total, cruel, brutal e sofisticada ao mesmo tempo, não menos violenta, talvez, do que aquela que deu origem a essa forma que se quer hoje remover, e cujo campo de batalha não é outro senão o próprio corpo do homem, desde seus genes até os seus gestos, sua percepção, seus afetos. Nada está decidido, pois o homem continua sendo, conforme a definição de Nietzsche, "o ainda não domado, o eternamente futuro". O retrato que Nietzsche nos lega é também um chamamento: o homem, um grande experimentador de si mesmo.

É a partir daí que caberia introduzir o tema da subjetividade contemporânea, e sob o signo desta tríplice determinação: a forma-homem historicamente esculpida, as múltiplas forças que batem à porta e põem em xeque essa mesma forma-homem e a ideia do experimentador de si mesmo.

As novas forças

Seria preciso perguntar-se, a partir desse pano de fundo, quais novas forças, moleculares, cósmicas, biotecnológicas, cibernéticas, na sua violência de infâmia ou promessa, estão em vias de desfazer hoje a forma-Homem vigente. Quais forças até agora desconhecidas nos forçam hoje a novas configurações, ou a novos outramentos, segundo o termo cunhado pelo poeta Fernando Pessoa, ele que era especialista no assunto de virar outro, de outrar-se? Por exemplo, que novos arrombamentos estariam ocorrendo a partir das forças do silício, que compõem as máquinas de terceira geração, ou da engenharia genética? O que nos dizem os olhos inexpressivos da primeira ovelha clonada? Como escreve Deleuze, "não cabe temer ou esperar, mas buscar novas armas". Pois se o capitalismo onívoro e multiforme requer, com toda evidência, uma plasticidade subjetiva sem precedentes, essa mesma plasticidade reinventa suas dobras

---

3) Friedrich Nietzsche. *Genealogia da moral*. trad. Paulo César Souza São Paulo: Brasiliense, 1987. p. 63. As referências ulteriores pertencem ao mesmo livro.

e resistências, muda suas estratégias, produz incessantemente suas linhas de fuga, refaz suas margens. Recria também suas opacidades, suas zonas obscuras, suas intimidades, seus novos prazeres, seus reencantamentos, seus animismos maquínicos e sua erótica inconfessável, como o que se viu recentemente no estupendo filme *Crash*. Cronenberg disse que o romance de Ballard em que se baseou está simplesmente antecipando a psicologia do século XXI. Se nesse filme os carros são usados física e sexualmente, é porque o corpo humano deve doravante ser concebido com suas extensões tecnológicas e nervosas. Como o escreveu uma psicanalista paulista, o carro passa a ser "uma alegoria de estranhas relações possíveis com o inumano tecnologizado"[4]. É preciso reconhecer então as novas conexões e hibridações, os novos territórios existenciais que pipocam por toda parte. Se o capitalismo desterritorializa os sujeitos de suas esferas natais, fazendo com que às vezes eles se reterritorializem sobre referências identitárias arcaicas ou midiáticas, ao mesmo tempo essa nomadização generalizada pode significar uma refluidificação aberta a novas composições, a novos valores e novas sensibilidades. É nesse vetor, molecular, subrepresentativo, coletivo, que podem surgir novos agenciamentos de desejo os mais inusitados, polifônicos, heterogêneos. Seria lamentável se, frente a isso, continuássemos aferrados a uma representação reasseguradora de subjetividade, em um modelo identitário que consideraríamos como traído ou perdido, enquanto de fato a vivemos esgarçada por todos os lados, e devassada por um exterior cada vez mais intrusivo[5].

Sujeito e subjetividade

Talvez o descolamento progressivo da ideia de subjetividade da consagrada noção de sujeito, na qual tem origem e da qual ela deriva, seja uma maneira de incluir uma certa dimensão de exterioridade, de pluralidade e de diferenciação que a ideia de sujeito, na sua simplicidade tautológica, interiorizada e autocentrada, sobretudo a partir de Descartes, mas talvez já muito antes dele, dificilmente comportava. Não cabe entrar nas flutuações por que passou o termo "subjetividade" a partir de seu surgimento no início do século XIX, que vai desde uma reivindicação singular contra a universalidade do conceito, em Kierkegaard, até a condenação global do que Heidegger chamou de uma "metafísica da subjetividade". Tampouco é o caso aqui de aventurar-se no cipoal filológico a respeito da noção de sujeito. Para os sóbrios propósitos dessa digressão eu me contentaria em assinalar que, no tocante à subjetividade, estamos diante de um termo aberto às forças que lhe forem dando sentido, e capazes, como tentarei mostrar, de subverter inteiramente até mesmo seu sentido de origem, – ou o de sujeito, do qual deriva.

Por exemplo, Hegel definiu o sujeito como "o que pode reter em si sua própria contradição", numa estrutura de relação a si e de reapropriação que ainda orienta parte de nossos discursos. Há aí uma ideia de presença a si, de uma unidade ideal

---

4) Miriam Chnaiderman. *As mutações atrozes do erotismo*. In *Folha de São Paulo*, Caderno Mais, 2 fev. 1997.
5) Para essas identidades reasseguradoras, cf. Suely Rolnik, *Inconsciente antropofágico*, no prelo.

pressuposta e, portanto, de uma ligação com a consciência ou a história que todavia persiste. É inegável que Freud provocou nesse esquema uma reviravolta importante, mesmo sem recorrer ao termo sujeito – e seria presunção minha avaliar o alcance dessa reviravolta, ou daquela provocada por seus discípulos maiores que, sim, usaram o termo sujeito. Não é certeza, porém, que a psicanálise tenha se subtraído à matriz mais geral enunciada por Hegel. Não é por ser considerado dividido, descentrado, des-substancializado, ausente a si, que o sujeito necessariamente deixa de subsistir, já que pode perseverar na representação de sua ausência, modalidade bastante invocada hoje em dia. Em outros termos, mesmo uma egologia negativa pode funcionar como uma ontologia do sujeito[6].

A nova paisagem

Mais do que criticar a ideia de sujeito, então, caberia examinar em que medida novos campos a tornam caduca, suscitam novos problemas e a arrastam para outras paragens. Conviria perguntar quais forças hoje estão dando novos sentidos ao termo subjetividade, em que medida tais sentidos distam dessa matriz da contradição ou da reapropriação ou da presença a si citada acima e, sobretudo, que novos poderes, de afetar e de ser afetado, essas forças inauguram. Tomemos um contraexemplo conhecido. Nossos territórios existenciais, hoje em dia, desde o corpo até nossos cultos, estão inteiramente plugados a ondas precárias. Surfamos numa mobilidade generalizada, nas músicas, nas modas, nos slogans publicitários, no circuito informático e telecomunicacional. Já não habitamos um lugar, mas a própria velocidade, como diz Paul Vinho. Ele mostra, no entanto, como essa evolução é necessariamente acompanhada por alguns fenômenos paradoxais. O primeiro é que a rapidez absoluta, ao reduzir as distâncias, encolhe o espaço e o tempo, abole as perspectivas e a profundidade de campo de toda nossa experiência sensorial, perceptiva, cognitiva, existencial, transladando-nos para uma instantaneidade hipnótica e chapada, inteiramente reterritorializada sobre o tubo catódico. O segundo é que somos reduzidos a uma espécie de egotismo tecnológico, já que a referência não é mais o território, ou os territórios existenciais, nem os eixos espaciais ou temporais do mundo ou da comunidade, mas nós mesmos nos concebemos como terminais, espécies de aleijados rodeados de próteses tecnológicas por todos os lados, paralíticos entubados em meio à velocidade generalizada. O terceiro efeito é que uma espécie de telecomando universal e ondulatório vai substituindo as normas, as regras, as leis, a ordenação direta, as éticas locais. O onipresente controle tecnossocial tornou-se nosso novo meio ambiente. Resultado: esse misto de extrema velocidade, extrema paralisia, extrema desmaterialização, extremo controle, extrema serialização. A subjetividade vê-se presa de uma inércia petrificante, de uma hipnose telemediática, de uma infantilização maciça, de uma homogeneização sem precedentes[7].

6) Mikkel Borch-Jacobsen. Le sujet freudien, du politique à l'éthique. In *Après le sujet qui vient*. Cahiers Confrontation 20. Paris: Aubier, 1989.
7) Paul Virilio. *Vitesse et politique*. Paris: Galilée, 1977; *Guerra pura*. São Paulo: Brasiliense, 1984; Vitesse, vielheisse du monde. In *Chimères*, n. 8, Paris, 1990; *O espaço crítico*. São Paulo, Ed. 34, 1996.

A partir daí, poderíamos brincar de *onde está Wally*, tentando reencontrar saudosamente o sujeito, enquanto lugar de representações, suporte delas, presença a si, representação da ausência de si, promessa de reapropriação de si, relação à Lei – nada disso nos levaria muito longe. Em vez disso, ganharíamos mais em reconhecer essa nova paisagem metaestável, onde habitamos ondas, fluxos, uma multiplicidade de componentes fluidos, turbulências moleculares, flutuações, evanescências, e a partir daí admitir a emergência de um tipo de subjetividade "quântica", com seus novos perigos mas também novas potências. Ou, o que talvez dê no mesmo, deixar que o olhar sobre a subjetividade seja redesenhado à luz dessas mutações.

Muito antes que os novos paradigmas se tornassem uma moda cultural, Gilbert Simondon, inspirado pela física quântica, recusava a ideia de indivíduo, e o remetia a um processo de individuação incessante e inacabado, referindo-o sempre a um campo pré-individual metaestável[8]. A partir daí ele pôde redefinir o sujeito como a individuação em curso e um campo pré-pessoal onde ela se dá, bem como a inadequação constitutiva entre ambos. Esse campo, no entanto, o indivíduo carrega consigo como um reservatório de renovação para reconfigurações futuras. Simondon chamou tal reservatório, com sua carga de indeterminação, pelo nome pré-socrático de *apeiron* – ilimitado. O sujeito, que nesse contexto eu rebatizaria de subjetividade, aparece então como o indivíduo e seu *apeiron*, o limitado humano e seu ilimitado inumano, que realimenta constantemente seu campo de possíveis. É um modelo em que a subjetividade aparece em relação íntima com sua exterioridade inumana, com a multiplicidade de singularidades pré-pessoais que a habitam, com as diferenciações que a modificam. Em suma, uma subjetividade coextensiva a seu coeficiente de indeterminação e às metamorfoses daí advindas.

Essa panorâmica supersônica sobre Simondon nos bastaria para indicar como Gilles Deleuze, parcialmente inspirado nos tópicos mencionados, abordou a questão da subjetividade. Deixo de lado inúmeros aspectos importantes de sua obra para concentrar-me em um conceito tardio e dos mais intrigantes desenvolvido por ele – o de dobra. Ele chegou a chamar a subjetividade de Dobra do Fora. O Fora pode ser concebido como o campo em que pululam as forças na sua velocidade infinita. Imaginemos o conjunto de fluxos que aí deslizam – por exemplo, fluxos de partícula, de som, de imagem, de merda, de esperma, de informação, de signos, de dinheiro, de palavras etc. – e uma inflexão subjetiva, tal como uma dobra num lençol estendido. A subjetividade como uma ondulação do campo, como um encurvamento desacelerado, como uma dobra das forças do Fora, invaginação através da qual se cria um interior[9].

Baseado nessa perspectiva, Deleuze entendeu os últimos livros de Foucault como uma análise sobre o modo pelo qual os gregos dobraram a força, vergaram-na, trouxeram-na para si, e assim afetaram-se, criando essa relação a si, um si, seja no nível da alimentação, das relações na pólis, dos prazeres[10]. Daí toda a temática do cuidado de si, das práticas de si, em suma, da existência estética, muito distantes da maneira que temos nós de nos relacionarmos ao si, em que tentamos descobrir o que nos separa

---

8) Gilbert Simondon. *L'individu et sa genèse phiysico-biologique*. Paris: PUF, 1964 e *L'individuation psychique et colletctive*. Paris: Aubier, 1989.
9) Para o tema do Fora e da Dobra subjetiva remeto a trabalho anterior. Pelbart, P. *Da clausura do fora ao fora da clausura: loucura e desrazão*. São Paulo: Brasiliense, 1989.
10) Gilles Deleuze. *Foucault*. São Paulo: Brasiliense, 1988. p. 107ss.

ou aliena de nós mesmos, segundo a matriz já mencionada da reapropriação, ou da presença a si, mesmo quando assumida como impossível. E preciso repetir o óbvio: não sabemos ainda que outras dobras nos esperam, que novas maneiras de dobrar e desdobrar as forças do Fora nos espreitam, que maneiras futuras de desacelerá-las, de abrir-se a elas, de desobstruir a suposta clausura subjetiva – tudo aqui é questão de experimentação. Não é de estranhar que Deleuze possa ter definido o próprio inconsciente como um protocolo de experimentações, das outras tantas dobras por vir.

As dobras da Internet

Nesses moldes, como pensar novas dobras ou desdobras subjetivas ali onde a tecnologia é o meio ambiente, onde a noção de lugar, de corpo e até mesmo de encontro se esfumaçam? Eis um exemplo um tanto estapafúrdio: uma senhora idosa, que mal consegue apertar o botão de seu computador, numa sala de chat da Internet se comunica com grande fineza e habilidade. Ela tem uma personalidade forte, seus ciberamigos passam a respeitar seus conselhos, sua sabedoria, e a vida de vários muda bastante em função dessas trocas inusitadas. Depois de muitos anos, um dos ciberamigos descobre que essa senhora, na vida real, não passa de um psiquiatra de meia-idade. Ele havia começado na rede uma conversa com uma mulher que, por engano, o tomou por mulher. Impressionado com o tipo de intimidade, com a vulnerabilidade, com a qualidade do contato, em tudo contrastante com as conversas entre homens, gostou tanto que quis mais, e foi moldando cuidadosamente seu personagem, de modo tal que, entre outras coisas, um encontro fora do ciberespaço fosse inviável. Isso funcionou por anos, até que um de seus admiradores foi atrás dele e o pegou em flagrante... A notícia espalhou-se rapidamente, e muitos amigos e amigas cibernautas se sentiram traídos, acharam que seus segredos tinham sido violados. Vários chegaram a desconsiderar o ganho que haviam tido em suas vidas com essa troca, desqualificando a riqueza dos encontros em razão da identidade apenas virtual do interlocutor. Allucquère Roseanne Stone, a partir desse caso, tentou pensar a problematicidade desse *self* ciberespacial, que desafia uma tradição em que o *self* está vinculado a um corpo biológico unitário[11]". Há uma maneira curiosa de ler a história das tecnologias de comunicação tomando por eixo a tensão entre os *selves* e os corpos, suas interações, separações e fusões. Por exemplo, o surgimento dos endereços nas cidades, a crescente necessidade de amarrar cada um a sua identidade como se amarra um cachorro ao poste, e as mudanças diversas que intervêm nessa metafísica da presença, através do telefone, do computador, de todas essas tecnologias que criam espaços protovirtuais e que alteram a noção de presença, de corpo, de relação, de incorpóreo, de identidade etc. Nessa perspectiva, talvez esse descolamento cibernético entre o *self* e o corpo não se inscreva na dicotomia cartesiana que pesa sobre nós, mas, justo ao contrário, anuncie uma estranha reviravolta, onde uma espécie de reencarnação virtual estaria em vias de reconfigurar o espaço corpóreo e incorpóreo, reembaralhando corpo e mente ao mesmo tempo que desafia a unicidade do *self*. Ao menos é o que mostram

---

11) Allucquère Roseanne Stone. Virtual System. *In Incorporations, Zone* n. 6, Jonathan Crary e Sanford Kwinter (ed.). Nova York, 1992.

algumas pesquisas recentes sobre esse corpo virtual e sua pregnância, em que toda uma ideia do si está em vias de transformar-se, dissociando-se ainda mais do corpo biológico e de sua unidade suposta. Essa constatação não é nada efusiva, mas tampouco é apocalíptica, pois a questão não é a da perda do corpo, em nada mais perigosa do que aquela promovida pelo platonismo, pelo cristianismo ou pelo cartesianismo, e sim dos novos corpos, incorporações, encarnações aí possíveis, dos múltiplos eus emergentes e dos novos sentimentos de si com eles criados[12]. Ora, como não pensar que há outros sentimentos de si imagináveis, ou mesmo impensáveis, em estado embrionário, em gestações complexas no entroncamento entre o homem, as máquinas, os fluxos materiais e imateriais, recriando a subjetividade incessantemente, em todas suas manifestações? Subjetividades nascentes, polifônicas, heterogêneas, mestiças, individuais ou coletivas, emergindo como outros tantos territórios existenciais, na adjacência de outras alteridades subjetivas...[13] Para acompanhar esses nascimentos, em vez de tomá-los como meros avatares de estruturas universais, impõe-se uma prática cartográfica mais aberta e construtivista, que se pergunte ao mesmo tempo que novas velocidades e lentidões estão em vias de engendrar-se, mas sobretudo que novos afetos cada uma dessas formas emergentes favorece.

Subjetividade quântica

Veja-se o caso trivial do olho. Ainda nos anos 1920 o cineasta russo Dziga Vertov, em seu manifesto, entendeu o alcance subjetivo da revolução operada pela câmera cinematográfica. Diz ele: "Eu sou o cine-olho. Eu, máquina, vos mostro o mundo do modo como só eu posso vê-lo. Assim eu me liberto para sempre da imobilidade humana. Eu me aproximo e me afasto dos objetos, me insinuo entre eles ou os escalo, avanço ao lado de uma cabeça de cavalo a galope, mergulho rapidamente na multidão, corro diante de soldados que atiram, me deito de costas, alço voo ao lado de um aeroplano, caio ou levanto voo junto aos corpos que caem ou que voam..."[14]. E eis o olho humano tomado num devir-objeto, num devir-cavalo, num devir-bala, num devir-aeroplano, num devir-pássaro... Deixar a forma humana para esposar novas forças, da velocidade dos engenhos, do microcosmo molecular, da verticalidade aérea e suas vertigens. Com tudo o que o início do cinema deve à fotografia e à pintura, à história da perspectiva e do olhar no Ocidente, é inegável o quanto a arte cinematográfica ela mesma desterritorializou o olho humano e a percepção, deslocando seu centro de gravidade, violentando-a, estilhaçando-a, arrastando-a para outras sensações, para uma outra lógica, para um outro cogito, para uma outra subjetividade, um eu polimorfo, instável, dispersivo, descontínuo, plástico, quase amorfo, um tanto quântico, como sugeriu Epstein ao referir-se ao cinema como um instrumento de representação

---

12) A expressão é de Daniel Stern (*Le monde interpersonnel du nourisson*. Paris: PUF, 1985), no contexto dos diversos *selves* que emergem sucessivamente no bebê. A transposição livre para esse registro sociotécnico é de minha inteira responsabilidade.
13) Félix Guattari. Des subjectivités, pour le meilleur et pour le pire. In *Chimères*, n. 8, Paris, maio 1990, cf. a definição de subjetividade na p. 27.
14) Dziga Vertov. Resolução do conselho dos três. In *A experiência do cinema*, antologia, Ismail Xavier (org.). Rio de Janeiro: Graal, 1991. p. 256.

transcartesiano, como essa máquina de fabricar sonhos, mesmo inumanos. O olho não como suporte de um ponto de vista, mas instrumento de mergulho molecular, ou de surfe, ou de sobrevoo. Que isso tenha sido reapropriado por Hollywood, ou que mais tarde tenha sido incorporado ao videoclipe e ao equivalente geral imagético, que apenas liquefaz os sólidos para acentuar o próprio virtuosismo do meio tecnológico, isso já faz parte dessa lógica em que o meio de entretenimento, agora fetichizado, vira a própria mercadoria. E assistimos a essa videoclipicização do globo, das posturas, das sensações, dos sonhos – assim como Hitler usou o mundo para dele fazer seu cinema macabro. Mas as reapropriações dão-se dos dois lados, em várias direções, como o atesta a videoarte.

Subjetividades emergentes

Seria preciso perguntar, a respeito dessa subjetividade quântica e errática, ou ondulatória e polifônica: que novas velocidades e lentidões ela anuncia, que novos poderes de afetar e ser afetado ela libera, de quais novos afetos é ela capaz, que novas potências e impotências, alegrias e tristezas ela gera, que novas destrutividades aí se gestam, que novas paixões de abolição se anunciam, que novos modos de vida se esboçam? Eu teria vontade, a esta altura, de mencionar uma frase espantosa do psicanalista, psicodramatista, ator e dramaturgo argentino Eduardo Pavlovsky, num romance recente e meio becketiano chamado *Poroto*[15], em que um personagem diz mais ou menos o seguinte: Basta de vínculos, nunca mais vínculos, apenas contiguidade de velocidades. Pergunto se não temos aí o esboço de algo próprio a esse universo que tentei descrever, já bem distante de uma época que Castel situou lá pela década de 1970, quando a preocupação com o cotidiano recentrava tudo em torno da relação e seus dramas. O que significa a frase "Nunca mais vínculos, apenas contiguidade de velocidades"? Não será uma subjetividade mais esquizo, mais fluxionária, mais rizomática, mais de vizinhança e ressonância, de composição de movimentos, e talvez por isso mais resistente aos inúmeros aparelhos de captura, inclusive os provenientes do âmbito relacional!? Não seria uma maneira, entre muitíssimas outras, de evitar que a subjetividade seja moldada à imagem e semelhança do capital, de suas carências fabricadas, de suas estereotipias seriais, de suas capturas, grudes e lamúrias? Terá algo a ver com o que Chaim Katz chamou de "a solidão positiva"[16]? A solidão negativa todos conhecemos, são essas solidões socialmente produzidas, pelo descaso do Estado, pela exclusão dos velhos, dos deficientes físicos ou mentais, dos desempregados, dos inempregáveis etc. Mas a solidão positiva, afirmativa, disjuntiva, consistiria em uma maneira de resistir a um socialitarismo despótico, de desafiar a tirania das trocas produtivas e da circulação social. Aí se esboça, às vezes, uma espécie de comunidade dos desiguais, máquinas celibatárias, subjetividades parciais, onde o excesso e a dispersão inumana não se apagam por uma reinscrição social obrigatória. É algo difuso, às vezes se encontra entre os loucos, às vezes num personagem de Melville, aquele escrevente que incompreensivelmente responde a cada instrução de seu patrão com a fórmula *I would prefer not to*, eu preferiria não. Nem positiva nem negativa, a

---

15) Eduardo Pavlovsky. *Poroto*. Buenos Aires: Búsqueda de Ayllú, 1996.
16) Chaim Katz. *O coração distante, ensaio sobre a solidão positiva*. Rio de Janeiro: Revan, 1996.

fórmula é um tanto abrupta, sem objeto definido, e que soa tanto mais irremissível, criando ao seu redor um estupor crescente, como se Bartleby enunciasse o Indizível, conforme o comentário de Deleuze. E em torno de sua reticência cresce a insânia generalizada, de modo que esse homem sem qualidades, ou sem particularidades, na sua esquisitice solitária denuncia a loucura circundante[17]. Um desligamento que reclama, talvez, outros tipos de ligação, de composição, de solidariedade, de solicitude, outras maneiras de associar-se, agenciar-se e de subjetivar-se, longe dos assujeitamentos instituídos.

Como atentar para a evidência de que, por trás da imagem um pouco total em que nos contemplamos como sujeitos, fremem subjetividades extemporâneas, ou intempestivas, que experimentam futuros ainda impalpáveis, que reatam com virtualidades imemoriais, ensejando singularizações as mais diversas? Como diz Calvino, quem é cada um de nós senão uma combinatória de experiências, de informações, de leituras, de imaginações? Cada vida é uma enciclopédia, uma biblioteca, uma amostragem de estilos, onde tudo pode ser continuamente remexido e reordenado de todas as maneiras possíveis. Nos seus conselhos sobre o que enfiar na mala para levar ao terceiro milênio, ele ainda diz, sobre a multiplicidade: "Quem nos dera fosse possível uma obra concebida fora do *self*, uma obra que nos permitisse sair da perspectiva limitada do eu individual, não só para entrar em outros eus semelhantes aos nossos, mas para fazer falar o que não tem palavra, o pássaro que pousa no beiral, a árvore na primavera e a árvore no outono, a pedra, o cimento, o plástico..."[18].

Não seria então preciso, sobretudo, insistir para que a subjetividade, à qual Nietzsche teria dado o belo nome de "interior envergadura", esteja pronta a viver para o ensaio, em vez de, como diz ele ainda, enamorar-se de si e sentar-se inebriada? O eu como um Eu-reka...[19]

---

17) Herman Melville. *Bartleby o escriturário*. Rio de Janeiro: Rocco, 1986. Cf. os comentários de G. Deleuze em *Crítica e clínica*, cap. X, São Paulo, Ed. 34, e nossas observações mais adiante, no capítulo intitulado "Solidão de Bartleby".
18) Italo Calvino. *Seis propostas para o próximo milênio*. São Paulo: Cia. das Letras, 1990. p. 138.
19) Alguns objetarão que a jubilativa remodelação da subjetividade não passa de um requisito do capital na sua forma atual, sem relação nenhuma com a dita experimentação à qual Nietzsche se refere, ou, no pior dos casos, expressando-se através dela. A fluidificação da subjetividade e de nosso olhar sobre ela seria apenas, afinal, o gozo do capital e de seu poder ilimitado de subsunção.
Ora, é preciso reconhecer, mesmo em meio à mais apocalíptica das leituras sobre a atualidade, que a desterritorialização violenta que o capitalismo impõe à subjetividade (mas isso não a caracterizava desde o início?) extrapola incessantemente os limites que ele mesmo teria interesse em ver respeitados, obrigando-o a deslocar-se. Em outras palavras, a subjetividade desterritorializada pelo capital escapa a suas capturas nas mais insuspeitadas direções: nas modalidades inéditas de sociabilidade, de resistência e de implicação com o presente. É o que nos cabe cartografar sem cessar – novas políticas de subjetividade.
Quanto ao jogo com a expressão Eu-reka, ele me foi sugerido pelo psicanalista Gregório Baremblitt. A expressão "interior envergadura" foi coletada em Nietzsche no "Prefácio" a *Humano, demasiado humano*, § 4 (in *Os pensadores*, XXXII, p. 96), por Alfredo Naffah Neto.

PARTE II
POLÍTICAS DE SUBJETIVIDADE

DIREITOS HUMANOS E CYBER-ZUMBIS

Viver e pensar como porcos

Viver e pensar como porcos. É esse o título de um dos textos mais virulentos sobre as condições de vida contemporâneas[1]. Gilles Châtelet não faz referência ao Carandiru, Rocinha ou vale do Jequitinhonha, nem aos meninos de rua, trabalho escravo, prostituição infantil, e sim às sociedades afluentes do Primeiro Mundo, às democracias-mercado que respeitam os chamados direitos humanos e onde, não obstante, se vive e se pensa como porcos. Bem ou mal, essa é a miragem com a qual a Contrarreforma neoliberal pensa hipnotizar-nos. Caberia examinar brevemente em que medida essa miragem, no contexto do capitalismo tardio, da sociedade pós--industrial ou pós-moderna, nos obriga a repensar a ideia de direitos humanos e traz à tona sua insuficiência.

A equação contemporânea, diz Châtelet, é de uma clareza matemática: Mercado = Democracia = Homem médio. Ou, em outros termos, a Mão invisível do Mercado não só dirige o Consenso democrático mas faz de todos nós esse gado cibernético que pasta mansamente entre os serviços e mercadorias ofertadas. Assistimos com um estranho deleite à fluidificação absoluta das fronteiras, dos mercados, das informações. Fazemos a apologia da flexibilização total, desde as condições de contratação e de trabalho até as relações conjugais. Acabamos nos admirando com a volatização final, não só do capital, dos serviços, do trabalho, mas até do homem. O homem fluido, o trabalho flexível, o capital volátil. Desmaterialização universal e consensual, num grande magma feito de turbulência e equilíbrio, de volúpia e desencanto. O resultado é uma extraordinária operação de anestesia social, fundada na unidade atômica indispensável, o homem médio estatístico, o consumidor ideal, de bens e serviços, de entretenimento, de política, de informação, o cyber-zumbi. O homem médio é resultado dessa fabulosa engenharia social: eis nosso encontro com a modernidade, a capitulação elegante aos ditames da Mão invisível, o contra-ataque planetário dos imbecis.

Diz ainda o autor: passar de bucha de canhão a bucha de consenso e a massa de informação talvez seja um progresso, mas risível. O *socius* torna-se um megavídeogame em que alguns poucos jogadores invisíveis brincam com seus milhões de dólares, de empregos, de vidas alheias. Diante disso, o humanismo universalista é bem palatável, e até mesmo desejável, necessário, porém absolutamente impotente e ornamental: não dá conta do que de fato hoje está em jogo, a saber, o tipo de existência que esse mercado da vida oferece e impõe em escala planetária. Como o diz Deleuze, os direitos

---

1) Gilles Châtelet. *Vivre et penser comme des porcs*. Paris: Exils Éd., 1998.

humanos não dizem nada sobre os modos de existência imanentes do homem dotado de direitos. É deles que seria preciso tratar, das formas de vida vigentes.

A vida pobre

Ora, a mais recente expressão dessa urgência encontrei numa revista editada em Portugal, intitulada *Elipse*, cujo primeiro número tem por tema "A vida pobre". Depois de afirmar que a cultura está em erosão, e também o espírito, a bailarina Vera Mantero escreve: "O espírito pode entreter-se com coisas ricas ou pode entreter-se com coisas pobres. O espírito é uma criatura muito ávida de ocupação. Precisa se ocupar constantemente. o espírito deve ser o único pedaço de nós que ficou criança e que precisa estar sempre entretido com qualquer coisa, se dissermos a coisa assim, a palavra 'entretenimento' torna-se muito menos pecaminosa, enquanto me entretenho com o Glenn Gould e as suas variações Goldberg eu não morro e nada morre à minha volta. Necessitamos das artes para não morrermos, as artes falam conosco, as artes dizem-nos coisas, não se calam, não se calam, não nos deixam no silêncio, não nos deixam naquele silêncio em que se morre de tédio... Vejo as artes como um resíduo, aquilo que resta de uma série de coisas que o ser humano gosta de fazer para manter o seu espírito num determinado ponto de possibilidade. Talvez não só de possibilidade como de interesse. Um ponto em que é possível e interessante existir... O ser humano precisa não estar sempre no cotidiano, precisa de do cotidiano e entrar noutros níveis, noutra sensação do mundo. Precisa fazer coisas não produtivas, sair da lógica da produção, ter objetivos diferentes desses, precisa voltar a saber que não há só um caminho entorpecedor e mecânico, que a vida é mais sutil do que isso, mais rica de redes e nós de sentidos e sensações, de linhas que se cruzam e que baralham e iluminam, é preciso reconhecer essas coisas, assinalá-las, sublinhá-las, não só através do discurso mas também com o corpo, em ações, associando sentidos e elementos, virando de vez em quando as coisas ao contrário, desorganizando e reorganizando. É preciso olear o espírito, olear o ser, é preciso também pensar com o corpo, deixar o corpo falar, pobre corpo. É preciso sair de dentro do porta-moeda e entrar na associação, no delírio, na sujidade... na acoplagem, acoplagem de elementos ao nosso corpo, acoplagem de sentidos ao nosso corpo, ou acoplagem de objetos e sentidos entre si, é preciso entrar na transformação, é preciso entrar no êxtase, na contemplação, na calma, nos sentidos do corpo, no corpo, na poesia, em visões, no espanto, no assombro, no gozo, no inconsciente, na perda, no esvaziamento, no desprendimento, na queda, é preciso tirar os sapatos, é preciso deitarmo-nos no chão, é preciso entrarmos na imaginação, nas histórias, no pensamento, nas palavras, no humor, no pensamento, nas palavras, no humor, no pensamento, na relação com os outros.

"Nós precisamos muito disto, precisamos muito disto tudo, e estamos a ter muito pouco disto e é por isso que, como disse no início, o espírito está em erosão, a cultura está em erosão e nós às vezes estamos muito tristes ou temos a sensação de que a vida desapareceu de cá de dentro.[2]"

---

2   Vera Mantero. In "Elipse – Uma Gazeta Improvável". Lisboa: 1998.

Chamo a atenção para esse *ponto de possibilidade e de interesse* em que um espírito deveria estar para que fosse *possível e interessante existir*, como diz Mantero, e que é justamente o que *viver e pensar como porcos* nos impede. José Gil, como que em eco aos termos empregados por Mantero, escreve em seu artigo, no mesmo número:

"Aqui há tempos atingi aquele ponto central de onde descobri a verdade: que a minha vida é irremediavelmente pobre. Não há nada a fazer-lhe. Aliás, já tentei de tudo, e quanto mais me agitava para contrariar a tendência, mais me aproximava daquele ponto terrível. [...] Não que me falte alguma coisa. Vou a concertos e a exposições, leio muitos livros e revistas, tenho uma discoteca e biblioteca razoáveis, tenho amigos e relações, em suma nada me falta para ter uma bela vida. Mas criou-se uma espécie de fosso à minha volta. É invisível, mas está lá, e faz-se sentir mesmo no meio do concerto mais empolgante. O que ouço toca-me, mas é como se não me tocasse, se olho bem; o que leio fica apenas em mim, não passa de mim, e acaba por amarelecer, sem eco; o que vejo nas galerias de arte e o que lá se diz, é como se não tivessem a ver com a minha vida. E todo o resto é assim. Há um grande buraco no meio das pessoas que lhes abafa a fala e absorve as vozes que vêm dos outros... O buraco alastra como o do ozono. Vai comendo o céu. E como se a pouco e pouco me comesse o corpo. Noto agora que há muito tempo a vida se me empobrecia. Muitas coisas começaram a desaparecer dos meus hábitos, sem que desse por isso. Primeiro, as palavras. Algumas, para começar, depois muitas, numa torrente imensa, desapareceram do meu vocabulário... Com as palavras foram-se ideias, sensações, sentimentos. Gostava imenso de uma ária de ópera [...] Então chorava. Era a melhor maneira de me exprimir. Hoje, já nada disso acontece. É que já não preciso de me exprimir. Tudo me exprime, e muito melhor do que poderia fazê-lo. Para começar, há o Plácido Domingo, e os outros, e as vozes que porventura nascessem na garganta seriam logo canalizadas, moldadas por esses ótimos cantores de ópera. Logo ali, no fundo da garganta, quando eu quisesse dizer a minha solidão e o abandono em que me deixou o amor, eu ouviria, tenho certeza, o fulgor e o luxo da voz de Plácido Domingo... E quem sou eu para pretender assim exprimir emoções tão fortes, mais fortes do que todas aquelas de que sou capaz? Por isso calo-me."

Uma certa contemporaneidade, na sua fosforescência perfeita e esvaziada, nos teria despossuído do poder de cantar, gaguejar, chorar ou sentir. Privados do canto, das palavras, do corpo, da vida, viveríamos um pouco aquela depauperação da experiência de que nos fala Walter Benjamin, quando mostra que diante da guerra, da inflação, da fome e da humilhação, o "frágil e minúsculo corpo humano", que de repente se viu no centro de uma "paisagem diferente em tudo", em que a única coisa reconhecível eram as nuvens, parecia afinal mais pobre em experiências comunicáveis do que antes, não mais rico. Seja não estamos diante da guerra, inflação, humilhação e pobreza tal como os combatentes de 1914, é preciso dizer que num certo sentido a depauperação mencionada parece apenas aumentar. Sobretudo num aspecto que Benjamin evoca, e que a revista portuguesa em que foram publicados os textos de Mantero e Gil parece ter levado ao seu ponto extremo, mesmo sem citá-lo: "É hoje em dia uma prova de honradez confessar nossa pobreza"[3].

3) Walter Benjamin. Experiência e pobreza. In *Obras escolhidas*. São Paulo: Brasiliense, 1987.

A vida é uma prisão

Eis então, ao lado do *Viver e pensar como porcos*, e de *A vida pobre*, um terceiro moto para pensar a situação contemporânea e ampliar o espectro desse pequeno comentário. A saber, a frase do militante e filósofo italiano ligado às Brigadas Vermelhas, que depois de anos de exílio em Paris resolveu retornar à Itália, mesmo sabendo que seria preso, para desbloquear, através do que ele chamou de uma "hipótese política", a situação dos exilados e, no fundo, do traumático passado da guerra civil italiana dos anos 1970. Toni Negri, antes de sua partida, ainda em Paris, explica a amigos o sentido desse retorno ao país de origem, numa conversa memorável: nesse momento de extrema sabedoria, como Sócrates antes de ingerir a cicuta, em que se está para além do bem e do mal, ele afirma, surpreendentemente, não existir uma diferença tão essencial entre a prisão e o resto da vida. "A vida é uma prisão", lembra ele, quando não a construímos, e quando o tempo da vida não é apreendido livremente[4].

Interessa a evidência sensível assinalada por Negri, de que vivemos todos aprisionados, prisioneiros a céu aberto. Isso tem várias razões, e deve-se, certamente, à maneira como o capitalismo atual invadiu as esferas mais privadas e íntimas da vida humana, desde a fé até o corpo biológico. Não há mais exterior para o capital. Conforme a observação de Frederic Jameson, os últimos enclaves que ainda lhe resistiam, como o Inconsciente e a Natureza, capitularam de vez. Não deveria surpreender, a partir daí, a crescente claustrofobia que nos acomete e que a frase de Negri expressa com tocante simplicidade.

Biopolítica

Mas o que é a vida, já que mencionamos a vida prisioneira, a vida pobre, a vida de porcos que levamos? Giorgio Agamben nos lembra que os gregos tinham dois termos para vida: *zoé*, que expressava o simples fato de viver comum a todos os seres (animais, humanos e deuses), e *bios*, que significava a forma ou a maneira de viver peculiar a um indivíduo ou grupo particular[5].

O poder sempre fundou-se sobre essa cisão entre o fato da vida e as formas de vida. Quando o Estado tinha direito sobre a vida e a morte, ele dispunha sobre a vida nua, sobre o fato da vida. E a vida era concebida como sobrevida, ou sobrevivência. O regime contemporâneo, por sua vez, ao suscitar um constante "estado de emergência" que ele se encarrega de administrar, em nome da defesa da vida sobre a qual pensa ter direito, ele apenas prolonga a lógica anterior. Prevalece ainda e sempre a vida nua tomada como um fato, agora na sua modalidade biológica, – é ela a forma dominante da vida por toda parte. Viver é sobreviver.

---

4) Antonio Negri. *Exil*. Paris: Mille et une Nuits. 1998. p. 11; ed. brasileira como *Exílio*. São Paulo, Ed, Iluminuras, no prelo.

5) Giorgio Agamben. Form-of-life. In *Radical Thought in Italy*, Paolo Virno e Michael Hardt (cd). Minneapolis-London, 1996; *Moyens sans fins*. Paris: Payot & Rivages, 1995; *Homo Sacer* I. Seuil, 1997.

A cada dia, no entanto, parece mais inaceitável a cisão operada pelo poder entre o fato da vida e a forma de vida. Com isso, a vida deixa de ser concebida como um fato para tornar-se, acima de tudo, um leque de possibilidades, isto é, potência, variação de formas de vida. Só então pode-se pensar a vida como política, as políticas de vida, a conjunção indissociável entre vida e forma de vida – a vida como potência de variação de formas de vida[6].

Esses temas são indissociáveis da problematizarão feita por Foucault a respeito do biopoder e suas reviravoltas recentes, das quais selecionamos apenas uma, mais diretamente relacionada ao que aqui nos ocupa. Quando inventou o conceito de biopoder, Foucault pretendia designar o poder para criar, administrar e controlar as populações (nisso estava incluída a educação, a assistência, a saúde, os transportes etc.). Foucault tinha claro que aquilo que o poder investia – a vida – era precisamente o que doravante ancoraria a resistência a ele, numa reversão inevitável. Mas isso colocava um problema político complexo – o campo de ancoragem da resistência coincidia com o campo de incidência do poder. Giorgio Agamben expressa essa inquietação nos seguintes termos: como um conflito em que está em jogo a liberdade e a felicidade dos homens pode ocorrer justo num terreno – o da vida nua – que marca a sujeição dos homens ao poder?[7] A resistência não poderia (ou não deveria) deslocar-se dos termos ditados pelo próprio poder? Tendo em vista o impasse aí embutido, alguns autores tentaram alargar os limites do enfoque foucaultiano. Michael Hardt, por exemplo, nota que o poder de criar, administrar e controlar a vida não vem só de cima, desde o Estado ou da governamentalidade. E preciso admitir que isso acontece também "embaixo": esse poder de criar e promover vida (e não se entenda por isso apenas as atividades de procriação, mas da produção e reprodução de afetos, de subjetividade, de formas de vida) é exercido por todos e qualquer um, sobretudo num momento de economia imaterial em que mais e mais a produção se estende a serviços que requerem e formatam subjetividade[8].

Hardt propõe então ao mesmo tempo adotar e inverter o uso feito por Foucault do termo biopoder. Biopoder não só como o poder sobre a vida exercido desde cima, mas também o poder de criação da vida, ou seja, produção de subjetividades coletivas, de sociabilidade, de formas de vida emergentes. No mesmo sentido vai Toni Negri, ao defender um conceito de biopolítica menos estático do que em Foucault, onde a subjetividade aparece ainda excessivamente neutralizada, segundo ele. Daí sua insistência no "biopolítico produtivo", isto é, na dimensão produtiva e positiva do biopolítico enquanto produção social de subjetividade[9].

Agamben escreveu que o conceito de "vida" deveria constituir o tema da filosofia futura – é isto que Foucault e Deleuze nos teriam legado para pensar. O esforço do

6) Giorgio Agamben. L'immanence absolue. In *Gilles Deleuze – une vie philosophique*, op. cit. Paris: Synthélabo, 1998, p. 180; ed. brasileira como *Gilles Deleuze: uma vida filosófica*. São Paulo: Ed. 34, 2000.
7) Idem.
8) Michael Hardt. "Affective Labor", inédito, incluído em *Tecnosubjetividade – cadernos de subjetividade*. São Paulo: Hucitec, no prelo.
9) A. Negri. *Exil*, op. cit., p. 30. Para uma discussão detalhada dessa inversão, que está longe de ser consensual entre autores próximos a Foucault, ver o n. 1 da revista *Multitudes*. Paris: Exils, março de 2000.

próprio Agamben consiste em investir na "potência" da vida para além do "poder" sobre a vida. Há quem interprete a estética da existência do último Foucault como uma resistência ao biopoder, ou seja, como uma ética cujo objetivo seria justamente livrar-nos das forças que buscam submeter a existência humana (*bios*) à vida biológica (*zoé*)[10].

Nada disso é irrelevante quando se pensa em direitos humanos. Se de fato sentimos que vivemos e pensamos como porcos, se a vida tornou-se pobre, se ela assemelha-se a uma prisão em função dessa nova situação do capitalismo atual, e do lugar central que a subjetividade aí ocupa, se o poder se exerce cada vez mais em nome da vida em sua acepção biológica, é preciso estar atento para o fato de que há uma produção incessante de *formas de vida* exercidas desde baixo. Não basta pensar a vida como uma instância isolada de suas formas produzidas, atrelada apenas a um Estado protetor do direito à vida, dessa vida pensada como um fato e separada das formas que ela reveste. Por isso seria preciso que a ideia de cidadão, ou de homem, ou de direitos humanos sofresse um alargamento em direção a toda essa variação de formas de vida de que uma biopolítica deveria poder encarregar-se.

---

10) James Bernauer. Par-delà vie et mort. In *Michel Foucault philosophe*. Paris: Seuil, 1989. p. 305. Ver também F. Ortega. *Amizade e estética da existência em Foucault*. Rio de Janeiro: Graal, 1999.

DA CLAUSTROFOBIA CONTEMPORÂNEA
(Sobre o fim da exterioridade no capitalismo tardio)

A inclusão hegemônica

Num pequeno apêndice a seu livro *Conversações*, Gilles Deleuze afirma que passamos hoje de uma sociedade disciplinar, segundo o diagnóstico de Foucault, para uma sociedade de controle, conforme a expressão de Burroughs. A sociedade disciplinar era constituída por instituições de confinamento, como a família, a escola, o hospital, a prisão, a fábrica, a caserna[1]. Depois da Segunda Guerra Mundial, porém, as instituições de confinamento começaram a entrar em crise. Seus muros desmoronam (digamos, a família se pulveriza, a escola entra em colapso, o manicômio vira hospital-dia, a fábrica se atomiza) mas, paradoxalmente, sua lógica se generaliza[2]. Ou seja, a lógica disciplinar que presidia as instituições disciplinares se espraia por todo o campo social, prescindindo hoje do confinamento, e assume modalidades mais fluidas, flexíveis, tentaculares, informes e esparramadas. Se antes o social era recortado e quadriculado pelas instituições, configurando um espaço estriado, agora navegamos num espaço aberto, sem fronteiras demarcadas pelas instituições – espaço liso. Enquanto a sociedade disciplinar forjava moldes fixos (pai de família, aluno, soldado, operário) e circuitos rígidos, a sociedade de controle funciona com redes moduláveis. O exemplo de Deleuze é simples: em alguns países os presos já não ficam confinados entre quatro paredes, num espaço fechado, mas circulam pela cidade livremente, com uma coleira eletrônica capaz de localizá-los por toda parte e a qualquer momento. Maior fluidez e mobilidade, acompanhada de maior controle: sociedade de controle. A lógica que antes estava restrita à prisão abarca agora o campo social inteiro, como se a própria sociedade tivesse se tornado uma prisão. Também nós podemos circular livremente entre os diversos espaços, tal como os presos das sociedades mais avançadas, e o fazemos sob o olhar atento das câmaras que nos vigiam e nos pedem para sorrir, excitados com nossa parafernália celular cuja função de coleira eletrônica apenas começa a ser percebida (onde você está? pergunta a mãe ao filho, a mulher ao esposo, o patrão ao funcionário), munidos do cartão magnético que permite igualmente rastrear os mínimos detalhes de nossa vida, ao mesmo tempo que somos monitorados pelas diversas ondas eletrônicas que nos rodeiam por todos os lados: prisioneiros a céu aberto.

---

1) G. Deleuze. *Post scriptum* sobre as sociedades de controle. In *Conversações*. Rio de Janeiro: Ed. 34, 1992, p. 220.
2) M. Hardt. La societé mondiale de contrôle. In *Gilles Deleuze – une vie philosophique*, op. cit.

Deleuze lembra que antes se funcionava do seguinte modo: você não está mais na escola, aqui é o exército, ou você não está mais no exército, aqui é a fábrica, você não está mais na fábrica, aqui é a família. Com a diluição dessas fronteiras, e a extensão ilimitada da lógica de cada uma dessas modalidades, bem como a sobreposição delas, nunca se abandona nada, nem se quita nada: não é mais o *homem confinado*, diz Deleuze, *mas o homem endividado*. Por exemplo, não há mais escola, e sim um processo de formação permanente, a sociedade ela mesma torna-se uma escola interminável, segundo um processo de avaliação incessante. Não há mais produção restrita à fábrica, ou lazer restrito aos espaços de lazer, ou consumo reservado aos espaços de consumo: ao produzirmos estamos ao mesmo tempo consumindo e nos entretendo, ou vice-versa. Quando as fronteiras entre os espaços se apagam tudo é escola, e tudo é empresa, e tudo é família, e tudo é caserna...

Michael Hardt amplia o alcance dessa análise e comenta que não só passamos de uma sociedade disciplinar para uma sociedade de controle, como também de uma sociedade moderna a uma sociedade pós-moderna e, sobretudo, do imperialismo ao Império. A sociedade disciplinar funcionava por espaços fechados em contraposição a um exterior aberto. A sociedade de controle suprimiu essa dialética entre fechado e aberto, entre dentro e fora, pois aboliu a própria exterioridade, realização maior do capitalismo no seu estágio atual. O neocapitalismo apaga as fronteiras, nacionais, étnicas, culturais, ideológicas, privadas. Ele abomina o dentro e o fora, é inclusivo, e prospera precisamente incorporando em sua esfera efetivos cada vez maiores e domínios de vida cada vez mais variados. A economia globalizada constituiria o ápice dessa tendência inclusiva, em que se abole qualquer enclave ou exterioridade. Na sua forma ideal, observa Hardt, não existe um fora para o mercado mundial. O planeta inteiro é seu domínio, nada fica de fora. Chama-se de Império essa forma de soberania que abocanhou tudo.

É como se nessa nova economia mundializada, nesse espaço liso recém-conquistado por inteiro, e Frederic Jameson o diz claramente, o capital revelasse, enfim, sua cara, livrando-se da máscara de que antes necessitava, quando se escondia por trás dos Estados e os utilizava em alianças mais ou menos explícitas. Jameson chega a dizer que a fraqueza dos grandes movimentos políticos dos anos 60 no mundo foi o de ter reduzido a economia política à política, de ter privilegiado o combate às instâncias de poder e de dominação a ponto de evacuar as análises econômicas, em suma, de ter substituído o capitalismo como alvo pelo Estado como alvo, Não se trata de concordar, muito menos de polemizar com tal juízo peremptório, fruto de uma certa ortodoxia em tudo problemática. O fato é que ele mesmo reconhece que foi só nos anos subsequentes que de fato o capital, na sua orgia financeira, se livrou das amarras dos Estados para aparecer soberano na cena planetária. Cabe lembrar o que diz Deleuze a respeito – e o seu trabalho conjunto com Guattari de algum modo desmonta o próprio teor da polêmica: "Só se pode pensar o Estado em relação ao que está para além dele, o mercado mundial único, e ao que está aquém dele, as minorias, os devires, as 'pessoas'"[3].

---

3) G. Deleuze. *Conversações*, op. cit, p. 190.

A universalidade excludente

Voltemos ao postulado de que a mundialização abole o dentro e fora, instaura um espaço liso e significa a inclusão total. Esse novo universal instaura, ao mesmo tempo, um modelo universal exclusivo que tem por característica primeira excluir massas inteiras dessa pretensa universalidade. Numa entrevista dada a Toni Negri, em 1990, Deleuze diz: "No capitalismo só uma coisa é universal, o mercado. Não existe Estado universal, justamente porque existe um mercado universal cujas sedes são os Estados, as Bolsas. Ora, ele não é universalizante, homogeneizante, é uma fantástica fabricação de riqueza e de miséria"[4]. Isso pode parecer um truísmo, que no entanto nos é camuflado o tempo todo – e o livro de Viviane Forrester, *O Horror econômico*, é um libelo comovente contra essa mentira da universalidade, que inclui à força de exclusão. Produziu-se um consenso ainda mais esdrúxulo porque planeja a eliminação de uma parcela grande desses mesmos que são arrastados a esse consenso, já que a nova ordem econômica não os comporta nem pretende incluí-los. Guattari dizia que uma massa enorme já não combate contra o capital, mas contra o fato de que o capital nem sequer se interesse por eles. Robert Kurz faz disso uma análise minuciosa em *O colapso da modernização*, assinalando que o que hoje faz sofrer as massas do Terceiro Mundo não é a provada exploração capitalista de seu trabalho produtivo, mas sim, ao contrário, a ausência dessa exploração. Com o que ele conclui: "A maioria da população mundial já consiste hoje, portanto, em sujeitos-dinheiro sem dinheiro, em pessoas que não se encaixam em nenhuma forma de organização social, nem na pré-capitalista nem na capitalista, e muito menos na pós-capitalista"[5].

O regime universal e omniinclusivo do mercado globalizado, ao mesmo tempo em que tende a engolir toda exterioridade, também secreta, no seu seio, contingentes crescentes de exterioridade potencial.

Sujeição e servidão

Muito antes que a queda do Muro de Berlim favorecesse a extensão ilimitada do capitalismo, transformações profundas no regime de trabalho davam testemunho de como a exterioridade vinha sendo abolida no seio do próprio trabalho. Alliez e Feher, baseados em *Mil platôs*, salientaram a passagem de um regime de sujeição para um regime de servidão, numa verdadeira transformação da relação social capitalista[6].

Resumidamente, o argumento dos autores é o seguinte. Marx chamou a relação salarial vigente no capitalismo de subsunção formal, que põe frente a frente duas figuras tomadas como sujeitos livres, numa troca concebida ao menos formalmente como igualitária. O trabalhador se submete, se sujeita, se vê sujeitado nessa relação que, no entanto, pressupõe sua liberdade.

---

4) Idem, p. 213.
5) Robert Kurz. *O colapso da modernização*. Rio de Janeiro: Paz e Terra, 1993. p. 195.
6) Eric Alliez e Michel Feher. Os estilhaços do capital. In *Contratempo: ensaios sobre algumas metamorfoses do Capital*. Rio de Janeiro: Forense Universitária, 1988.

Ora, o trabalhador que se via sujeitado pelo capital dentro da fábrica passou, a partir de um dado momento, a ser sujeitado pelo capital fora da fábrica. Com o consumo de massa e a produção centrada nos bens de consumo, valia a fórmula de Henry Ford: nossos operários devem ser também nossos clientes. A sujeição do trabalhador, por conseguinte, se estendeu em várias direções: às máquinas técnicas (os bens de produção), às máquinas domésticas (os bens de consumo de massa), aos equipamentos coletivos que deveriam garantir o funcionamento contínuo do circuito e sua retomada dia a dia, às máquinas sindicais que pretendiam representar o conjunto dos trabalhadores. Mas em todos os casos, a sujeição se dava a partir da independência de um sujeito, de uma subjetividade soberana que só se atualizava através da submissão voluntária às condições capitalistas de produção, de consumo e de circulação.

Em outros termos, o indivíduo era livre na medida em que podia circular entre as diferentes esferas (ir de casa à fábrica, da fábrica ao supermercado), e assim realizava e exercia sua liberdade individual, confirmando ao mesmo tempo sua sujeição. Os espaços permaneciam distintos e compartimentados, assim como o tempo (tempo de trabalhar, tempo de consumir, etc.), e o sujeito passava livremente de um tempo a outro assim como de um espaço a outro.

A mutação mais recente que os autores assinalam como sendo a passagem da *sujeição à servidão* tem vários aspectos. A primeira característica dessa fase – e mais adiante veremos como essa mudança se conecta com a sociedade de controle – é que as fronteiras entre as esferas produtiva e reprodutiva, antes demarcadas, tornam-se nebulosas. Por exemplo, a produção não fica centrada na fábrica, ela invade o tecido urbano, os domicílios, se pulveriza e se mistura com o tempo livre. É o que se chama de fábrica difusa, numa nova conjunção entre cidade e fábrica. A expansão da esfera produtiva invade a esfera reprodutiva. E a tendência é cada vez mais trabalhar-se em casa, já que o espaço doméstico torna-se ele mesmo "produtivo", de modo que a empresa coloniza a privacidade do tempo livre. Com isso ocorre um curto-circuito nas esferas anteriormente separadas, pelas quais o sujeito transitava, discriminando-as e experimentando por esse trânsito sua suposta liberdade. A sujeição, cuja condição era a liberdade, e a circulação por espaços relativamente exteriores uns aos outros e discriminados entre si, é substituída por uma nova e contínua servidão.

Lembremos a distinção que fazem Deleuze e Guattari em *Mil platôs*: "Distinguimos como dois conceitos a servidão rnaquínica e a sujeição social. Há servidão quando os próprios homens são peças constituintes de uma máquina, que eles compõem entre si e com outras coisas (animais, ferramentas), sob o controle e a direção de uma unidade superior. Mas há sujeição quando a unidade superior constitui o homem como um sujeito que se reporta a um objeto tornado exterior, seja esse objeto um animal, uma ferramenta ou mesmo uma máquina: o homem, então, não é mais um componente da máquina, mas trabalhador, usuário [...], ele é sujeitado à máquina, e não mais submetido pela máquina. Não que o segundo regime seja mais humano. Mas o primeiro regime parece remeter por excelência à formação imperial arcaica: os homens não são ali sujeitos, mas peças de uma máquina que sobrecodifica o conjunto (o que chamamos 'escravidão generalizada', por oposição à escravidão privada da Antiguidade". O que se anuncia, porém, mais recentemente, é uma espécie de reedição do antigo regime: "Se as máquinas motrizes constituíram a segunda idade da máquina técnica, as máquinas da cibernética e da informática formam uma terceira idade que recompõe um regime de servidão generalizado: 'sistemas homens-máquinas', reversíveis e recorrentes, substituem as antigas relações de sujeição não reversíveis e não recorrentes entre os dois elementos...[7]".

A automação crescente, bem como a informática conjuminam de um modo novo o homem e a máquina, e já não se trata de submeter o operário à máquina, mas de integrá-lo nela. Descontadas algumas nuança teóricas, o exemplo da televisão é paradigmático. A televisão não mais procura captar um espectador considerado como alvo, ou seja, como um sujeito separado que é preciso reter e interessar, mas ela leva o espectador a integrar-se no espetáculo que ela produz. A televisão deixou de ser um objeto central para tornar-se uma parede, uma janela, uma parte do ambiente e do entorno ao qual o sujeito pertence. É o que dizia o diretor do MIT numa entrevista recente no programa *Roda Viva*: o que seu laboratório está tentando é desmanchar o computador, ou seja, diluí-lo no meio ambiente para que ele deixe de ser esse objeto grande, visível, desconfortável, diante do qual nós temos que ficar postados como espectadores atentos. O ideal é que o computador pudesse diluir-se na parede, num relógio de parede, no chão, no copo de água, no tênis etc. Ou seja, que essa separação homem-máquina, sujeito-objeto, que essa sujeição fosse substituída por uma indiferenciação inclusiva (servidão), por uma indistinção, ou mesmo por uma simbiose. É o que Alliez e Feher chamam de progressiva diluição de todas as diferenças de estatuto entre as instâncias ocultadas pelo capital constante (meios e objetos de trabalho) e pelo capital variável (a força de trabalho). É isso a servidão maquínica objetiva dos indivíduos pelo capital – é uma espécie de integração no capital.

Essa escravização implica na emergência de novas posições subjetivas. O trabalhador não mais se reconhece como parte de um sindicato, ou como parte da cidade, mas como parte integrante do próprio capital. Sua dignidade não vem mais do trabalho, concluem os autores, porém do capital.

Na subsunção formal certos domínios da vida, como o tempo de lazer, a fé, as relações familiares, não eram ainda inteiramente penetrados pelo que constitui o eixo do capitalismo, a relação mercadoria/consumidor e trabalhador/capitalista. Ou seja, aquilo que se costuma definir como "privado" preservava ainda alguma autonomia. Eram como oásis não inteiramente exploráveis pelo capital, como o assinala Brian Massumi[8]. A subsunção real, em contrapartida, estende os pontos densos do capitalismo a todo o campo social, não só extensivamente, num novo colonialismo (o globo inteiro) mas intensivamente, numa espécie de endocolonização, conforme a expressão de Vinho. O resultado é que a pós-modernidade comporta a presença do eixo consumidor/mercadoria em todos os pontos do espaço-tempo social. Tudo pode ser comprado, mesmo a vida (suas formas ainda inexistentes já são comercializadas no mercado da engenharia genética[9]), até o tempo.

7) G. Deleuze e F. Guattari. *Mil platôs*, v. I. Rio de Janeiro: Ed. 34, 1995, p. 156-7.
8) Brian Massumi. *A User's Guide to Capitalism and Schizophrenia*. Cambridge, Massachusetts, MIT, 1992, p. 132ss.
9) Ver, a propósito dessa relação entre capitalismo e vida, o artigo de Laymert Garcia dos Santos. Code primitif/code génétique: la consistance d'un voisinage. In *Gilles Deleuze – une vie philosophique*, op. cit.

As implicações da interpenetração das esferas e dos espaços na vida cotidiana são inúmeras. Não se trata mais de adaptar-se ou obedecer a normas, mas de consumir serviços ofertados, que vão desde a dieta até a vida sexual e esportiva. O sujeito não mais se submete a regras, mas ele as investe, como se faz um investimento financeiro: ele quer fazer render, seu corpo, seu sexo, sua comida, ele investe nas mais diversas informações para se rentabilizar, para se fazer render, para fazer render o seu tempo.

O tempo

A subsunção não mais formal do trabalho ao capital, mas real, refaz por inteiro a relação com o tempo. Eu resumo um dos argumentos de Alliez e Feher a respeito da versão neoliberal desse item. Cada indivíduo produz visando uma satisfação final, mas os homens passam mais tempo visando essa satisfação do que usufruindo dela. O objetivo, por exemplo, é crescentemente adquirir meios para ganhar tempo, para ter mais tempo, para ter mais tempo livre. Mas quanto mais o trabalhador quer ter tempo livre e compra engenhocas para poder livrar-se das tarefas que lhe tomam tempo, tanto mais tempo ele investe trabalhando para comprar essas engenhocas. Conclusão: esse hedonismo extremo desemboca num puritanismo extremado. Para ter todo o tempo, ele perde todo o tempo.

Ou seja, o capital, que até recentemente se apresentava como um doador de trabalho, agora se apresenta como um doador de tempo, quando na verdade ele faz apenas o contrário, escravizando o tempo dos trabalhadores e empresários num estoque de fruição retardada. O regime antigo, o da sujeição capitalista, concedia um tempo livre, mesmo se esse tempo livre era controlado, para a força de trabalho se recompor, se reconstituir. Agora, o neocapitalismo tende a investir esse mesmo tempo livre em nome do crescimento de satisfações finais, e com isso o capital tende a subsumir a integralidade do tempo. O tempo livre virou tempo escravizado, tempo investido em ganhar tempo. Se pensamos na informática doméstica, nessa fronteira entre trabalho, entretenimento, hipnose, fetiche, num esforço constante para otimizar o próprio desempenho, temos disso um exemplo banal, entre muitos outros.

O novo regime tenta tornar rentável a totalidade do tempo, evitando que o tempo se escoe em tempo perdido, mas simultaneamente ele também produz essa perda de tempo, através dos desempregados, inempregáveis, e do contingente crescente expulso do circuito econômico e informático, esse que só tem o tempo para perder, que nem mesmo tem como investir em si. É óbvio que essa vacância de tempo comporta seus riscos. Alguns movimentos políticos, a partir do afeto coletivo proveniente desses não garantidos, procuraram investir precisamente em processos de autovalorização alternativa fundamentada não na produção de valores de troca, mas de valores de uso – com o que chegaram a repensar a própria valorização do trabalho.

O trabalho

A tradição hegemônica de esquerda jamais se descolou do trabalho como um valor. Robert Kurz referiu-se de modo cáustico à divinização do trabalho, até há pouco comum ao capitalismo e aos países socialistas: fetiche do trabalho. O marxismo tradicional continuou apegado à sociedade de trabalho como se ela fosse uma condição ontológica da humanidade, e não uma condição histórica, ligada a um certo modo de produção, o trabalho produtor de mercadorias. O comunismo do trabalho era apenas, afinal, uma ideologia rígida da modernização burguesa, segundo ele, uma maneira de acelerar a industrialização pelo capitalismo de Estado. Mas toda essa valorização do trabalho hoje em dia parece cada vez mais caduca, tendo em vista uma espécie de abolição do trabalho, vivida não como alegria e sim como crise, por toda parte.

Michael Hardt, ao comentar a crítica à santificação do trabalho feita décadas atrás pelo movimento operaísta italiano, observou que para lutar contra o capital a classe trabalhadora se sentiu impelida a lutar contra si mesma enquanto capital ("Luta dos trabalhadores contra o trabalho, luta do trabalhador contra si mesmo enquanto trabalhador"[10]). É o trabalhador atacando sua essência imputada, recusando-a. Hardt viu nisso um exemplo da transvaloração de todos os valores nietzschiana, uma ilustração sobre o homem que quer perecer: somente após essa espécie de suicídio da essência pode o homem resgatar sua potência criadora. Portanto, toda essa crítica do trabalho não era uma crítica da produtividade nem da criação, mas precisamente da subordinação dessa produtividade e dessa criação à forma trabalho, e à finalidade mercadoria. Evidentemente, criatividade no trabalho hoje é o que não nos falta, e cada vez mais isso é exigido, porém a criatividade é dirigida unilateralmente para o que produz valor ou o que alimenta a reprodução ampliada do Capital. Como o diz Negri, a criatividade não está orientada para a produção de novas relações sociais (essa seria a verdadeira criatividade), ela apenas reforça uma normatividade da criatividade de que a estética da mercadoria é um testemunho cotidiano[11].

Trabalho imaterial

É possível, porém, que o *trabalho imaterial* tenha introduzido nessa equação novas variáveis, forçando-nos a repensá-la. Do que se trata? Walter Benjamin observava, décadas atrás, que na atividade cinematográfica a separação clássica entre trabalho manual e trabalho mental tendia a desaparecer, já que ali a concepção e a execução andam juntas; em outras palavras, o trabalho e a criação se aproximam. Ora, tal tendência está cada vez mais presente nas profissões ligadas a vídeo, informática, imagem, publicidade. Esses setores requerem um tipo de trabalhador mais autônomo, polimorfo e criativo. Por um lado, mais ligado à materialidade da tecnologia, por outro e ao mesmo tempo, mais intelectual e sensível. É o que se convencionou chamar de "intelectualidade de massa".

Mas por que chamar de trabalho imaterial uma tal atividade? Por que considerá-lo "imaterial", se é um trabalho que mexe diretamente com a matéria? Primeiro, por produzir coisas imateriais. Por exemplo, em vez de fabricar apenas carros ou geladeiras ou sapatos, esses setores produzem imagens, informação, conhecimento, serviços.

10) M. Hardt. *Gilles Deleuze – um aprendizado em filosofia*. São Paulo: Ed. 34, 1996, p. 84-85.
11) A. Negri. Travail et affect. In *Futur Antérieur*, n. 39-40, Paris, 1997, p. 37; incluído na edição brasileira de *Exílio*, op. cit.

Em um segundo sentido, é trabalho imaterial na medida em que incide sobre algo imaterial, que é a subjetividade humana. Consumimos hoje sobretudo fluxos, de imagem, de informação, de conhecimento, de serviços. Esses fluxos formatam nossa subjetividade, revolvendo nossa inteligência e conhecimentos, nossas condutas, gostos, opiniões, sonhos e desejos, em suma, nossos afetos. Consumimos cada vez mais maneiras de ver e de sentir, de pensar e de perceber, de morar e de vestir, ou seja, formas de vida – e mesmo quando nos referimos apenas aos estratos mais carentes da população, ainda assim essa tendência é crescente[12].

Mais do que apenas afetar nossa subjetividade, os fluxos consumidos têm uma dimensão propriamente afetiva. Mesmo o entregador de pizza, lembra Hardt, comporta um viés afetivo, nesse misto de cuidado, maternagem, trato, comunicação... Assim, desde os trabalhadores de *fast food* até os provedores de serviços financeiros, está em jogo um cuidado, uma interação, uma comunicação humanas, por mais que isso tudo seja absolutamente estandartizado, caricatural, interesseiro. O trabalho imaterial é trabalho afetivo no sentido em que seus produtos são intangíveis: um sentimento de tranquilidade, bem-estar, satisfação, excitação, paixão – ou até mesmo a sensação de estar simplesmente conectado ou de pertencer a uma comunidade. Talvez isso é o que hoje mais se venda, ou se alardeie, ou se ofereça: efeitos afetivos que constituem, ao mesmo tempo, o conteúdo cultural da mercadoria[13].

Daí uma característica importante do trabalho imaterial, ou do trabalho afetivo – e num certo sentido eles são equivalentes, como vimos, na medida em que o trabalho imaterial mexe com os afetos–, o seu caráter feminino. Não que ele seja exercido por mulheres, mas o seu exercício requer qualidades que até recentemente faziam parte do universo tradicionalmente feminino. Por exemplo, a atividade de garantir o contorno, de cuidar das conexões, de administrar os afetos, de oferecer um chão existencial, de gerir um grupo de trabalho, como se gerencia o bom andamento de uma casa – essas qualidades, que antes eram consideradas necessárias apenas no domínio da reprodução, agora são parte essencial do domínio produtivo. É o que Toni Negri chama de *devir-feminino* do trabalho.

Assim, percebe-se que há uma relação necessária entre o trabalho afetivo e as redes sociais, as formas comunitárias, a capacidade relacional, numa espécie de engendramento recíproco: o trabalho afetivo cria essas redes e ao mesmo tempo é criado por elas. Tal tendência é nuclear no capitalismo atual. As sociedades mais ricas são hoje, num certo sentido, aquelas que melhor desenvolveram esse misto de conhecimento e relação, informação e conexão, intercâmbio vital e educação dos cérebros – e esse parece ser hoje o capital mais promissor. Se a convivialidade, a proximidade, a imaginação coletiva, um certo grau de cooperação são considerados essenciais no processo produtivo, então o investimento afetivo na reprodução da comunidade não é uma condição lateral da produção, mas é fonte de enriquecimento, de valor, de valorização. Ou seja, a produção de subjetividade, os processos vitais ricos em relações intelectuais e valores afetivos, passam a ocupar um lugar cada vez mais central do processo produtivo.

Estamos longe do filme de Chaplin, *Tempos modernos*. Hoje cada vez menos basta saber apertar um parafuso. O capitalismo não tolera mais sujeitos burros,

---

12) Maurizio Lazzarato. Immaterial Labor. In *Radical Thought in Italy*, op. cit., p. 133ss.
13) M. Hardt, "Affective Labor", op. cit.

nem apáticos, nem isolados – cada vez mais ele se atrela a requisitos subjetivos. Para trabalhar na televisão, no vídeo, na publicidade, na informática, na moda, mas talvez isso valha igualmente para o campo da saúde, e especialmente da saúde mental, ou da educação, cada vez se requer mais a subjetividade de quem trabalha, sua personalidade, mobilidade, autonomia, decisão, comunicação, coordenação, capacidade de administração da própria atividade e da dos outros. Num certo sentido, o trabalho pode até ser definido como essa capacidade para ativar e administrar a cooperação produtiva de um coletivo, por mais que essa cooperação carregue traços efêmeros e contingenciais, relacionamentos superficiais e oportunistas, produzindo o que Richard Sennet chamou de *a corrosão do caráter*.

De qualquer modo, se é verdade que no domínio produtivo o capital penetra e mobiliza a subjetividade em escala crescente, e nesse sentido ele é invasivo numa medida jamais vista anteriormente, é preciso reconhecer, em contrapartida, que ele precisa que essa subjetividade investida e mobilizada funcione em rede, coletivamente, numa sinergia produtiva. Ele gera, portanto, intercâmbio social e intercâmbio de subjetividade[14]. Em outras palavras, e para retomar o eixo dessa reflexão: a condição do trabalho imaterial é a produção de subjetividade, o conteúdo do trabalho imaterial é a produção de subjetividade, o resultado do trabalho imaterial é a produção de subjetividade. Ou seja, a produção de subjetividade atravessa tanto o processo de trabalho quanto o seu produto.

Mas é preciso insistir: a subjetividade não é algo abstrato, trata-se da vida, mais precisamente, das *formas de vida*, das maneiras de sentir, de amar, de perceber, de imaginar, de sonhar, de fazer, mas também de habitar, de vestir-se, de se embelezar, de fruir, etc. Se é um fato que a produção de subjetividade está no cerne do trabalho contemporâneo, é a vida que aí está em jogo. O trabalho precisa da vida como nunca, e seu produto afeta a vida numa escala sem precedentes.

Nem sempre foi assim. Até há algumas décadas, a vida era uma coisa, o trabalho, outra. Claro que uma disciplinarização do corpo nas diversas esferas da vida servia também às exigências da produção, mas eram esferas distintas, como foi dito acima: o sujeito passava de um tempo de trabalho para um tempo de lazer, do tempo do lazer para o do consumo, do tempo de consumir para o tempo de estudar etc. Nas últimas décadas, a fronteira entre essas esferas se esfumaça. Já mencionamos alguns dos indícios dessa tendência, pelos quais o tempo de trabalho e o tempo de vida se misturam. Por um lado, a vida ela mesma torna-se inteiramente trabalho, numa subsunção assustadora: leva-se o trabalho para casa, tudo é trabalho. Por outro lado, o trabalho torna-se vital (claro que a referência aqui são certos setores de ponta, mas que indicam tendências), acionando dimensões da vida antes reservadas ao domínio exclusivo da arte ou da vida onírica privada.

Há várias maneiras de entender essa interpenetração entre vida e trabalho a que assistimos, ora mais alarmista e totalizante, do tipo "o capital engoliu a vida", ora mais plural e nuançada, como quando se conclui que a própria subjetividade se tornou uma fonte de valorização (a referência não é só à inteligência – a força-ciência – e a

---

14) A interpretação dessas mudanças econômicas na sua relação com a subjetividade e a cultura varia muito, conforme o horizonte teórico assumido. Para o recenseamento de algumas abordagens diferentes, ver, por exemplo, D. Harvey. *A condição pos-moderna*. São Paulo, Loyola, 1998.

imaginação criativa, mas ao seu caráter necessariamente coletivo, à rede afetiva como condição de seu exercício etc.). Em suma, nessa perspectiva o trabalho imaterial teria revelado que a subjetividade é hoje não só um capital insubstituível, mas também o "epicentro de toda poiesis".

Talvez ambas as posições, nas suas diferenças de enfoque, sejam menos incompatíveis do que parecem à primeira vista. Pois se é claro que o capital se apropria da subjetividade em escala nunca vista, a subjetividade é ela mesma um capital de que cada um dispõe, virtualmente, com consequências políticas a determinar.

Imanência e capitalismo

Tradicionalmente, lembra Hardt, as formas de soberania e de governo sempre foram, de algum modo, transcendentes ao corpo social, e ao próprio capitalismo. Por exemplo, o Estado na sua relação com o capitalismo. Mas o próprio capitalismo não é uma forma transcendente, ele é imanente, – e, como o dizem Deleuze e Guattari, "ele define um campo de imanência, e não cessa de preencher esse campo. Mas esse campo desterritorializado encontra-se determinado por uma axiomática [...]". Ora, uma axiomática é uma estrutura que torna homogêneos ou homólogos os elementos variáveis aos quais ela se aplica. Pela lei do valor, através da qual duas coisas podem equivaler-se e ser intercambiáveis, tudo pode ser trocado por um equivalente geral (o dinheiro), através da regra da simples igualdade dos valores permutáveis. O único limite do capital é a lei do valor, ele não está submetido a nada além dessa lei imanente. No capitalismo pode-se produzir tudo, consumir tudo, trocar tudo, trabalhar e inscrever tudo e de qualquer maneira, desde que isso passe, flua, se metamorfoseie – o único axioma intocável é a condição da metamorfose e da passagem: o valor de troca. Não há mais signo, não há código, referência, origem, suposta natureza, como num regime feudal, por exemplo, mas apenas uma etiqueta de preço, índice da permutabilidade[15]. A lei do valor, único axioma desse sistema pleno de *indiferença* e de equivalências, único limite, intransponível. O capitalismo aproxima-nos desse limiar esquizofrênico da fluidez absoluta, mesmo se ele é obrigado a multiplicar os axiomas a fim de manter garantida a conjugação dos fluxos que escapam por todo lado.

Tomemos o exemplo mais recente, mencionado por Laymert Garcia dos Santos, a respeito da decifração do código genético. A desarticulação e rearticulação dos processos moleculares, com a eliminação de barreiras entre espécies, produção de seres monstruosos, animais transgênicos etc., constitui uma desterritorialização violenta da escala mais ínfima da vida, com vistas à sua manipulação. Ao mesmo tempo, através das patentes intelectuais sobre a vida essa descodificação operada pela bioinformática é imediatamente reinscrita no regime da propriedade privada[16]. Em suma, se o capital desterritorializou a vida numa escala inédita, no mesmo gesto

---

15) Jean François Lyotard. Capitalismo energúmeno. In *Capitalismo e esquizofrenia, dossier anti-Édipo*. Lisboa, Assírio Alvim, 1976, p. 111-2.
16) Laymert Garcia dos Santos. Code primitif/code génétique: la consistance d'un voisinage. In *Gilles Deleuze – une vie philosophique*, op. cit.

ele axiomatizou os fluxos de código que aí se liberaram, reterritorializando-o sobre o próprio corpo do capital.

Nesse horizonte da fluidez total em todas as direções imposta pelo capital, onde a liquefação coexiste com a mais férrea axiomatização, a sociedade disciplinar, com suas compartimentações e estriamentos, parece caducar. A sociedade de controle, sem fronteiras entre instituições, operando por fluidez e modulação, poderia revelar-se como a forma política ideal, a mais consentânea a esse capitalismo que levou ao seu extremo sua tendência primeira. O capitalismo parece ter encontrado, na sociedade de controle, a forma de soberania adequada a ele, diz Hardt. Talvez pela primeira vez na história tenhamos chegado a uma sociedade propriamente capitalista e, por conseguinte, pela sua tendência, a uma sociedade de controle que, como ele, é imediatamente mundial.

De fato, a sociedade de controle no regime capitalista atual prescinde das instituições antes responsáveis pela disciplinarização dos sujeitos, evacuando a própria sociedade civil enquanto depositária dessa tarefa de mediação – o controle dá-se imediatamente. Não é o Estado que desaparece, e sim a sociedade civil enquanto mediadora entre o Estado e a sociedade. O espaço social, esvaziado das instituições disciplinares, é inteiramente preenchido pelas modulações de controle. Enquanto mando e organização (governamentalidade, diria Foucault), o Estado põe-se em movimento diretamente através do circuito da produção social[17]. É o que Hardt chama de uma condição pós-civil. A sociedade civil, baseada na identidade do cidadão, na organização do trabalho abstrato, no processo de educação concebido como formatação, treino, disciplina para as identidades sociais, cede o passo a um novo diagrama estratégico. Em vez de disciplinar os cidadãos como identidades sociais fixas, o novo regime social busca o controle do cidadão como um qualquer, ou como um suporte flexível para infinitas identidades.

Políticas da narratividade

As análises precedentes, apenas esboçadas, sugerem a relação necessária entre o capitalismo, no seu estágio atual, e as novas formas de dominação política e subjetiva. Como diz Jameson, sem a análise dessas transformações do capital, com a persistência de algumas de suas estruturas, não há análise política possível. O ponto de convergência mais geral entre os diversos itens elencados, ainda que de maneira alusiva – a sociedade de controle, a subsunção real, a servidão maquínica, a subjetividade modulada – me parece ser, além de um certo horizonte crítico e teórico comum, o tema da abolição da exterioridade no mundo contemporâneo, quer seja no campo das relações de trabalho, do emprego do tempo ou da vida política. Esses tópicos mereceram nossa atenção na medida em que podem dar substrato à sensação que tomou conta de nossa atmosfera política nos últimos anos. Com efeito, temos a impressão de uma espécie de saturação totalitária. Sentimo-nos tomados nas rugas

---

17) M. Hardt. The Withering of Civil Society. In *Deleuze and Guattari, New Mappings in Politics, Philosophy, and Culture*, E. Kauffman e K.J. Heller (org.). Minneapolis, University of Minnesota Press, 1998.

de um polvo monstruoso: nossa mobilidade parece comprometida de antemão, os bolsões de resistência ou de singularidade parecem fazer água, e o quadro geral se apresenta como exaustivo, incontornável, consensual. Insinua-se a suspeita de que o campo do possível se esgotou de vez, num fechamento final ao qual o tema do fim da história apenas acrescentou sua nota patética e pretensamente filosófica.

É curioso, no entanto, como isso contrasta com a impressão que se tem ao ler os escritos mais políticos de Deleuze ou Guattari, fontes teóricas de alguns dos autores que privilegiei aqui. Não há texto dos dois que não seja atravessado por lufadas de ar puro, evocando uma abertura e mobilidade que eles sempre cultivaram ativamente, sem qualquer traço de voluntarismo político. Deleuze sempre disse que a análise que Marx fez do capitalismo é admirável, e o princípio da análise não pode ser substituído pelo princípio das boas intenções. Mas talvez o problema resida num tipo de descrição em que temos a sensação, seja de que o jogo já está dado, e qualquer possível está abortado de antemão, ou então, inversamente, de que a opção exclusiva que nos resta estaria num projeto político especularmente formatado e determinado por esse mesmo jogo já instaurado, tal como é proposto, às vezes, por certas ortodoxias políticas. Como fugir aos riscos dessas narratividades e a seus efeitos paralisantes, como escapar a essas 'metanarrativas' que com razão o pós-moderno desertou, sem cair, no entanto, na ingenuidade frívola (que no entanto acomete boa parte dos defensores do pós-moderno) de ignorar a universalidade da máquina capitalística e suas reais e vertiginosas implicações?

Não se trata de oferecer aqui uma resposta a questão tão complexa. Conviria, no entanto, relembrar um artigo de Deleuze sobre a obra de Kostas Axelos e a maneira curiosa que tinha ele de *acreditar e desacreditar* dessas totalidades que se apresentam enquanto tais. Axelos faz uma descrição, um tanto inspirada em Heidegger, sobre um pensamento planetário que se anuncia (isso já em 1964), pensamento global, técnico, errante, planificador, achatador etc. E Deleuze nota que esse esmagamento das dimensões diversas por um pensamento que reduz as coisas e os seres ao uni-dimensional tem o mais estranho dos efeitos: o niilismo volta-se contra si mesmo, ao devolver as forças elementares a elas mesmas no jogo bruto de suas dimensões... É como se Deleuze risse um pouco disso tudo, do pathos, da credibilidade nessa autodenominada totalidade, concebendo esse todo como um todo que não totaliza, que não está suposto por suas partes enquanto uma unidade, nem prefigurado por elas, um todo que vive antes de conjunções e disjunções, de misturas e separações, uma espécie de rio que arrasta objetos parciais que variam sua distância entre si[18].

Ora, na mesma linha Guattari responde à pergunta de Toni Negri sobre uma espécie de elemento trágico supostamente presente em *Mil platôs*, nos pares conflituosos ali trabalhados, que permanecem numa espécie de tensão insolúvel, pares tais como processo/projeto, singularidade/sujeito, composição/organização, linha de fuga/dispositivo, micro/macro etc. E Guattari retruca: "Alegria, tragédia, comédia.., os processos que eu gosto de qualificar de maquínicos trançam um futuro sem garantia – é o mínimo que se pode dizer! Ao mesmo tempo 'estamos presos numa ratoeira' e prometidos às mais insólitas aventuras, às mais exaltantes. Impossível levar-se a sério mas também impossível não se 'enganchar'. Não vejo tanto essa lógica da

18) G. Deleuze. Faille et feux locaux, Kostas Axelos. In *Critique*, n. 275. abr. 1970.

ambiguidade como uma 'tensão insolúvel', mas como o jogo multívoco, polifônico, de escolhas paralelas, por vezes antagônicas...[19]". Eis como Guattari relativiza o pathos, neutralizando o risco de que ele represente um aprisionamento teórico, pragmático. Depois de fazer uma análise minuciosa do capitalismo mundial num texto de 1980, de grande atualidade, em *Revolução molecular*, analisando os novos componentes do capital, seus novos mecanismos, sua dinâmica mundial e suas mutações, o inventor da micropolítica comenta: "Quer sejamos de esquerda ou de extrema esquerda, quer sejamos políticos ou apolíticos, temos a impressão de estar encerrados dentro de uma fortaleza, ou, antes, dentro de uma cerca de arame farpado, que se estende não apenas por toda a superfície do Planeta, mas também por todos os cantos do imaginário. E, entretanto, o Capitalismo Mundial Integrado é, sem dúvida, muito mais frágil do que parece". É a ideia de que ele só funciona disfuncionando, e de que esse espaço liso é atravessado sempre por infinitas linhas de fratura, e sobretudo de que as linhas de fuga são sempre primeiras. Os inúmeros fluxos que a axiomática capitalista conjuga e que no entanto fogem por toda parte, podem sempre conectar-se entre si: as conexões revolucionárias – sempre indecidíveis – contra as conjugações da axiomática[20].

Resistência e exterioridade

Ao cabo desse percurso ziguezagueante, em que detectamos a abolição contemporânea da exterioridade em todos os níveis, em ressonância com a claustrofobia política dominante, já podemos perguntar: como, no rastro da advertência a respeito dos perigos de uma tal narratividade, trabalhar no avesso dessa descrição? Seria preciso evocar, por exemplo, não só os desempregados, mas a própria massa crescente dos inempregáveis como essa exterioridade produzida no cerne do próprio sistema e representando, em relação a ele, um coeficiente de imprevisibilidade e indeterminação similar ao dos nômades diante dos impérios, sem qualquer relação dialética ou complementar face a esse mesmo sistema[21]. Seria preciso lembrar, como o fez Massumi, que o devir ultramolecular do capitalismo infinitiza as possibilidades de desmembramento, recombinação, reinvenção dos corpos e coisas, mesmo se as reconverte e indexa a seus axiomas. Seria preciso perguntar-se que novas exterioridades se vão criando nessa fractalização crescente, nesse neoanarquismo de um turbocapitalismo fora de controle, distante do equilíbrio...[22] Seria preciso atentar para as novas relações que o trabalho imaterial suscita e o potencial político que ele reabre.

A situação contemporânea, como de algum modo o sugerimos, desde as novas formas do trabalho até a preponderância da subjetividade, nas duas pontas do processo econômico, passando pelas mais diversas estratégias de controle, é suficientemente complexa para que, apesar da universalidade do capital, e a sensação de saturação de

---

19) F. Guattari. Au-delà du retour à zero. In *Futur antérieur*. Paris, Harmattan, Hiver 1990, p. 95; incluído em *Tecnossubjetividade*, op. cit.
20) G. Deleuze e F. Guattari. *Mil platôs*, v. V. São Paulo, Ed. 34, 1997, p. 177.
21) E. Alliez e M. Feher. *Contratempo*, op. cit.
22) J. Purdam. Posmodernity as a Spectre of the Future – The Force of Capital and Unmasking of Difference. In *Deleuze and Philosophy, the Difference Engineer*. Keith Anselle Pearson (org). London/New York, Routledge, 1997.

campo, se possa afirmar, com razoável dose de plausibilidade, que estamos longe de qualquer pretenso fim da história. Como diz J. A. Hansen: "Pós-moderno é justamente o tempo em que o pensamento da oposição não é mais operante na cultura; e em que as oposições do pensamento não dão conta da ausência de pensamento da oposição"[23].

Se de fato é preciso pensar a resistência para aquém e para além da noção de oposição (à qual uma certa ideia de exterioridade ainda está atrelada), caberia repensar a própria ideia de exterioridade à luz das reconfigurações contemporâneas, sem insistir nas fórmulas já caducas, por um lado, nem deliciar-se com a volúpia niilista, por outro. Até Toni Negri confessa, em artigo recente, sua perplexidade diante do novo mundo da produção que reconfigurou a sociedade, e nos convida à pergunta mais urgente diante das novas formas de acumulação, para a qual não temos resposta ainda e que é, sem dúvida, a questão de nossa época. Ele indaga – e é sob o signo dessa pergunta que deveríamos colocar essas poucas reflexões –: "onde está uma força subjetiva, coletiva, que hoje poderia tornar-se herói da inovação política, ou melhor, biopolítica (pois a política já não pode ser separada da vida), diante da crise que nos aflige?[24]". Quem são os "empreendedores biopolíticos" de hoje, capazes de articular na sua simbiose os elementos vitais e econômicos, as capacidades de um tecido produtivo apto a inflacionar o desejo, a subjetividade e a igualdade, em vistas de uma "democracia do biopolítico"? Ou, como conclui ele, ainda: "Ao lado do poder, há sempre a potência. Ao lado da dominação, há sempre a insubordinação. E trata-se de cavar, de continuar a cavar, a partir do ponto mais baixo: esse ponto não é a prisão enquanto tal, é simplesmente onde as pessoas sofrem, onde elas são as mais pobres e as mais exploradas; onde as linguagens e os sentidos estão mais separados de qualquer poder de ação e onde, no entanto, ele existe; pois tudo isso é a vida e não a morte[25]".

---

23) João Adolfo Hansen. Pós-moderno & cultura. In *Pós-moderno &*. S. Chalub (org.). Rio de Janeiro, Imago, 1994, p. 62.
24) Negri. Mundo sem heróis. In *Folha de São Paulo*, 22 nov. 1998, Caderno Mais, p. 3.
25) A. Negri. *Exil*, op. cit., p. 31 e 55 respectivamente.

CIDADE, LUGAR DO POSSÍVEL

Recentemente foi publicado em português um dos grandes livros do surrealismo, *O camponês de Paris*, de Louis Aragon[1]. A cidade que ali aparece é descrita como um reservatório inesgotável de detalhes, associações, surpresas, personagens, um campo de deambulação e de errância. Num posfácio agregado a essa edição, Jeanne Marie Gagnebin lembra que o livro de Aragon é mais do que a descrição de um trajeto, ou mesmo de uma cidade. Trata-se, no fundo, de uma metáfora do próprio pensamento. Perder-se na cidade, perder as referências, perder-se a si mesmo, eis o que o pensamento deveria poder aprender. O livro de Aragon deveria ser lido como um manifesto anticartesiano. Na segunda parte do *Discurso do método*, lembra Gagnebin, Descartes esboça os fundamentos seguros do pensamento tomando por paradigma a fundação da cidade. E percebe-se que o seu ideal é o de uma construção ordenada segundo a razão universal e solitária de um único e esclarecido arquiteto-filósofo, o eu do *cogito*, que rejeita a contingência do acaso, do tempo e da história. Em contraste com esse ideal cartesiano, a autora cita a frase de Freud sobre Paris: "Também Paris, por muitos anos, fora objeto de meus desejos; e o sentimento de felicidade com que pus o pé, pela primeira vez, nas suas ruas, parecia uma garantia de que outros desejos seriam realizados"[2]. A cidade, pois, já não como uma imagem do pensamento, mas como uma imagem do inconsciente, do desejo, com suas camadas superpostas, com seus rastros e ruínas. E essa a dimensão mais profunda, sem dúvida, que Aragon descobre em seu passeio por Paris, uma espécie de subterrâneo da memória e do desejo, em que a cidade, na sua proliferação de objetos, signos e vestígios, remete a um passado, com todos os futuros que ele soterrou. Seja o parque e o desejo de reconciliação com a natureza ou o sonho do delito amoroso, seja o museu de cera e o desejo de eternidade, seja a iluminação das ruas e o sonho iluminista, sejam ainda os paralelepípedos e as barricadas de 1789 ou 1870. Conforme as belas análises de Walter Benjamin, se o homem habita uma cidade real, ele é, ao mesmo tempo, habitado por uma cidade de sonho. A realidade onírica remete aqui ao sonho coletivo, ao sonho do coletivo, ao desejo do corpo coletivo, suas utopias e esperanças abortadas, as miragens e fantasmagorias que o assediam. Os trajetos reais dos personagens na cidade remetem aos trajetos do sonho do coletivo, como se houvesse duas cidades superpostas, uma real, outra imaginária, e a apologia de um trânsito metódico entre elas[3].

---

1) Louis Aragon. *O camponês de Paris*. Rio de Janeiro, Imago, 1996.
2) Sigmund Freud. *A interpretação dos sonhos*, cap. V, subcapítulo B, 5.
3) Jeanne-Marie Gagnebin. Uma topografia espiritual. In *Aragon. O camponês de Paris*, op. cit., posfácio.

Sonho e nomadismo

Há muitas maneiras de conceber a copertinência entre o plano do sonho e o da realidade, seja na cidade ou fora dela. Veja-se o caso dos aborígines da Austrália, os Warlpiri estudados por Barbara Glowczewski[4]. A cada manhã eles relatam uns aos outros os seus sonhos, gerindo sua produção onírica de maneira coletiva. Nesses trajetos percorridos em sonho ecoa claramente a cartografia dos itinerários concretos da tribo percorridos durante o dia, de modo que os territórios de sonho e de errância real se entrecruzam. Contudo, para os Warlpiri, diferentemente de nós, o sonho não remete a um desejo recalcado, nem a um tempo das origens, nem mesmo a um tempo próprio ao sonho, mas a um espaço ao mesmo tempo passado, presente e futuro onde estão estocadas todas as combinações possíveis entre os elementos da existência. Glowczewski o diz, com todas as letras: entre os aborígines o sonho é todo o possível, é a condição da vida e de todas as transformações. Ele tem uma função exploratória, e não rememorativa. Não é algo etéreo, interior, imaginário ou subjetivo. Em suma, o sonho é tão relevante quanto o nomadismo real da comunidade, ainda que ultimamente ela tenha sido forçada a sedentarizar-se.

A partir dessas poucas observações, o sonho para os Warlpiri poderia ser definido como uma camada virtual que recobre o mundo concreto e que está com ele numa relação de troca permanente, de coalescência, de indiscernibilidade. Espécie de duplo, porém de todo real, que envolve os existentes atuais, recriando seus possíveis, liberando novos trajetos.

Deleuze lembra, a respeito das crianças, um movimento similar: nos seus itinerários elas exploram constantemente um meio virtual[5]. Tomemos o pequeno Hans, em sua curiosidade pela vizinha, pela rua, pelo entreposto de cavalos. Ele não estaria buscando aí o que já tem em casa, papai-mamãe, mas um meio, suas qualidades, suas substâncias, suas potências, seus acontecimentos. Por exemplo, a rua e suas matérias, como os paralelepípedos, o grito dos mercadores, a rua e seus acontecimentos, como os cavalos atrelados, seus acidentes, um cavalo que escorrega, cai, apanha... Eis o meio que a criança explora nos inúmeros trajetos que ela inventa, onde cada elemento pode afetá-la diretamente, desencadeando nela múltiplos devires. Não cabe, obviamente, perguntar se são trajetos reais ou imaginários, concretos ou oníricos, objetivos ou subjetivos. Perguntas inúteis, falsos problemas. Pois todo objeto, pessoa, grupo, singularidade com a qual ela cruza já carrega consigo um meio em constante germinação, já está rodeado de uma névoa de virtualidade que o acompanha, já habita uma espécie de inconsciência que o povoa, já pode ser a ponta de um cristal de inconsciente. Esse duplo virtual que as crianças exploram, que os Warlpiri percorrem em sonho, que o pensamento persegue no seu exercício errante não é mais subjetivo do que aquilo que se vê, embora abra o campo de nossa subjetividade, nem é mais ausente do que aquilo que está dado, mesmo sendo invisível, nem é mais imaginário do que aquilo que se toca, conquanto impalpável. Enfim, essa dimensão não é menos operativa do que a concretude que se cruza – ela é apenas mais molecular.

---

4) Barbara Glowczewski. Espaces de rêves: Les Warlpiri. In *Chimères*, n. 1. Paris, Ed. Dominique Bedou, 1987.
5) G. Deleuze. *Crítica e clínica*, op. cit., cap. IX.

A Cidade Subjetiva

É esse plano que seria preciso evocar para falar de um aspecto da cidade que se poderia chamar de virtual. Insisto, não se trata de uma cidade imaginária, nem da cidade dos sonhos soterrados, nem da cidade ideal, nem da cidade mental – está mais próximo daquilo que Félix Guattari chamou de Cidade Subjetiva[6]. Subjetivo não significa, para esse autor, interior – eu diria, quase, que é esta uma das grandes contribuições trazidas pelo seu pensamento, a de colocar a subjetividade sob o signo da exterioridade. Ora, não há coisa mais exterior do que a cidade. *Mil platôs* chega a sugerir que a cidade é a exterioridade por excelência, ou a forma da exterioridade. Daí porque pensar a cidade e a subjetividade deveria ser uma e mesma coisa, desde que ambas fossem remetidas à dimensão de exterioridade que lhes é comum. A pergunta que se impõe no rastro dessas observações é: o quanto a cidade preserva ainda seu caráter de exterioridade, o quanto ela comporta de virtualidade, o quanto ela constitui ainda um meio a ser explorado, o quanto ela se presta todavia a novos trajetos, a novos traçados de vida?

Para que esse leque de questões ecoe é preciso desfazer-se da ilusão de que percursos não nos faltam, já que vivemos hoje num estado de nomadismo desenfreado. Se é inegável que navegamos na rede teleinformática, e em múltiplas direções, é preciso reconhecer que o fazemos parcialmente na condição de terminais imóveis, rodeados de próteses tecnológicas, respondendo a estímulos de um telecomando universal. Uma sociedade de controle vai estendendo seus tentáculos sobre o planeta, e seus dispositivos técnicos vão progressivamente substituindo o que antes chamávamos de meio ambiente. Nesse misto de velocidade, paralisia, desmaterialização, controle, a subjetividade vê-se presa de uma inércia, uma infantilização e uma homogeneização sem precedentes[7]. Frente a esse falso nomadismo, como podemos ainda viajar, no sentido em que os Warlpiri viajam, como podemos ainda traçar trajetos exploratórios na cidade, se mal temos um meio, se mal dispomos de uma exterioridade, se mal vislumbramos um virtual, de tão saturados que estamos, entre outras coisas pelo que ironicamente se chama de realidade virtual[8]?

O desafio consistiria em livrar-se do pseudomovimento que nos faz permanecer no mesmo lugar, e sondar que tipo de meio uma cidade ainda pode vir a ser, que afetos ela favorece ou bloqueia, que trajetos ela produz ou captura, que devires ela libera ou sufoca, que forças ela aglutina ou esparze, que acontecimentos ela engendra, que potências fremem nela e à espera de quais novos agenciamentos. É nesses termos que se deveria ler o desafio de pensar-se uma Cidade Subjetiva, que nada tem a ver com uma utopia urbana, nem com uma Jerusalém celeste qualquer.

---

6) F. Guattari. *Restauração da Cidade Subjetiva*. In Caosmose. São Paulo, Ed. 34, 1992.
7) P. Virilio. *Vitesse et politique, Guerra pura*, O espaço crítico, op. cit.
8) François Zourabichvili desfaz alguns contrassensos da utilização do termo virtual, em "Para pôr um ponto final no 'virtual' (e comemorar, talvez, os começos da estética interativa)", palestra proferida na Unicamp e PUC-SP, São Paulo, out. 1998, inédito.

Cidade e capitalismo

Mas como conceber uma Cidade Subjetiva quando em breve mais de 80% da humanidade viverá numa única megalópole que torna semelhantes todas as cidades, abolindo uma diversidade enorme que fez a glória e o colorido do século XVI? Já nem mesmo existem as chamadas cidades-mundo, com sua preponderância econômica e cultural, como Veneza, no século XVI, Amsterdã, no século XVII, Londres, no XVIII etc. A tendência parece ser, conforme o mostrou Rem Koolhaas, a cidade genérica[9]. Trata-se de um tipo de cidade uniforme que prolifera por toda parte, sobretudo na Ásia, e que talvez seja a verdadeira cidade do futuro, cidade sem identidade, sem emblemas, sem passado, cidade órfã, cidade liberada da captura do centro, mais ou menos o que sobrou depois que a vida urbana migrou para o ciberespaço. Uma estética neutra, uma espécie de alucinação do normal, uma sensualidade da evacuação, cidade construída sobre uma tábua rasa, a arquitetura prática aliada a uma espécie de prática do pânico. Uma cidade sem qualidades, diria o leitor de Musil, embora no interior do mais neutro eclodam surpresas insuspeitadas.

Ao lado dessa uniformidade apenas aparente, constatam-se desigualdades crescentes. É que não há mais uma concentração do poder capitalista numa única metrópole, numa cidade mãe, mas, como diz Guattari, a concentração ela mesma se esparrama por um arquipélago de cidades, isto é, por pedaços de grandes cidades, conectadas entre si pela informática, numa espécie de rizoma multipolar recobrindo a superfície do Planeta. Pequenas ilhas de Primeiríssimo Mundo por toda parte, constituindo a cidade da elite global, rodeada de Terceiro Mundo por todos os lados, o mar dos excluídos, dos inempregáveis, dos inúteis e sem préstimo. A cidade é desmembrada e satelizada pelo capitalismo.

Ora, isso não é nada óbvio, mesmo do ponto de vista histórico. A cidade historicamente existe em função de uma circulação, de entradas e saídas cuja incumbência é fazer passar os fluxos. Como o sugerem Deleuze e Guattari, ela faz com que aquilo que nela entre esteja suficientemente desterritorializado para introduzir-se na rede, submeter-se à polarização, seguir o circuito de recodificação urbano e viário. Assim, a cidade é rede, multiplicação, fluidez, escape, dispersão. Ela é relação com o fora, ou mais radicalmente ela é a própria Forma da exterioridade. Por essas características todas, contrapõe-se inteiramente ao Estado. Pois o Estado obedece a um outro processo maquínico: ele é uma espécie de caixa de ressonância, que faz ressoar todos os seus pontos (em vez de fazê-los fugir), por mais heterogêneos que sejam, geográficos, étnicos, linguísticos, morais, econômicos, tecnológicos[10]. Nesse sentido ele até faz ressoar a cidade e o campo, esses dois supostos arqui-inimigos. Se a cidade é inseparável de sua própria relação com outras cidades, com sua exterioridade, com a rede das cidades, o Estado tende, ao contrário, a uma espécie de totalização, de fechamento, de redundância. A forma-cidade é escape, exterioridade, dispersão, a forma-Estado é totalização, interioridade, estratificação. Isso significa que a cidade luta contra o Estado. Mas também contra o capitalismo, com o qual pretendem

---

9) Rem Koolhaas. The Generic City. In *S,M,L,XL*, Monacelli, 1996.
10) G. Deleuze e F. Guattari. *Mil platôs*, v. V, op. cit., p. 122ss, do qual as páginas que seguem constituem um mero acompanhamento.

identificá-la, num jogo muito complexo. Claro que o Estado monta e cavalga a velocidade da cidade, como diz Braudel, os Estados acertaram a marcha pelo galope das cidades. O Estado a domina e se instala sobre ela, mas ao mesmo tempo ela libera seus fluxos descodificados e foge por todos os lados. É evidente que o capitalismo também conflui com a cidade, mas a cidade luta contra o Estado assim como ela luta contra o capitalismo, mesmo se o Estado universal oferece ao capitalismo mundial integrado seu modelo, e este, por sua vez, desliza sobre uma mesma e gigantesca cidade, Megalópolis, Megamáquina da qual os Estados acabam constituindo apenas uma parte insignificante. Não podemos acompanhar aqui toda essa dinâmica, em que o mais aberto dá suporte ao seu próprio fechamento, mas também faz o fechado escapar por todos os lados, e esse escape reconstitui um fechamento global em nível planetário, que no entanto também escapa por todos os lados etc. Talvez seja ilustrativo o fato de que a grande contestação no Brasil de hoje venha daqueles que são exteriores à cidade, ao capitalismo, ao Estado – os sem-terra, os desterritorializados capazes, talvez, de arrastar na sua correnteza os desterritorializados que a cidade e o capitalismo produzem, e que o Estado não consegue "fazer ressoar".

Em todo caso, frente à homogeneização planetária ao nível dos equipamentos urbanos e comunicacionais, com a constituição de uma elite global encastelada em suas cidadelas de alta tecnologia e a exacerbação das segregações em zonas de abandono e descaso, como defender uma cidade subjetiva que aponte para uma subjetividade resingularizada, porém não segregativa?

Cidade do passado e do futuro

Talvez nos reste, em vez do deleite voluptuoso com as descrições apocalípticas, retomar o elemento mais arcaico da cidade, e fazer dele o vetor mais prospectivo. Lewis Mumford lembra que as primeiras cidades de que se tem registro foram lugares de encontro para reverenciar os mortos, de modo que as cidades dos mortos antecedem a cidade dos vivos[11]. Mas é preciso compreendê-lo na sua acepção ritual, positiva: os agregados humanos surgiram como santuários de encontro. Isso não é uma constatação abstrata. Mumford concebe a aldeia como uma espécie de recipiente que abriga os homens e os cereais, grande reservatório de fluxos: a cidade como armazém, estufa, acumulador. Além disso, o autor pensa a cidade como um grande ímã, campo magnético que atrai para seu centro partículas das mais diversas naturezas e procedências, transformando sua energia cinética. E Mumford conclui que essas duas funções originais da cidade, a cidade como recipiente e a cidade como ímã, implodiram com o advento da conurbação, na medida em que a cidade contemporânea já mal serve como recipiente, e tampouco funciona como ímã[12]. Em vista disso, como repolarizar o ímã, pergunta o autor, como fazer para que a cidade responda à finalidade proposta por Aristóteles, de que os homens nela permaneçam "a fim de viver a boa vida"?

---

11) Lewis Mumford. *A cidade na História*. São Paulo, Martins Fontes, 1991, p. 18.
12) Idem, p. 708.

John Rajchman reformulou essa questão em função de nosso contexto contemporâneo, mais ou menos nos seguintes termos: o que nos acontece quando a cidade é reconfigurada pelos fluxos de informação e os novos espaços de agrupamento tecnosocial[13]? Quais viagens são ainda possíveis, viagens do pensamento, viagem intensivas, quando toda a cidade virtual foi literal e exaustivamente tomada pela realidade virtual? Como reintroduzir o movimento numa cidade omnipolitana em que a *flânerie* e a deriva já não existem mais? Em vez de render-se a essa representação total e apocalíptica da saturação do possível, em vez de pregar o retorno simplório do espaço público, de resto esfrangalhado, melhor seria retomar a dimensão do virtual na sua radicalidade. E voltar a pensar a cidade como um universo dissonante e pluralista, mundo do perspectivismo nietzschiano onde já não se trata de múltiplos pontos de vista sobre a mesma coexistência de cidadãos, mas múltiplas cidades em cada ponto de vista, unidos por sua distância e ressoando por suas divergências. Em vez do homem unidimensional e cosmopolita, detectar a cada esquina os forjadores de pluriversos, de multimundos. Como diz Rajchman, somos sempre interiores e exteriores à cidade, o que nos faz sair dos possíveis estocados para afrontar outros mundos, outras histórias, outros agrupamentos virtuais, sempre recriando espaços lisos, reinventando singularidades de espaço-tempo, reabrindo em nosso cérebro e na cidade, as passagens, os sulcos, seus escapes, suas novas conexões.

Cidade virtual

Rem Koolhaas condena os profissionais da cidade que, baseados no mito pós-moderno de que já que não existe Totalidade nem Realidade, deixam as decisões na mão do Mercado, das vicissitudes especulativas, financeiras, políticas, publicitárias[14]. Em vez desse abandono entrópico ou do seu reverso, o planejamento onipotente do tipo Cingapura, Koolhaas sugere irrigar a cidade com territórios potenciais, instaurar campos que favoreçam processos abertos, que estimulem as hibridações, as intensificações e diversificações, as redistribuições, e que aposte na reinvenção do espaço psicológico. Não creio que isso aponte para um retorno à psicologia, mas antes a algo próximo à ideia da Cidade Subjetiva tal como foi definida acima. Não se trata então de fazer o novo pelo novo, mas de modular a modificação, fazer a cidade tornar-se o vetor da imaginação, imaginar mil e um outros tipos de cidade, insanamente, irresponsavelmente, no que constitui, talvez, diz o arquiteto, a maior responsabilidade. Uma espécie de Gala Ciência no urbanismo, que defendesse uma alquimia programática, contrária à fragmentação que desemboca em pequenas ilhas de existência, mas também alheia à estética da desaparição, e que retomasse as interações, interdependências, fazendo coexistirem regimes de liberdade, assembleias de diferenças, contaminações. Talvez isso só seja possível se nos livrarmos da geografia mental que nos é imposta pela formatação do Estado (a forma da interioridade), e reatarmos no próprio pensamento e na vida com a forma da cidade (a forma da

---

13) John Rajchmann. Y a-t-il une intelligence du virtuel?. In *Gilles Deleuze – une vie philosophique,* Op. cit.
14) Rem Koolhaas. *S.M,L,XL*, op. cit.

exterioridade), com a sua mais originária e prospectiva vocação, que poderia ter por bandeira a fórmula de Mumford – a cidade, símbolo do possível.

Um dos belos livros sobre a cidade, o de Italo Calvino, percebeu nitidamente essa relação entre a cidade e o possível[15]. Marco Polo descreve ao imperador tártaro Kublai Khan a sensação que teve ao visitar Doroteia, uma das inúmeras cidades que conheceu ao longo de suas viagens: "Aquela manhã em Doroteia senti que não havia bem que não pudesse esperar da vida". Raramente uma cidade hoje nos dá essa sensação, que às vezes buscamos numa mulher, num livro, numa festa, embora isso se revele a cada dia mais raro: que ela evoque um mundo possível e ainda desconhecido. Não é à toa que todas as cidades descritas por Marco Polo levem nomes de mulheres, Zoé, Zemrude, Olívia etc. Kublai Khan acaba descobrindo, ao longo do tempo, o que Marco Polo vai buscar nessas cidades invisíveis, o que é que ele traz delas: "...confesse o que você contrabandeia: estados de ânimo, estados de graça, elegias". Talvez seja o que, no mais íntimo, busquemos sempre numa cidade, estados de ânimo, estados de graça, elegias. Mas o imperador também quer saber qual cidade nos espera no futuro, Utopia ou Babilônia, a Cidade do Sol ou aquela do Admirável Mundo Novo, e lamenta que no final de tudo se insinue "a cidade infernal, que está lá no fundo e que nos suga num vórtice cada vez mais estreito". Ao que Marco Polo lhe responde: "O inferno dos vivos não é algo que será; se existe, é aquele que já está aqui, o inferno no qual vivemos todos os dias, que formamos estando juntos. Existem duas maneiras de não sofrer. A primeira é fácil para a maioria das pessoas: aceitar o inferno e tornar-se parte deste até o ponto de deixar de percebê-lo. A segunda é arriscada e exige atenção e aprendizagem contínuas: tentar saber reconhecer quem e o quê, no meio do inferno, não é inferno, e preservá-lo, e abrir espaço.[16]"

---

15) I. Calvino. *As cidades invisíveis*. São Paulo, Companhia das Letras, 1991.
16) Idem, p. 150.

PARTE III
CRÍTICA E CLÍNICA

LITERATURA E LOUCURA

Seria preciso invocar o nome de Maurice Blanchot para lembrar a voz quase inaudível que marcou, de maneira inconfundível, toda uma geração de pensadores, entre os quais se incluem Foucault, Deleuze e Derrida. Blanchot, a cantora Josefina da filosofia francesa do pós-guerra... Na novela de Kafka, o povo de camundongos tem grande admiração por Josefina e até sente que precisa de sua voz para reunir-se, mas não compreende o que nela é tão especial e nem sequer se é especial – o seu canto mais parece um chiado, ou mesmo um silêncio[1]. Pode ser que sua glória resida, afinal, nesse gracioso e indecifrável mistério: talvez ela jamais tivesse cantado, mas à sua maneira, com o seu "nada de rendimento", livrava o povo das "cadeias da existência cotidiana"[2].

Blanchot chamou a atenção para essa situação paradoxal em Kafka: nunca sabemos se estamos presos dentro da existência cotidiana (e "nos voltamos desesperadamente para fora dela") ou se dela estamos excluídos (por isso "em vão nela buscamos sólidos apoios"[3]). Fronteira invisível e sempre deslocada, entre a vida e a morte, entre sair e entrar, entre ansiar pela comunidade ou dela apartar-se na solidão. Kafka o descreveu na forma de um exílio: "agora já sou cidadão nesse outro mundo que tem com o mundo habitual a mesma relação que o deserto com as terras cultivadas"[4]. Mas Blanchot adverte para o sentido desse desterro, que não cabe considerar como uma fuga: esse outro mundo em que Kafka mora não é um além-mundo, sequer é um outro mundo, mas o outro de todo e qualquer mundo[5]. Para o artista ou o poeta, conclui ele, talvez nem existam dois mundos, como queria Kafka, mas mundo algum, nem sequer um único mundo, e apenas o fora no seu escoamento eterno.

A errância, o deserto, o exílio, o fora. Como conquistar a própria perda, retornar à dispersão anônima, indefinida, mas nunca negligente, num espaço sem lugar, num tempo sem engendramento, próximo ao que "escapa à unidade", numa "experiência do que é sem harmonia, sem acordo"? Com Kafka e Blanchot estamos, em todo caso, nas antípodas de uma metafórica da proximidade, do abrigo e da segurança, tal como Heidegger a postulou para toda uma geração. Ao acentuar esse contraste com Heidegger, Françoise Collin usa as palavras justas: para Blanchot a linguagem poética "nos remete não àquilo que reúne, mas ao que dispersa, não àquilo que junta, mas ao que disjunta, não à obra, mas à inoperância [...], conduzindo-nos em direção

---

1) Franz Kafka. Josefina, a Cantora ou O Povo dos Camundongos. In *Um artista da fome*, Modesto Carone (trad.). São Paulo, Brasiliense, 1991.
2) G. Deleuze e F. Guattari. *Kafka, por uma literatura menor*. Rio de Janeiro, Imago, 1977, p. 12.
3) M. Blanchot. *La Part du Feu*. Paris, Gallimard, p. 17.
4) F. Kafka. Journal, 28 jan. 1922, cit. por Blanchot in *L'Espace Littéraire*. Paris, Gallimard, 1955, p. 75.
5) M. Blanchot. *L'Espace Littéraire*, op. cit., p. 86.

àquilo que tudo desvia e que se desvia de nós, de modo que aquele ponto central em que, ao escrever, parece-nos que nos encontramos, não passa de ausência de centro, a falta de origem". Não o Ser, mas o Outro, o Fora, o Neutro. Paixão do Fora que atravessa a escrita febril de Kafka, bem como a de Blanchot, que reverbera na obsessão de Foucault com o tema das fronteiras ou limites, e em Deleuze na exterioridade do pensamento nômade.

A paixão do fora

Como se vê, ao triângulo de autores aqui proposto[6] – Foucault, Deleuze e Derrida – acrescentei, por minha conta e risco, um vértice inaparente, que leva o nome de Maurice Blanchot ou a paixão do fora. Dois pensadores se encontram em geral num ponto cego, diz Deleuze. Não será nesse ponto excêntrico, no pensamento concebido como pensamento do fora, que Deleuze e Foucault se teriam cruzado? Se for esse o caso, essa paixão do fora teria insuflado em ambos um sopro desarrazoado, redesenhando a relação do pensamento com os seus confins, chame-se ele fora, desrazão, loucura ou fluxo esquizo. Para mostrá-lo, se possível fosse caberia instalar-se de chofre entre a razão e a desrazão, entre o pensamento e seu exterior.

Que me seja permitido de passagem brevemente uma tal direção de pesquisa. Mais do que a um interesse propriamente filosófico, histórico, clínico ou mesmo estético, esse desafio teórico responde a uma preocupação eminentemente política. Creio que a interface entre a filosofia e a loucura, tal como ela se apresenta em Foucault e Deleuze, pode ajudar-nos a repensar o estatuto da exterioridade hoje, num momento em que esta sofre uma de suas mais assustadoras reversões. A consequência mais imediata dessa reviravolta é a impressão sufocante e generalizada de que se esgotou o campo do possível. Trocando em miúdos: por um bom tempo coube à loucura ou à literatura (ou, mais amplamente, à arte), mas também em parte às minorias ou à revolução, encarnarem a promessa de um fora absoluto. Isso mudou inteiramente. A claustrofobia política contemporânea parece ser só um indício, entre muitos outros, de uma situação para a qual parecemos desarmados, a saber: a de um pensamento sem fora num mundo sem exterioridade.

Antes de entrar nos detalhes da hipótese que pretendo apresentar, talvez convenha indicar algumas das questões de fundo que aí se entrecruzaram. O que sobrou dessa paixão do fora que nossos autores exploraram e que eles nos legaram? Como repensar, a partir dessa inspiração ou apesar dela, o próprio conceito de exterioridade? O que resta de exterioridade na loucura, hoje? Como avaliar se a exterioridade de que dispomos nos campos diversos todavia é capaz de ancorar nossa resistência ao intolerável, ou de suscitar a criação de novos possíveis?

---

6) O colóquio para o qual foi preparado esse texto (que dedico a D. Frajman) levava o nome de "Rhizomatics, Genealogy, Deconstruction", promovido pela Trent University, no Canadá.

A antimatéria do mundo

Retornemos ao estudo seminal de Michel Foucault de onde provêm parte dessas questões. Eu partiria de uma observação, das mais sóbrias e penetrantes escritas a respeito da *História da loucura*. A existência da loucura, diz Blanchot, responde à exigência histórica de enclausurar o Fora. Fórmula enigmática, que só ganha sentido à luz do diálogo secreto que travaram, na distância que uma admiração excessiva impõe, Blanchot e Foucault. O autor de *História da loucura* confessa, na primeira entrevista concedida após sua publicação, em 1961, que seu livro responde a duas influências principais. Por um lado, seu interesse pela presença da loucura na literatura – Blanchot, Bataille, Roussel –, por outro, a ideia de estrutura tal como Dumézil a trabalhou[7]. Como entender essa "influência" de Blanchot sobre a *História da loucura*? Mais do que os romances escritos por ele (*Thomas l'Obscur, Aminadab, L'Arrêt de mort, Le Très-Haut* etc.), talvez seja preciso evocar a leitura sedutora que ele propôs de autores que tiveram com a loucura uma proximidade extrema, tais como Hölderlin, Sade, Lautréamont, Nietzsche, Artaud, em suma, toda essa linhagem que comparece no fim da *História da loucura*. Com efeito, nesses ensaios Blanchot ressalta uma dimensão à qual Foucault, mas igualmente muitos de seus contemporâneos, não ficarão indiferentes: a vizinhança necessária entre palavra e silêncio, escritura e morte, obra e erosão, literatura e desmoronamento, experiência de desamparo e colapso do autor. Como diz *Le livre à venir*: "O que é primeiro não é a plenitude do ser, é a fenda e a fissura, a erosão e o esgarçamento, a intermitência e a privação mordente: o ser não é o ser, é a falta de ser, a falta vivente que torna a vida desfalecente, inapreensível e inexprimível"[8]. Blanchot redescobre na literatura um espaço rarefeito que põe em xeque a soberania do sujeito. O que fala no escritor é que "ele não é mais ele mesmo, ele já não é ninguém": não o universal, mas o anônimo, o neutro, o fora. Na entrega ao incessante e ao interminável da linguagem, "o dia não é mais do que a perda da estadia, a intimidade com o fora sem lugar e sem repouso"[9]. Aquele que é introduzido nesse espaço "pertence à dispersão, [...] onde o exterior é a intrusão que sufoca [...] onde o espaço é a vertigem do espaçamento"[10]. A obra como essa experiência que arruína toda experiência, que se coloca aquém da obra, "o aquém onde, do ser, nada é feito, onde nada se realiza, a profundidade da inoperância do ser"[11]. Experiência insólita, que desapossa o sujeito de si e do mundo, do ser e da presença, da consciência e da verdade, da unidade e da totalidade – experiência dos limites, experiência-limite, dirá Bataille.

Todo esse leque temático já está presente no prefácio original à *História da loucura*, posteriormente abandonado. Ali Foucault faz referência a uma linguagem originária, "muito frustra", em que razão e não razão se falam ainda, através dessas "palavras imperfeitas, sem sintaxe fixa, um pouco balbuciantes". Através delas, diz ele, os limites de uma cultura são questionados, para aquém de sua dialética triunfante.

---

7) M. Foucault. *Dits et Écrits* I. Paris, Gallimard, 1994, p. 167.
8) M. Blanchot. *Le Livre à Venir*. Paris, Gallimard, 1959, op. cit., p. 59.
9) M. Blanchot. *L'Espace Littéraire*, op. cit., p. 24.
10) M. Blanchot, idem, p. 27.
11) M. Blanchot, idem, p. 45.

Aquém da história, a ausência de história, um murmúrio de fundo, o vazio, o vão, o nada, resíduo, rugas. Aquém da obra, a ausência de obra, aquém do sentido, o não sentido. Aquém da razão, a desrazão. Experiência trágica encoberta pelo surgimento da loucura enquanto fato social, objeto de exclusão, de internamento e de intervenção. Como fazer para que a desrazão, na sua alteridade irredutível, na sua "estrutura trágica", interrogue o nascimento da própria racionalidade psiquiátrica que a reduziu ao silêncio ao convertê-la em loucura?

Em todo caso, lembremos os dois termos do título original da edição de 1961, *Folie et Déraison, Histoire de la Folie à l'Âge Classique*. Para além dos mal-entendidos líricos que o binômio Loucura e Desrazão, ulteriormente suprimido, suscitou, ele continua a nos intrigar. No seu ensaio sobre esse livro, Blanchot se pergunta se no espaço que se abre entre loucura e desrazão a literatura e a arte poderiam acolher essas experiências-limite e, assim, "preparar, para além da cultura, uma relação com aquilo que a cultura rejeita: fala dos confins, fora da escrita." Ao que Foucault responde, nesse diálogo que eu reconstruo a meu modo, com o exemplo Blanchot. Nele prima o esquecimento não dialético, a proliferação em direção a uma exterioridade nua, a linguagem como murmúrio incessante destituindo a fonte subjetiva de enunciação bem como a verdade do enunciado, a emergência de um anônimo, livre de qualquer centro ou pátria[12], capaz de ecoar a morte de Deus e do homem. "Onde 'isso fala', o homem não existe mais." Contra a dialética humanista, que através da alienação e da reconciliação promete o homem ao homem, Blanchot teria exprimido o esboço de uma outra "escolha original" que emerge em nossa cultura. De toda forma, se a linguagem não é "nem a verdade nem o tempo, nem a eternidade nem o homem, mas a forma sempre desfeita do fora[13]", entende-se por que Foucault pôde acrescentar, fazendo eco a Kafka e a Blanchot, que a escritura não é parte do mundo, mas sua "antimatéria"[14].

A parte do fogo

Já podemos avançar uma primeira hipótese mais geral. Se nesse primeiro momento de seu trajeto Foucault *acredita* na literatura é porque acredita na sua *exterioridade*. E se lhe interessa a linguagem da loucura é porque nela está em jogo essa mesma exterioridade. Desse ponto de vista, a escritura e a loucura estariam no mesmo plano, tendo em vista seu caráter não circulatório, a inutilidade de sua função, o caráter de autorreferência que lhes é próprio[15]. Mas, também, seu poder transgressivo – "a fala totalmente anárquica, a fala sem instituição, a fala profundamente marginal que cruza e mina todos os outros discursos"[16]. A literatura e a loucura pertenceriam ao que Blanchot chamou de *A parte do fogo*, aquilo que uma cultura reduz à destruição e às cinzas, aquilo com o que ela não pode conviver, aquilo de que ela faz um incêndio eterno.

12) M. Foucault. La pensée du dehors. In *Dits et Écrits* I, op. cit., p. 525.
13) M. Foucault, idem, p. 539.
14) M. Foucault. C'était un nageur entre deux mots. In *Dits et Écrits* I, p. 556.
15) M. Foucault. Folie, littérature, société. In *Dits et Écrits* II, pp. 104-128.
16) M. Foucault. La Folie et la Société. In *Dits et Écrits* III, p. 490.

Porém no momento mesmo em que explicita esse lugar da literatura, Foucault também já se pergunta se a época em que o ato de escrever bastava para exprimir uma contestação em relação à sociedade moderna não estaria ficando para trás[17]. Ao reaver o espaço de circulação social e de consumo, talvez a escritura, recuperada pelo sistema, tenha sido vencida pela burguesia e pela sociedade capitalista, deixando de ficar "de fora", não mais conservando sua exterioridade. E indaga: para passar para o outro lado, para incendiar-se e consumir-se, para entrar num espaço irredutível ao nosso e num lugar que não fizesse parte da sociedade, será que agora não seria preciso fazer outra coisa que não literatura? E novamente evoca Blanchot: se hoje descobrimos que devemos sair da literatura, abandonando-a a seu "magro destino histórico" fixado pela sociedade burguesa, foi Blanchot quem nos indicou o caminho. Aquele que mais esteve impregnado de literatura, mas sob um modo de exterioridade, é aquele que nos obriga a abandoná-la no momento em que ela se torna essa interioridade confortável em que nos comunicamos e nos reconhecemos.

A mesma lógica valeria para a loucura, cuja dimensão de exterioridade estaria igualmente em vias de extinção. Muito cedo em seu percurso, já em 64, Foucault chega a profetizar seu desaparecimento iminente. Se até agora a loucura era para o homem essa Exterioridade enigmática, que ele excluía mas na qual se reconhecia, que espelhava tudo aquilo que ele mais abominava mas também tudo o que ele era na sua constituição mais original, o seu Outro mas também o seu Mesmo, agora, diz Foucault, nesse futuro que se avizinha, a loucura deixará de ser esse estranho, essa Exterioridade, essa questão, para incorporar-se ao humano como seu próprio mais originário. Processo ao qual demos o nome, irônico talvez, de "humanização" da loucura. Através dele e de sua dialética diabólica teremos conseguido o impensável: abocanhar nosso próprio Exterior.

Perguntamo-nos se Foucault não teria, através do caso "literatura" e "loucura", esboçado um diagnóstico mais geral, referente ao estatuto da própria exterioridade em nossa cultura. E se for este o caso, tal diagnóstico serve-nos ainda hoje? Michael Hardt tentou mostrar, recentemente, que o capitalismo mundial integrado assumiu a forma do Império, ao abolir toda exterioridade, devorando suas fronteiras mais longínquas, englobando a totalidade do Planeta, mas também seus enclaves até há pouco invioláveis, acrescentaria Jameson, como a Natureza e o próprio Inconsciente. Talvez advenha desse diagnóstico tão cruel quanto precoce de Foucault, e de sua realização imperial planetária, parte de nossa claustrofobia contemporânea. É o mundo sem fora, é o capitalismo sem exterior, é o pensamento sem exterioridade – diante do qual o fascínio pela loucura como bolsão de exterioridade, predominante há algumas décadas, soa hoje completamente ultrapassado. É o que Foucault antecipa, ao criticar, já em 1976, os "discursos liricamente antipsiquiatras" e a ilusão de que "a loucura – ou a delinquência, ou o crime – nos fala a partir de uma exterioridade absoluta. Nada é mais interior a nossa sociedade, nada é mais interior aos efeitos de seu poder do que a infelicidade de um louco ou a violência de um criminoso. Dito de outra maneira, sempre se está no interior. A margem é um mito. A palavra do fora é um sonho que não para de retomar. Colocam-se os 'loucos' no exterior da criatividade

---

17) M. Foucault. Folie, littérature, societé. In *Dits et Écrits* 11, p. 115.

ou da monstruosidade. E no entanto eles estão tomados na rede, eles se formam e funcionam nos dispositivos do poder[18]".

O que terá feito Foucault mudar tão radicalmente de perspectiva? Com certeza o trabalho sobre as prisões, a nova problematização do poder e, por conseguinte, o entendimento retrospectivo de que a "loucura não é menos um efeito de poder do que a não loucura", de que ela é, "segundo uma espiral indefinida, uma resposta tática à tática que a investe"[19], e que talvez não caiba supervalorizar o papel do manicômio e de suas muralhas, já que ele deve ser entendido desde fora, isto é, como uma das peças de uma estratégia positiva "mais ampla e exterior"[20] que, por sua vez, está na origem de uma tecnologia da psiquê[21].

Depois dessa nova perspectiva aberta pelo período genealógico, em que "sempre se está no interior", o que terá restado da exterioridade? Não podemos seguir os meandros desse destino ao longo de seu trajeto teórico, e ficaremos num único exemplo inteiramente esclarecedor, o da experiência-limite já na última fase de sua obra. Em 1980, ao evocar essa experiência pela qual o sujeito se arrebata a si mesmo, levado ao seu próprio aniquilamento ou dissolução, tema caro aos anos 60, Foucault já não a associa à experimentação da exterioridade de uma cultura, como anteriormente – a sua "parte do fogo" –, mas a uma experiência pessoal e teórica, pela qual seria possível pensar *diferentemente*. Se a literatura ou a loucura já não constituem uma exterioridade absoluta (pois tudo é interior), a experiência-limite é preservada e valorizada enquanto uma operação sobre si mesmo. Não experiência vivida, explica ele, mas o invivível para o qual é preciso fabricar-se. Não mais a transgressão de uma fronteira ou um interdito (mesmo se os nomes de Bataille, Blanchot e Nietzsche retornam), mas demolição e refabricação de um si. O fora ganha uma surpreendente imanência subjetiva. Talvez tenha sido preciso esperar a leitura que disso fez Deleuze para aclarar o estatuto imanente dessa exterioridade ressurgida no cerne do sujeito num mundo já sem exterior.

Nomadismo e exterioridade

Já em Deleuze, é preciso reconhecê-lo, desde o início tudo é diferente, seja em relação à loucura, seja em relação ao fora. A loucura nunca constituiu para ele um objeto de estudo enquanto tal. E no entanto ela aparece de maneira recorrente, como que vizinha do pensamento, como se essa vizinhança lhe fosse intrínseca, como se pensar fosse, necessariamente, atingir essa região vulcânica em que precisamente se realiza aquilo que a loucura revela de modo frustro, excessivamente "edipiano" – a saber, o colapso do sujeito, do objeto, do Eu, do Mundo, de Deus, em favor de uma nomadização generalizada da qual a figura psicossocial do esquizofrênico seria, apenas, uma interrupção caricata, cristalizada e institucionalizada. Por isso o nomadismo e a relação com o exterior não são exclusivos do esquizo, mas características do próprio

---

18) M. Foucault. *Dits et Écrits* III, p. 77.
19) Idem, p. 91.
20) Idem, p. 273.
21) Idem, p. 230.

pensamento. Deleuze insiste nisso cada vez mais: pensar vem sempre do fora[22], se dirige a um fora, pertence ao fora, é relação absoluta com o fora...[23] A expressão "pensamento do fora", em Deleuze, soa quase como uma tautologia. Pois para ele o pensamento não é uma faculdade inata, é sempre fruto de um encontro, o encontro é sempre encontro com o exterior, mas esse exterior, como o sublinha Zourabichvili, não é a realidade do mundo externo, na sua configuração empírica, porém concerne às forças heterogêneas que afetam o pensamento, que o forçam a pensar, que arrombam o pensamento para aquilo que ele não pensa ainda, levando-o a pensar diferentemente. As forças do fora, diz ele ainda, não são assim chamadas apenas porque vêm de fora, do exterior, mas porque colocam o pensamento em estado de exterioridade, jogando-o num campo informal onde pontos de vista heterogêneos, correspondentes à heterogeneidade das forças em jogo, entram em relação[24]. A constatação se impõe: herdando-a de Blanchot, e levando em conta a extensão que lhe atribuiu Foucault, Deleuze deu do Fora uma caracterização mais acentuadamente nietzschiana: menos referida à literatura do que quis Blanchot na sua formulação explícita, menos referida ao ser da linguagem do que quis Foucault num primeiro momento[25], é como se Deleuze ressaltasse sua dimensão estratégica. Daí o privilégio absoluto das forças, "descoberta", aliás, que ele atribui generosamente a Foucault. As consequências dessa perspectiva são diversas:

1) O desafio do pensamento é liberar as forças que vêm de fora; 2) o fora é sempre abertura de um futuro[26] 3) o pensamento do fora é um pensamento da resistência (a um estado de coisas)[27] 4) a força do fora é a Vida. Assim, não só a vida é definida como essa "capacidade de resistir da força", mas o desafio é atingir a vida como potência do fora[28].

Subjetividade e loucura

Seria o caso de evocar, a partir daí, o segundo movimento presente nessa sequência: como esse fora, ao dobrar-se, torna-se "interioridade", subjetividade. A subjetividade como uma modalidade de inflexão das forças do Fora, através da qual se cria um interior, "esses seres lentos que somos", que encerra dentro de si nada mais que o Fora, com suas partículas desaceleradas segundo um ritmo próprio e uma velocidade específica, onde nos tornamos mestres de nossa velocidade, relativamente mestres de nossas moléculas e de suas singularidades[29]. Segundo Deleuze, enquanto um fora é dobrado, um dentro lhe é coextensivo como Memória, como vida, como duração[30]. Carregamos em nós uma Memória absoluta do Fora: é o fora-em-nós, reservatório

22) G. Deleuze. *Foucault*, op. cit., p. 125.
23) Idem, p. 120.
24) F. Zourabichvili. *Deleuze, une philosophie de l'événement*. Paris, PUF, 1994, p. 45
25) Cf. a propósito o belo livro de Roberto Machado. *Foucault, a literatura e a filosofia*. Rio de Janeiro, Jorge Zahar, 2000.
26) G. Deleuze. *Foucault*. op. cit., p. 95.
27) Idem, p. 96.
28) Idem, p. 102.
29) Idem, p. 130.
30) Idem, p. 115.

ilimitado que realimenta nosso campo de possíveis e para o qual Simondon reservou o nome grego de apeiron – Ilimitado[31]. A subjetividade, Dobra do Fora, recurvamento sobre si da força solta e nômade, bolsão de *apeiron*.

Se acompanhamos o curioso diagrama desenhado por Deleuze nas últimas páginas de seu livro para dar conta do pensamento de Foucault, vemos que entre a Dobra subjetiva e o Fora há um gargalo semiobstruído que, como uma membrana, filtra e desacelera a forças do Fora, mas ao mesmo tempo lhes serve de via de comunicação e de permeabilidade. Daí a pergunta: Como desobstruir ao máximo essa passagem para que o Outro, o Fora, o mais longínquo se torne a intimidade sempre estrangeira do pensador? Jacques Derrida usou para essa mesma ideia uma metáfora sugestiva, ao comparar o pensamento com o tímpano. O tímpano, explica ele, é uma tela estendida, pronta a receber pancadas, a amortecer impressões, a equilibrar as pressões entre o dentro e o fora. Timpanizar a filosofia significa tornar essa membrana mais oblíqua a fim de que, aumentando sua superfície de vibração, seja ampliada sua permeabilidade para o Fora, e a filosofia saia de seu autismo. Curvar diferentemente a linha do Fora a fim de pensar diferentemente. Infletir essa relação com o Fora é a um tempo remodelar a subjetividade e abrir o pensamento (esses dois aspectos sempre andam juntos).

Pensamento e extravio

Mas esse ponto extremo, ao qual aspira todo pensamento do fora, também é aquele em que nos expomos ao risco de que a dobra subjetiva se escancare, extraviando-se na loucura ou se dissolvendo na morte. Daí essa vizinhança entre o pensamento e a loucura. O pensamento como abertura ao fora, e a loucura como prisão no fora e seu desmoronamento num dentro absoluto. Como um tímpano arrombado, que já nada filtra, nem seleciona, nem amortece, portanto nada absorve. A interioridade, lançada na mais pura exterioridade, abole a fronteira entre o Dentro e o Fora, entre a superfície e a profundidade. Lógica do sentido, ao comparar Artaud com Lewis Carrol, é uma variação em torno deste tema: o que acontece quando a superfície da membrana subjetiva desmorona, quando a linha do fora desaba numa profundidade sem fundo e nela se enclausura. Deleuze insiste no desejo imperioso que tenta todo pensador: querer o acontecimento não apenas na superfície incorporal do sentido, mas na mistura corporal, numa "espécie de profundidade esquizofrênica"[32]. É a tentação maior: esposar o devir louco da matéria, ejetar-se no fora e ali perder-se. Deleuze tem razão então em perguntar-se se é possível, no fundo, pensar sem enlouquecer. Aspirar ao fora sem nele diluir-se, extraviar-se, soçobrar.

A partir daqui, como separar a ambição do pensamento e o risco que lhe é intrínseco? Não são necessariamente vizinhos, o pensamento e o desabamento do pensador? Sempre é tênue a fronteira entre o pensamento do Fora e a clausura do Fora num Dentro absoluto, como o atestam o caso de Nietzsche ou de Artaud. É sempre

---

31) Gilbert Simondon. *L'individu et sa genèse physico-biologique e L'individuation psychique et colletctive*, op. cit.
32) G. Deleuze. *Lógica do sentido.* São Paulo, Perspectiva, 1982, pp. 159-160

por um triz que aquele que tem a relação maior com o Fora nele não se enclausura como "interioridade de exceção", segundo a bela expressão de Blanchot.

Há décadas atrás Foucault perguntava: o que condenaria à loucura aqueles que uma vez tentaram a experiência da desrazão? Ou, nos nossos termos: como é possível a relação com o Fora sem que ela desabe num Dentro absoluto? Se em certa época uma sociedade pode confinar o acesso ao Fora apenas à loucura (obrigando com isso poetas, artistas e contestadores a enlouquecerem, ou a imitarem a loucura), em momentos e lugares distintos da história outros espaços puderam abrir-se a uma relação com o Fora (espaços xamânicos, proféticos, místicos, políticos, artísticos etc.). Hoje a loucura, na forma da clausura, vai deixando de ser um dos modos privilegiados de exposição ao Fora, tal como Foucault o diagnosticou muito cedo, ao notar como a loucura cedia o passo à doença mental depois de ter soterrado a desrazão. A partir de um certo momento, Foucault não se pergunta mais para onde migrou essa exterioridade, depois de ela ter desertado o espaço asilar, bem como o literário, já que essa exterioridade ela mesma parece ter sido de todo abolida. Mas será que seu trabalho ulterior realmente a considerou abolida?

O fora imanente

Já em Deleuze, uma concepção mais imanente do Fora o desatrela desde logo dos bolsões de exterioridade demasiado visíveis ou localizáveis, bem como da temática dos limites e das fronteiras, por mais que o tema das minorias esteja muito presente nos escritos dos anos 70. Contudo, Deleuze não se cansa de explicar: não se trata das minorias enquanto tais, mas do devir minoritário de todos e de cada um; não se trata de idealizar o esquizofrênico, porém insistir na esquizofrenização generalizada. Não há ali elogio da loucura, mas da processualidade da qual o fato psicossocial da loucura constitui um triste congelamento. Ocorre que a loucura foi chamada a testemunhar sozinha pela desterritorialização como processo universal, sucumbindo sob o peso dessa delegação insustentável. Daí a consigna de Deleuze-Guattari: "liberar em todos os fluxos o movimento esquizóide de sua desterritorialização, de tal maneira que esse caráter não possa mais qualificar um resíduo particular como fluxo de loucura"[33]. Eles até retomam a profecia de Foucault segundo a qual num futuro próximo a loucura deixará de existir como um exterior, mas lhe dão um sentido inteiramente positivo, quase jubilante, virando-a de ponta cabeça: a partir de então, sugerem eles, o exterior não mais precisará estar confinado e poderá, por fim, espraiar-se por toda parte! Eles leem a abolição da fronteira binária entre loucura e não loucura como um ganho de exterioridade, e não como sua perda: o exterior não será abocanhado, mas liberado de sua clausura em espaços confinados ou privilegiados, retomando a ambição primeira de Foucault em favor de um diálogo razão/desrazão aquém da fronteira consagrada. A alteridade já não é situada para além das fronteiras, e não necessariamente nas margens desfeitas. Ela é uma virtualidade das linhas que nos compõem e dos devires que delas decorrem.

Nesse sentido, essa geografia sem fronteiras, ou essa queda de um Muro de Berlin cultural, não representa necessariamente a vitória de uma suposta totalidade, da

---

33) G. Deleuze e F. Guattari. *O Anti-Édipo*. Rio de Janeiro, Imago, 1976, p. 383.

qual, Deleuze e Foucault sempre nos ensinaram a rir. Deleuze dizia, a propósito de um suposto pensamento planetário e unidimensional, já em 64: há um ponto onde esse niilismo se volta contra si mesmo, com o mais estranho dos efeitos – ele devolve as forças elementares a elas mesmas no jogo bruto de suas dimensões... O fora, supostamente abolido, não faz senão reaparecer enquanto estratégia. E o que se vê claramente em Foucault num momento dado, e pouco importa se o termo desaparece de seu vocabulário enquanto subsiste em Deleuze – uma concepção de fundo torna-se cada vez mais comum aos dois bem no momento em que eles pareciam bifurcar definitivamente. Foi Deleuze quem formulou o teor desse encontro, bem mais tarde, tal como o citamos acima: Foucault teria descoberto o elemento que vem do fora, a força. Ou seja, Foucault, com seu trabalho sobre o poder, teria devolvido ao Fora sua imanência estratégica.

Conviria ressaltar um último encontro entre os dois pensadores, tão pouco óbvio quanto o precedente. Se como vimos anteriormente para Deleuze a exterioridade é concebida como um fundo sem fundo a partir do qual a própria subjetividade emerge, é compreensível que Deleuze não a considere abolida, mas a detecte no âmago da própria subjetividade enquanto dobra, memória absoluta do fora, contração do fora como duração, vida. Não deveria surpreender, pois, que ele a tenha redescoberto como a textura mais íntima dos próprios processos de subjetivação, precisamente quando trata do último Foucault, ali onde presumivelmente estaríamos mais distantes da temática do fora, abandonada já no período genealógico. É preciso reconhecer a audácia de Deleuze em reencontrar a "paixão do Fora" no último Foucault, bem num momento de sua obra em que os termos fora, loucura e exterioridade estão completamente ausentes de seu vocabulário. Ele a reencontra quando reconhece o fora como imanente à própria subjetividade e aos processos de subjetivação que Foucault havia elencado, mas também ao entender a possibilidade do "pensar diferentemente" como um apelo para dobrar diferentemente as forças do fora. O apelo do Fora ou a paixão do Fora encontra aí sua função estratégica e política, ao desencadear uma mutação subjetiva.

À guisa de conclusão provisória, seria preciso dizer que ambos pensaram a loucura a fundo, e o diálogo possível com ela. Mas enquanto um o fez tomando-a como um objeto histórico complexo, cuja gênese ele leu como o avesso e a condição de nosso pensamento, o outro acompanhou a tentação dessa vizinhança na fabricação de seus próprios conceitos, em ligação estreita com Guattari. Talvez o rizoma seja a expressão mais extrema e acabada de uma tal atitude teórica. Com efeito, o rizoma poderia ser concebido como uma radiografia do pensamento do fora na sua lógica mais íntima, isto é, a mais voltada para o exterior, desvinculado agora de uma ontologia da linguagem, da obsessão com os limites, da promessa de uma margem redentora... Afinal, nele reencontramos a abertura de um deserto, uma movência esquecediça, a conectividade errante, a proliferação multidirecional, a ausência de centro, de sujeito e objeto, uma topologia e cronologia inteiramente alucinatórias... Em suma, não o mapa de um outro mundo, mas a cartografia do outro de todo mundo – aquilo que faz deste mundo um outro, liberando-nos, como queria Kafka, das "cadeias da existência cotidiana". Podem irromper, a partir daí, resistências inéditas e vozes inauditas, aptas a dobrar-nos diferentemente.

A GORDA SAÚDE DOMINANTE

Toda obra é uma viagem, diz Deleuze no "Prólogo" de seu último livro publicado em vida, toda obra é um trajeto[1]. No dia 29 de setembro de 1911, Kafka anotava em seu diário a seguinte observação sobre o mesmo tema: "Reflexões de Goethe sobre suas viagens, diferentes das nossas porque são feitas de cima de uma diligência, porque podem desenvolver-se de maneira mais simples conforme as lentas modificações do terreno e podem ser empreendidas mais facilmente, mesmo por alguém que não conhece a região. Isso gera um modo de pensamento sereno, positivamente panorâmico. Além disso, como a região se oferece ao ocupante do carro com seu caráter primitivo intacto e está cortada de maneira muito mais natural pelas estradas do que pelas ferrovias [...] não faz violência ao espectador que pode, sem grande esforço, ver as coisas sistematicamente. Por isso há poucas observações instantâneas nessas notas"[2]. Por um lado ir de diligência, pela estrada, como Goethe, seguindo o contorno natural da paisagem, numa continuidade serena, numa positividade panorâmica. Por outro, ir de trem, como Kafka, pela ferrovia, desafiando o curso da natureza, entrecortando-a, atravessando montanhas, terrenos baldios, fundos de quintal, numa velocidade de choque, onde o mundo aparece num zigue-zague perturbador. Que maneiras distintas de viajar, de olhar, de descrever, de escrever, de viver. A diligência, a continuidade, a majestuosidade, a sistematicidade, ou então o trem, o zigue-zague das coisas, a instantaneidade entrecortada... São dois estilos, certamente, duas maneiras de enxergar as coisas, de acompanhá-las ou de entrar nelas.

Eis, a título de exemplo, uma descrição extraída do diário de Kafka, mas dessa vez não de uma região, mas de uma paisagem anímica. Kafka conta um encontro seu com o Sr. K. "Tagarelices do Dr. K. Por duas horas, fiz os cem passos com ele através da estação Francisco-José, rogando-lhe vez por outra para me deixar ir embora, juntando as mãos de impaciência e ouvindo-o tão pouco quanto possível. Pareceu-me que um homem que faz um bom trabalho em sua profissão acaba necessariamente perdendo todo discernimento tão logo se põe a contar anedotas profissionais; ele toma consciência de seu valor, cada anedota suscita encadeamentos de ideias – e numerosos – que ele junta todos de um só golpe de vista porque ele os viveu; em sua pressa e por respeito a mim, é obrigado a pular muitos deles; de minha parte, eu lhe destruo algumas por minhas questões, mas desse modo, ainda, faço nascerem outras

---
1) G. Deleuze. *Crítica e clínica*, op. cit., pp. 9-10 [a partir de agora *CC*]. Meus comentários, como se verá, não passam de um acompanhamento das referências de rodapé desse livro intrigante. São notas de leitura, foram escritas nas margens das páginas de Deleuze e são, quando muito, um convite à sua leitura.
2) F. Kafka. *Journal*. Paris, Grasset, 1991, p. 57.

anedotas, mostrando-he assim que seu poder se estende igualmente muito longe no interior de meu pensamento; na maioria dessas histórias, sua pessoa desempenhou um belo pape] ao qual ele se contenta em fazer alusão, pelo que as coisas caladas parecem a ele ganhar em importância; mas agora, ele está tão seguro de minha admiração que pode até queixar-se, pois ele continua admirável, mesmo na tristeza, nos tormentos, nas dúvidas [...] e eis-nos novamente em vias de subir e descer a rua [...] por fim já não lhe resta meio algum para me reter, faz ainda uma tentativa voltando ao meu próprio caso (fundação da fábrica), caso a respeito do qual vim procurá-lo e que nós já acertamos faz tempo; ele espera inconscientemente poder segurar-me por essa via e devolver-me a minhas histórias. Nesse momento, digo alguma coisa, mas ao falar, estendo-lhe de propósito a mão para lhe dizer adeus e é assim que me libero. De resto ele sabe muito bem contar uma história. Sua maneira de contar combina a precisão com a qual se desdobram as frases jurídicas e essa vivacidade de elocução que se encontra amiúde entre os judeus quando eles são gordos, escuros, provisoriamente bem de saúde, de estatura mediana e excitados pelo uso contínuo do tabaco. As expressões jurídicas dão solidez a suas frases [...] Cada história é desenvolvida desde sua origem, a questão e a objeção são expostas e literalmente sacudidas pelas digressões que ele próprio introduz na exposição; elementos acessórios nos quais ninguém pensaria se encontram primeiro mencionados, depois qualificados de acessórios e afastados ('um homem, pouco importa seu nome'). O interlocutor se vê pessoalmente conduzido a um canto; enquanto a história se condensa ao lado dele, ele é submetido a um interrogatório destinado a estabelecer algumas relações provisórias, ele é inquirido – claro que sem resultado – antes mesmo que se lhe comece a contar uma história que não o interessa em nada; as observações resvaladas pelo interlocutor não são retomadas logo em seguida, o que seria irritante, claro que elas não tardam a encontrar seu lugar no curso do relato, mas somente no momento judicioso, é uma maneira concreta de elogiar que arrasta o interlocutor para o coração da história, pois lhe dá particularmente o direito de ser o interlocutor nesse diálogo.[3]"

É o trem do olhar de Kafka atravessando as sinuosidades do Sr. K, perfurando-as e revelando no seu trajeto a autossuficiência saudável e pegajosa do gordo jurista. Um certo humor que detecta a cada gesto a mesquinhez, a viscosidade, a soberbia do interlocutor. Diante do Sr. K., Kafka parece frágil, impotente como face a uma montanha, e só lhe resta querer fugir, ainda que transpassando-a. Não significa fugir do mundo, mas de uma certa saúde inteiriça do mundo, redonda, perfeita, acabada, irremovível como uma montanha, para opor-lhe um outro estado, uma imperfeição, um inacabamento, uma imaturidade pela qual o mundo possa depois invadi-lo, até tomá-lo de assalto, mas de outra maneira. Os trechos de Kafka sobre suas insônias, sua suscetibilidade exagerada, seu estado de fadiga: "Creio que essa insônia se deve unicamente ao fato de que eu escrevo. Pois por pouco e mal que eu escreva, permanece o fato de que esses pequenos abalos provocam minha suscetibilidade; sinto, por volta da noite e sobretudo de manhã, a aproximação, a possibilidade iminente de grandes estados de exaltação que me tornariam capaz de tudo, mas em seguida, no meio do barulho geral que está em mim e ao qual não tenho tempo de dar ordens, não consigo encontrar repouso [...] Mas por ora, ao lado das pequenas esperanças que ele faz nascer,

---

3) F. Kafka, idem, pp. 81-2.

esse estado só me faz mal, não dispondo a minha natureza de uma compreensão suficiente para suportar a atual mistura; durante o dia, o mundo visível me vem em socorro, de noite, nada se opõe a que eu seja dilacerado. Isso sempre me faz pensar no que acontecia em Paris durante o cerco e até a Comuna, quando a população das periferias do Norte e do Leste, até então desconhecida do parisiense, levava horas para entrar em Paris e avançava literalmente de hora em hora nas ruas que servem o centro, como ao ritmo brusco dos ponteiros de um relógio.[4]".

O inacabamento essencial

Uma saúde muito frágil, uma debilidade, uma exaustão, uma certa confusão nervosa configuram essa permeabilidade que, segundo Kafka, favorece a intrusão de personagens distantes e desconhecidos capazes de tomar de assalto o centro do sujeito. O dramaturgo polonês Witold Gombrowicz levou até as últimas consequências a importância dessa deformidade, desse inacabamento, do que ele chamou de imaturidade necessária ao artista. Diz Gombrowicz que o escritor é um amante da Imaturidade, assim como o homem adulto e acabado é tentado pelo jovem, pelo inferior, pelo irresponsável, pelo leviano, pois é onde a vida se encontra em estado mais embrionário, onde a forma ainda não pegou inteiramente. Ao relatar sua amizade com Bruno Schulz, Gombrowicz comenta: "Ele me admirava, eu não o admirava. Houve aí uma espécie de curto-circuito, e tanto melhor, O que teria acontecido se eu tivesse respondido à sua admiração pela minha admiração? Será que isso não nos teria tornado pesados demais para experimentar [...] em nós mesmos? Oh, claro, tanto ele como eu buscávamos a admiração, a confirmação [...] o vazio é extenuante [...] Mas acaso uma real harmonia estaria no nosso estilo? Muito mais conforme a nosso estilo fora, ao contrário, esse fiasco que fez que a mão que ele me estendeu não encontrasse a minha essa situação tipicamente schulziana, e tampouco estrangeira a minha problemática, permitia-nos ao menos conservar a liberdade bizarra de seres ainda por nascer, a inocência particular dos embriões – o que nos tornava leves frente à Forma.[5]"

Inocência dos embriões, valorização da imaturidade, elogio da juventude, a força do inacabamento. Como diz Deleuze: "[o escritor] goza de uma frágil saúde irresistível, que provém do fato de ter visto e ouvido coisas demasiado grandes para ele, fortes demais, irrespiráveis, cuja passagem o esgota, dando-lhe contudo devires que uma gorda saúde dominante tornaria impossíveis.[6]" A fragilidade do escritor não é neurose, nem psicose, mas porosidade ao excesso, abertura e permeabilidade àquilo que uma gorda saúde, uma autossuficiência acabada, madura, fechada, concluída, funcionando bem demais, jamais poderia acolher, abrigar, favorecer. O escritor é aquele que viu demais, que ouviu demais, que foi atravessado demais pelo que viu e ouviu, que se desfigurou e desfaleceu por isso que é grande demais para ele, mas em relação ao que ele só pode manter-se permeável se permanecer numa condição de inacabamento,

---

4) F. Kafka, idem, p. 63.
5) W. Gombrowicz. *Contre les poètes*. Paris, Ed. Complexe, 1988, p. 129.
6) G. Deleuze. *CC*, p. 14.

imaturidade, imperfeição, fragilidade. Exemplo do neorrealismo italiano, onde os personagens, estupefatos pela visão da guerra, da miséria ou da natureza revolta exclamam: é terrível, é belo demais! (Stromboli, em Vitorio De Sica) A gorda saúde dominante é incapaz de ver, ouvir e deixar-se atravessar por tanto excesso...

O estômago fenomenal

O que é a gorda saúde dominante? Eis um exemplo lateral, tomado de um romance de D.H. Lawrence intitulado A Serpente Emplumada. Uma irlandesa, acompanhada de um americano e um inglês, em viagem ao México, vão a uma tourada. O americano, rodeado de mexicanos de olhar sinistro e ameaçador, em meio à chuva, e diante do touro ensanguentado, quase numa crise de nervos, se convence de que ele está em vias de "viver", de que isto "era a verdadeira vida!" É a pergunta que volta nos romances de Lawrence e na voz de seus personagens: será isto a vida, será isto viver, viver é isto? A irlandesa Kate, por sua vez, num combate terrível contra aquilo que o americano chamava "viver", como a tourada, o chá, a explosão de modernismo nas artes, começa a entender que o "que se entende pela palavra 'a Vida' não passa de um erro que provém de nossos cérebros"... E diz a si mesma, no diapasão de seu ritual de iniciação com os índios: "Você deve nascer de novo. Às custas de um combate com a insaciável vida, com o dragão da existência degenerada e incompleta, deve-se receber essa flor delicada do ser que murcha ao mínimo toque"[7]. Lawrence mostra o contraste entre brancos e índios, estes adoradores da morte, que aceitam o vazio sem reserva, e que assim preservam uma estranha chama de vida e uma leveza incompreensíveis[8].

Deixemos ecoar a pergunta mais geral, de Lawrence, talvez de Kafka, de Gombrowicz, certamente de Deleuze: será a vida essa gorda saúde de espetáculo, de frisson extasiado diante do sensacional, desse acaparamento do mundo por um estômago fenomenal, que deglute tudo porque também expele tudo? Ou, ao contrário, estará a vida mais próxima de uma fragilidade diante do excesso, e também, por conseguinte, de uma certa seletividade? Tema nietzschiano, a vida como paladar, e o paladar horrível dos alemães, seu gosto pela cerveja e pela salsicha, e pelo espetacular e pelo pesado...

Talvez seja preciso reler toda essa questão em termos de alimentação. É o que o poeta Henri Michaux diz de maneira tão simples: "escrevi esses textos para minha saúde. Quem se alimenta dos sons e de certas relações de som, sente que isso lhe convém, [ao passo que a] um outro serão os espetáculos e as relações reveladas pela biologia, outro a psicologia, que o cálculo matemático ou o estudo da metafísica deixariam sempre subnutrido (ou vice-versa) [...] Mas tudo isso não é claro nem excludente entre as pessoas saudáveis. Tudo lhes convém, a esses grosseiros indivíduos, como aos bons estômagos. Ocorre ao contrário a certos doentes uma tal falta de euforia, uma tal inadaptação às pretensas felicidades da vida, que para não afundarem,

---

7) D.H. Lawrence. *Le serpent à plumes*. Paris, Stock, 1989, p. 86. Sobre o tema do renascimento, a frase do fundador do Butoh, Hijikata Tatsumi: "A cada hora renascemos / Não basta simplesmente nascer do ventre materno / É preciso nascer muitas e muitas vezes / Renascer sempre e por toda parte / Mais e mais uma vez". In *Three Decades of Butoh Experiment*. Tokyo, Yushi-Sha, 1993.
8) Idem, p. 112.

são obrigados a ter recurso a ideias inteiramente novas, inclusive se reconhecer e se fazer reconhecer como Napoleão I ou Deus o Pai. Eles forjam sua personagem segundo sua força declinante, sem construção, sem o relevo e a valorização, habituais nas obras de arte, mas com pedaços, peças e combinações de acaso onde a única coisa que parece firme é a convicção com a qual eles se agarram a essa prancha de salvação [...] Nada da imaginação dos profissionais. Nem temas, nem desenvolvimentos, nem construção, nem método. Ao contrário, só a imaginação da impotência em se conformar. [... eis uma] operação ao alcance de todo mundo e que parece ser tão proveitosa para os fracos, os doentes e doentios, as crianças, os oprimidos e inadaptados de toda sorte.[9]"

A gorda saúde dominante, que devora e expele tudo, e que preserva a própria forma ao longo de toda sua operação onívora, num majestoso passeio pelo mundo, e a frágil saúde irresistível, que por não engolir qualquer coisa e não empanturrar-se[10] pode permanecer mais aberta e permeável a muitas coisas com as quais entra em estranhas relações de choque e metamorfose... Manter a forma ou transfigurar-se, aferrar-se ao próprio formato ou estar sujeito às metamorfoses que advêm dessa relação com um exterior – duas políticas em relação à Forma, às formas que a vida produz.

A vida aprisionada

Mas afinal, qual é a forma dominante? No que é ela tão indesejável? O que se inventa com a pequena saúde frágil? Não arriscamos a tomá-la por um novo modelo? E o que é a saúde e a doença, do ponto de vista da vida? Que função desempenha nisso a literatura?

Deleuze coloca a questão nos seguintes termos: "Qual saúde bastaria para libertar a vida em toda parte onde esteja aprisionada pelo homem e no homem"[11]? Nenhuma saúde bastaria para dar conta dessa tarefa, liberar a vida em toda parte onde esteja aprisionada... Os autores que Deleuze gosta, que ele cita, cultiva, utiliza, têm essa característica curiosa uma estranha relação com o vitalismo. Eis um pequeno exemplo, num nível ainda discursivo, de conteúdo, tal como é exposto por um dos personagens de Lawrence, um general mexicano que se declara o deus Quetzacoatl: "O que fazer da vida senão viver? Busquemos a vida onde se possa encontrá-la. Uma vez que a tivermos encontrado, ela mesma resolverá os problemas. Cada vez que nós negamos a vida a fim de resolver uma dificuldade, fazemos nascer dez outros problemas em vez do primeiro [...] Quando os homens buscarem em primeiro lugar a vida, eles não buscarão mais as terras nem o ouro. [...] Buscai a vida e a vida trará a mudança.../ Tudo o que é vida é vulnerável, só o metal é invulnerável. Combatei pelo frágil desabrochar da vida, mas então não cedei jamais"[12]. Eis um conceito de vida nas antípodas de qualquer fascismo. É um discurso político tanto mais estranho porquanto defende com vigor uma

---

9) H. Michaux. Postface a "Mes propriétés". In *La nuit remue*. Paris, Gallimard, 1967, p. 195.
10) Como diz o jejuador: "Por que eu não pude encontrar o alimento que me agrada. Se eu o tivesse encontrado, pode acreditar, não teria feito nenhum alarde e me empanturrado como você e todo mundo." In Kafka. *Um artista da fome*, op. cit. p. 35.
11) CC, p. 14.
12) D. H. Lawrence. *Le serpent à plumes*, op. cit., p. 411.

relação primordial com aquele estado embrionário de que fala Gombrowicz[13]. É também o que diz Artaud, num outro contexto, a respeito de Van Gogh: "Porque a humanidade não quer dar-se ao trabalho de viver, entrar no natural convívio das forças que formam a realidade, para tirar daí um corpo que tempestade nenhuma pode vir a desfazer. Sempre preferiu simplesmente existir. Quanto à vida, no gênio do artista é que ela tem o hábito de ir procurá-la. Ora Van Gogh, que tinha assado uma das mãos, nunca teve medo da guerra para viver, isto é, para roubar à ideia de existir o fato de viver, e é bem certo que tudo pode existir sem ter o trabalho de ser, e tudo pode ser sem ter o trabalho, como Van Gogh o furioso, de irradiar e rutilar. E por isso Van Gogh morreu suicidado, pois o concerto de toda a consciência deixou de poder suportá-lo. [...] E o rei Van Gogh dormitava a incubar o próximo alerta da insurreição da sua saúde. Como? Pelo fato da boa saúde ser pletora de polidos males, formidáveis ardências de viver por cem ferimentos roída [...] Quem não cheira a bomba assada e a vertigem comprimida não é digno de estar vivo." Ao perguntar-se quem seriam os jovens nietzschianos hoje, Deleuze faz eco a essas palavras de Artaud ao responder com a frase de Robert Deshaye: viver não é sobreviver. Ou como diz Artaud, viver não é apenas existir, mas arrancar da existência a vida, onde ela está aprisionada, equilibrada, estabilizada, submetida a uma forma majoritária, a uma gorda saúde dominante. Diante disso, a vida como palpitação, ardência a ser liberada...

Acrescentemos um último exemplo, o de Henry Miller, em *Nexus*. Ao tematizar a importância da verdade, uma voz interior lhe sussurra: há também a literatura. E ele responde: Para o diabo a literatura! *O livro da vida*, eis o que eu escreverei[14]. Porém adiante ele parece retroceder, ao explicar o ofício de escrever: "Para nascer águia, é preciso habituar-se à altitude, para nascer escritor, é preciso aprender a amar as privações, os sofrimentos, as humilhações. E sobretudo, é preciso aprender a viver à margem. Tal como o preguiçoso, o escritor se pendura no seu galho enquanto embaixo dele a vida jorra, incessante, tumultuosa. Quando ele está pronto, ploc! Ele cai na onda e na luta pela vida...[15]". Nem sempre, no entanto, nessa queda é a vida que se encontra: "Mas acaso tudo não conspirava – as belas, nobres e grandes obras assim como as baixas e sórdidas – a tornar a vida cada dia menos vivível? Para que os poemas sobre a morte, as máximas e os conselhos dos sábios, os códigos e as mesas dos fazedores de leis, para que bons chefes, pensadores, artistas, se os próprios elementos que constituem a trama da vida não podem ser transformados?".

E como responder à tentação de transformar os próprios elementos que constituem a trama da vida? Como esposar um processo, em literatura ou na vida, capaz de liberá-la daquilo que a torna invivível, aprisionante?

---

13) Para uma problematização mais filosófica da noção de vida em Deleuze, cf. o comentário agudo de Giogio Agamben, "L'immanence absolue", in *Gilles Deleuze, une vie philosophique*, op. cit.
14) H. Miller. *Nexus*. Buchet Chastel, Paris, 1967, p. 401.
15) Idem, p. 395.

Os devires de Kafka

Uma das características do processo, segundo Deleuze, é sua capacidade de transpor fronteiras, como aquelas existentes entre o animal, o vegetal e o mineral, ou entre o humano e o inumano, o individual e o coletivo, o masculino e o feminino, o material e o imaterial etc. Devir-mulher, devir-animal, devir-molécula, devir-imperceptível, devir-índio, eis algumas das passagens de que se é capaz e que a escrita favorece. Ao liberar a vida das individualidades estanques em que ela se vê aprisionada, seja nos gêneros, nas espécies, nos remos apartados, a literatura favorece outras tantas metamorfoses, saltos intensivos, saídas. Os devires-animal de Kafka, por exemplo. Virar cão, macaco, inseto, experimentar, como as crianças, um devir-animal que permita ao personagem escapar ao pai, ao burocrata, ao inspetor, ao juiz... Tornar-se um animal não é propriamente imitar um animal, mas atingir um mundo de intensidades puras em que as formas e significações humanas, demasiado humanas, perdem sua pregnância. Como em *A metamorfose*: "Gregor se torna barata, não apenas para fugir de seu pai, mas antes para encontrar uma saída onde seu pai não a soube encontrar, para fugir do gerente, do comércio e dos burocratas, para atingir essa região onde a voz apenas murmura". É uma linha de fuga, mas que não vai até o fim, fracassa no meio, se reedipianiza – e é disso que Gregor morre.

O princípio mais geral da leitura empreendida por Deleuze e Guattari da obra de Kafka vai na contramão da maioria das interpretações, pois evita "interpretar uma obra que na verdade se propõe apenas à experimentação". O que se experimenta em Kafka? Os impasses e saídas nos estados do desejo. Tomemos o exemplo mais simples. Há muitos retratos em Kafka, fotos com cabeças inclinadas, é o desejo submetido, o desejo que impõe a submissão, o desejo que julga e condena, o ponto em que as conexões são impedidas. Mas há, em compensação, as cabeças que se erguem, que quando se levantam chegam a atravessar os telhados...

Em Kafka sempre estariam em jogo tais maneiras de experimentar saídas. Não é a questão da liberdade, mas a da saída. Onde está aquela pequena linha heterogênea que escapa ao sistema, qual o elemento que vai desempenhar o papel de singularidade, o que é aquilo que fará o conjunto fugir? Nesse sentido, é sempre de uma política que se trata, de um protocolo de experimentações, através da voz, do som, dos gestos, dos devires mais insólitos. A pergunta não é o que quer dizer, mas como se entra, como se sai, como se foge, como se escapa ou seja, mais do que posições, estados do desejo em relação a uma máquina, a máquina da justiça, a máquina familiar, a máquina capitalista, a máquina tecnocrática... Que linhas, que processos, que caminhos, que adjacências se inventam ao abrir os becos sem saída, ao desbloqueá-los. É uma leitura mais intensiva do que significante, mais geográfica do que histórica, mais da ordem das linhas do que das estruturas.

Kafka não fez uso dos sentidos ocultos – simbolismo, onirismo, esoterismo, como outras escolas literárias contemporâneas a ele. Levou adiante seu projeto literário não por excesso, mas por força de sobriedade, de enxugamento. Uso intensivo da língua, em vez do uso simbólico, significativo. É uma espécie de não figurativismo na linguagem, que deixa emergir a expressão material intensa, ao máximo livre do Sentido.

Como o canto, que em Josefina atinge um ponto em que tangencia sua própria abolição, e o que ele libera é uma pura matéria sonora intensa, algo que escapa à significação, à composição, à fala, sonoridade em ruptura, espécie de linha de fuga.

Como liberar a intensidade do jugo do sentido, da significação, da figura, da metáfora? Por exemplo, através dos saltos e quedas, diferenças de estado, variações de estado... Então um homem que vira animal, ou um animal que se torna homem, não é uma metáfora, mas uma metamorfose, um devir, uma mudança de estado, uma mudança intensiva, pela qual se extraem da linguagem tonalidades sem significação, fazendo vibrar sequencias, abrindo as palavras para intensidades interiores inauditas... Escrever seria distribuir estados no leque da palavra.

Quanto às linhas de fuga, não se trata de fugir do mundo, mas fazer fugir o mundo, um certo mundo, uma certa representação de mundo. Enxergar como um besouro, que maneira insólita de desmanchar o mundo sem precisar sequer criticá-lo através de representações! A crítica é um recurso menor, ela fica na representação, ela ainda continua presa ao terreno codificado e territorial. "E pela potência de sua não crítica que Kafka é tão perigoso"[16]. Através desse procedimento intensivo, de descodificação e de desterritorialização, cumpre-se seu programa: estar em sua própria língua como estrangeiro. Fazer a linguagem escapar de seu uso maior, uso de Estado, língua oficial: é quando a máquina literária se torna uma máquina de guerra, e a linha de fuga uma linha de fuga ativa.

Insistência de Deleuze e Guattari na alegria de Kafka e do circo que ele faz com os temas que outros levam tão a sério (angústia, culpa, solidão) e interpretam apoliticamente – a interpretação baixa, neurótica, individual. Não se trata em Kafka de solidão, culpa, infelicidade íntima, dizem eles, mas da linha de fuga criadora que "traz com ela toda a política, toda a economia, toda a burocracia e a jurisdição: ele as suga, como vampiro, para fazê-las emitir sons ainda desconhecidos, que pertencem ao futuro próximo – fascismo, estalinismo, americanismo, *as potências diabólicas que batem à porta*".

Os autores se distanciam do foco dado pela crítica aos temas da teologia da ausência, da transcendência da lei, do *a priori* da culpa – nada disso é essencial em Kafka. Ele teria levado adiante o projeto diabólico de fazer a desmontagem e a demolição da lei, da culpa, da interioridade, encontrando os pontos de desparafusamento que devem guiar a experimentação[17]. A tonalidade afetiva das cartas é o medo, não a culpa, das novelas é a fuga, não a culpa, ao passo que nos romances é a desmontagem jurídica, e uma vez mais – não a culpa.

Medo, fuga, desmontagem, três paixões, três intensidades... E em vez da transcendência da lei, o agenciamento maquínico da justiça, todos seus detalhes, suas contiguidades, sua imanência, o eros burocrático, jurídico, capitalista, o desejo das engrenagens, esse misto de desejo e poder no interior de uma máquina... Em relação a esse conjunto a crítica é inútil, trata-se antes de esposar um movimento de aceleração ou proliferação, que faz tudo precipitar-se, "um relógio que adianta", que arrasta tudo fazendo com que esse arrebatamento "produza também linhas de fuga ou de

---

16) G. Deleuze e F. Guattari. *Kafka – Por uma literatura menor*, op. cit., p. 89, livro do qual o presente item não passa de um resumo parcial.
17) Idem, p. 68.

parada, mesmo modestas, mesmo trêmulas, mesmo e sobretudo assignificantes". Nesse sentido, desmontar um agenciamento é tomar uma linha de fuga, e a máquina literária é capaz de antecipar e de precipitar conteúdos "em condições que, por bem ou por mal, dirão respeito a toda uma coletividade".

Desertar a forma do eu

Perguntávamos acima: qual a forma dominante da qual os devires nos liberam? É a forma do homem-branco-macho-racional-europeu, padrão majoritário da saúde e da cultura do Ocidente. E como desfazer o Rosto do homem branco, bem como a subjetividade, a paixão, a consciência e a memória que o acompanham? Talvez a literatura e os devires que ela propicia recebam aí uma de suas funções "políticas". E toda uma pregnância do modelo de "saúde" que a literatura deserta ao abandonar a Forma-homem, ao embarcar em devires minoritários, inumanos, plurais. Daí porque, diz Deleuze com tanta insistência, escrever não é contar suas lembranças, suas viagens, seus amores, seus fantasmas. Num certo sentido é todo o contrário. Pois escrever é desertar precisamente o eu, essa forma dominante, hegemônica, personológica, edipiana, neurótica, esse estado doentio através do qual uma certa literatura insiste em perpetuar-se. Escrever é abandonar esse cortejo mórbido, pois apenas assim pode a literatura responder à função proposta por uma linhagem de autores que Deleuze pretende alinhavar: a de liberar a vida por toda parte onde ela esteja aprisionada – e ela está aprisionada nas formas constituídas, sobretudo na forma dominante do eu. A literatura, portanto, para ser o que lhe cabe ser, isto é, vital, deveria, no que parece representar um paradoxo, tornar-se impessoal. Impessoal não quer dizer objetiva, mas alheia à forma pessoal do eu, aos seus draminhas psicológicos, às suas ladainhas sentimentais – é preciso que tudo isso seja varrido por algo mais sóbrio, mais invisível, mais impalpável, mais anônimo. Foi Blanchot, sem dúvida, quem melhor caracterizou a necessidade de um tal impessoal. Por exemplo, o uso do pronome pessoal se, o *on* francês, essa terceira pessoa que surge na escrita e que a abre para uma dimensão "neutra". O impessoal da escrita atrai o eu para uma esfera mais evanescente, plural, fragmentária, intensiva, onde podem brotar devires outros que a forma do eu esconde ou soterra, que ela espantaria com sua musculatura e saúde por demais atléticas ou, ao contrário, excessivamente chorosas.

A percepção do anjo

Bergson dizia, em *Matéria e memória*, que nossa percepção é um crivo: percebemos aquilo sobre o que podemos exercer uma ação, de modo que nossa percepção é o espelho de nossa ação virtual. A percepção é seletiva, apaga o que não lhe interessa e sobre o que o ser vivo não pode exercer ação alguma. Mas o que aconteceria se pudéssemos ultrapassar esse crivo da percepção, contornando sua válvula, essa dosagem que segundo Bergson nosso sistema sensório-motor impõe à nossa percepção? Uma das respostas possíveis encontra-se no romance de Malcom Lowry,

À sombra do vulcão. O Cônsul alcoólatra vagueia no meio do México, e do fundo de sua embriaguez percebe a massa de átomos interagindo, sem centro, nem alto, nem baixo, nem direita nem esquerda, estado em que cada átomo se põe a flutuar e está em relação com todos os outros átomos, afetado por eles, percebendo-os todos. Saturado de átomos, o Cônsul se agita numa variação quântica, grãos de luz que o atravessam, sem que ele seja levado a colocar, como sugeria Bergson, a tela negra da consciência para filtrar, selecionar, fixar e revelar alguns deles, numa estruturação espacio-temporal. Assim, nesse estado as transições, passagens e oscilações são mais importantes do que os contornos estáveis que elas arrebentam. E o Cônsul se debate numa nebulosa quântica, nessa agitação molecular, numa espécie de impotência de definir, desfalecendo nas microfissuras entre as coisas, nos intervalos que ganham independência, nesse formigamento infinitesimal, de ondas e partículas, átomos e desvios. E como se o ruído de fundo emergisse, ultrapassando o limiar de mero fundo ao qual nossa percepção costuma relegá-lo.

É sem dúvida também o que o anjo de Wim Wenders percebe ao passear por Berlim, ele que não seleciona, não delimita, não recorta, pois é o murmúrio do Universo inteiro que ele ouve, com seus suspenses, sua catatonia. Essa é a sensibilidade do anjo, a sensibilidade inumana, capaz de registrar as passagens súbitas, a evanescência do contínuo, os desfalecimentos, aquilo que é menor do que o menor, toda uma física das qualidades sensíveis, por vezes intoleráveis, todo esse rumor, essas dobras infindáveis que um anjo roça com a ponta dos dedos, e o homem também, eventualmente, sob determinadas condições. O Cônsul talvez seja um misto de anjo e fera, levado ao seu estado de impotência, mas tal impotência e fragilidade são precisamente a condição de possibilidade de uma percepção inumana. A questão é a mesma: como levar a forma-homem para esse limite em que o homem possa relacionar-se com outras forças, mas sem que nelas ele se perca inteiramente? Como viver nas dobras, mas viver? Como suportar esse estado de metaestabilidade plástica? Como atingir isso que é menor do que o que é visível, menor do que é pensável, menor do que é audível, menor do que é vivível, e que justamente por isso apenas uma apreensão intensiva poderia captar?

"Há forças no interior do homem que o forçam a espantar-se consigo mesmo", diz Lowry. A literatura consistiria em experimentar essas forças que forçam o homem a espantar-se consigo mesmo. O eu, ou a consciência, apenas assistem, e numa espécie de impotência assustada. O Cônsul tem consciência de estar perdendo o controle sobre suas moléculas e átomos. Mas essa consciência é secundária em relação ao essencial, ela é, como disse Jean-Clet Martin que acompanho de perto nesse comentário sobre Lowry, não sonâmbula, mas vigilâmbula[18]. Ela percebe sua impotência diante do inconsciente molecular em que flutua, esse campo pré-individual saturado de entidades embriagadas, vagas.

Quando atentamos para essa relação entre a impotência da consciência ou da percepção e a potência do percebido, a frágil saudezinha e o tamanho do que lhe incumbe viver e perceber, a saúde como que muda de lado.

* * *

18) J. C. Martin. *Variations*. Paris, Payot, 1993, p. 244ss.

Retomemos o leitmotiv do texto de Deleuze intitulado "A literatura e a vida", ainda em *Crítica e clínica*. A função da literatura, liberar a vida por toda parte onde ela esteja aprisionada. A condição da literatura, desertar o pronome pessoal eu, a forma personológica, autobiográfica, identitária, edipiana, neurótica, O processo da literatura: a metamorfose, a maneira pela qual a escrita experimenta os diversos devires, devires minoritários, devir-mulher, devir-molécula, devir-deus, devir-sol, devir-inseto, devir-índio... Já podemos esboçar mais um movimento, a respeito daquilo que Deleuze considera como sendo a saúde em literatura: inventar um povo que falta.

O povo que falta

É um tema constante em Deleuze, de que a literatura, mas também as artes em geral, e igualmente a filosofia, chamam por um povo que falta. Isso significa que não cabe à literatura representar o povo, muito menos descrevê-lo, nem mesmo dirigir-se a ele. Não supor um povo, mas contribuir para sua invenção[19]. Inventar um povo, que pretensão... e no entanto, a ideia de Deleuze é a mais sóbria. Trata-se de desmontar uma ideia maciça, molar, majoritária e hegemônica do povo, captando as desterritorializações que o atravessam, os povoamentos minoritários que nele emergem, os devires que aí pululam, as minorias que se forjam o tempo todo no seu interior. Trata-se sobretudo de atentar para os processos de minoração, de diferenciação, de bastardização, de marginalização que o fazem derivar, com todas as línguas menores que o sacodem constantemente forçando-se a reinventar-se. "Mesmo que cada um de nós tenha de descobrir em si mesmo sua minoria íntima, seu deserto íntimo", não se trata de trocar a defesa do povo pela defesa das minorias, seja de gays, mulheres, loucos ou outros tantos grupos que acabam adotando discursos identitários, molares, porém de acolher ou suscitar esses processos de singularização em que até um celibatário, na sua linha de fuga, forje uma comunidade cujas condições atualmente ainda nem mesmo estão dadas, como diz Deleuze.

Quantos solitários aparecem ao longo desses textos valorizados por Deleuze, como Bartleby, de Melville... Esses indivíduos não revelam apenas a recusa de uma sociabilidade envenenada, porém são o chamamento para um tipo de solidariedade nova, ainda por vir. Ao comparar Deleuze e Wittgenstein, Bento Prado Jr. afirma que os dois pensadores teriam em comum o fato de serem "anarcônticos", desprovidos de arque, combatendo toda tentativa de encontrar um princípio transcendente e as formas de sociabilidade correspondentes. E o autor acrescenta: "é claro que essa similitude de estilo vai apenas até certo ponto, para logo dar lugar a uma dramática bifurcação, que leva um para uma ética individualista, impregnada pelo espírito da fé, e, outro, para uma ética que se identifica finalmente à política. De um lado um "narodnik" solitário, impregnado pela leitura de Tolstoi, olhando para o passado (para a Cultura que desapareceu), preocupado apenas com sua salvação no instante presente graças ao milagre da fé [...] completamente cortado de toda preocupação com

---

19) Ivana Bentes desenvolveu parcialmente o tema em Glauber Rocha, cf. *Cadernos de subjetividade*, n. esp. Deleuze, PUC-SP, 1996.

o futuro. De outro lado, um "narodnik" solidário (sempre, em todo caso, como Sartre, um traidor da burguesia), que se volta contra a barbárie do presente com seus olhos voltados para o futuro, e produz o impiedoso diagnóstico da "sociedade de controle", apostando na emergência de uma nova forma de socialidade[20].

Visões e audições

O que é um devir-minoritário em literatura? O escritor cava na língua maior uma língua menor, através de uma espécie de decomposição da língua materna. Ao criar sua própria língua, ele força a língua maior a descarrilar, e a faz delirar (*delirare*, em latim: sair dos sulcos). Quando a linguagem delira, ela atinge um limite, um exterior, que consiste em Visões e Audições que já não pertencem a língua alguma. Apenas fendendo a linguagem pode o escritor liberar tais Visões e Audições, que emergem nos interstícios da linguagem como um Aladim imprevisto. Algo exterior à linguagem, que contudo vem à tona unicamente através da linguagem. É onde o escritor se torna o vidente, o ouvidor.

O que são tais Visões e Audições, exteriores à linguagem e só possíveis através dela, de suas rupturas, na sua sintaxe desfigurada, na sua deformidade, na sua minoração? Como pode o escritor entrevê-las, senão atingindo em si seu próprio ponto de subdesenvolvimento, seu patoá, seu terceiro mundo, seu próprio deserto? Como tornar-se o nômade e o imigrado e o cigano e o vidente de sua própria língua?

O maior exemplo literário das Visões e Audições está, segundo Deleuze, no romance de T. E. Lawrence (Lawrence da Arábia), intitulado *Os sete pilares da sabedoria*. Lawrence tem em si um deserto íntimo, Lawrence anda num deserto real, Lawrence extrai desse deserto real percepções insólitas, Lawrence talha nessas percepções perceptos estéticos, Lawrence projeta sobre o deserto real imagens de seu deserto íntimo, Lawrence agiganta essas imagens sobre a tela do deserto, Lawrence faz com que essas imagens vivam vida própria, independente dele, Lawrence assiste essas imagens crescendo, tornando-se fabulosas (fabulação: máquina de fabricar gigantes), e as imagens ganham Movimento, viram Luz, Rebelião... E assim que uma máquina literária entra em conexão com uma máquina política, e as palavras soltam Visões e Audições, e essas Visões e Audições ganham uma amplitude a um só tempo fabuladora e política. Não é a literatura *representando* o mundo, mas liberando nele, através da linguagem, Visões e Audições que *criam* realidade. Não refletem um universo, mas produzem um universo, ou o dobram diferentemente[21].

O que importa a Deleuze é que o deserto interno de Lawrence o tenha impelido no deserto externo, e é claro que traços de seu deserto interno correspondem a traços vividos pelos nômades do deserto, mas não são a mesma coisa, justamente porque

---

20) Bento Prado Jr. Sur le plan d'immanence. In *Deleuze, une vie philosophique*, op. cit., p. 322.
21) É de maneira similar que J. L. Nancy definiu a função do pensamento em Deleuze: "ele não julga nem transforma o mundo, ele o efetua de outra maneira, como universo 'virtual' dos conceitos. Esse pensamento não tem 'o real' por 'objeto', ele não tem 'objeto': ele é uma outra efetuação do 'real' admitindo-se que o real 'em si' é o caos, uma espécie de efetividade sem efetuação, o pensamento consiste em combinar e variar as efetuações virtuais." In Pli deleuzien de la pensée. *Deleuze, une vie philosophique*, op. cit., p. 119.

Lawrence os transmuta numa certa Figura, ele os modifica e os submete a uma metamorfose. Ora, a primeira condição para que isso ocorra é que ele mesmo se submeta a uma metamorfose. Não significa que ele vá imitar os árabes. É verdade que ele se veste como um beduíno, que ele fala árabe, mas ele não abre mão de sua diferença, de algum modo está traindo os árabes (afinal ele é um agente britânico) mas também está traindo os ingleses (de fato ele está profundamente implicado na revolta árabe), o importante sobretudo é que ele seja o traidor de si mesmo, isto é, que ele abdique de sua própria pessoa (trair sua individualidade e sua classe), que ele não faça tudo reabsorver-se na sua diferença pessoal, mas que ele a dinamite, que cada bomba que ele coloque acabe com seu próprio contorno, pessoal, nacional... Essa é a condição subjetiva da literatura, desprender-se de si, para poder projetar sobre o mundo uma imagem agigantada, fabulosa, operando uma máquina de fabulação.

Lawrence costuma dizer que vê brumoso. É um estado nascente da percepção onde as figuras ainda não se individualizaram em contornos nítidos. Diz Deleuze que se trata de uma miragem em que as coisas sobem e descem como sob a ação de um pistão, e os homens levitam, suspensos numa corda. É preciso imaginar essa areia tocando o céu numa cor púrpura que ofusca, onde o mundo parece estar em brasas. Mas não estamos diante de uma descrição apenas factual, é toda a aventura da Luz que aí é convocada, e a Luz como uma Ideia que habita o espaço aberto do Deserto. A Luz como uma entidade que se expande. A própria Rebelião também como uma Ideia, como uma Entidade, como uma força que pulsa e se alastra, a Luz e a Rebelião como forças de expansão num espaço aberto – o Movimento.

O sonho e a imagem

Sim, Lawrence é um sonhador, mas um sonhador diurno, ele não gosta dos sonhos noturnos, interessa-o o sonho em vigília, ele não é um homem de ação, interessado nos fins e nos meios, mas antes nas Ideias – e no entanto, não se deve entender as Ideias de modo puramente intelectual, uma ideia é uma força, uma entidade, uma potência. E se ele gosta do sonho diurno é justamente porque o que o interessa é essa capacidade de projetar sobre o real as imagens que ele pode extrair de si mesmo, tendo-se colocado ele mesmo em xeque, e as imagens que ele pode extrair dos árabes. Mas uma imagem não é uma cópia da realidade, da realidade que foi, existente, concreta – por exemplo, a vileza e baixeza de tantos homens – assim como tampouco no cinema a imagem é cópia da realidade. Bergson já dizia que tudo é imagem, seria preciso conceber o mundo como um conjunto de imagens em movimento agindo e reagindo sobre todas as suas faces. A imagem não é uma realidade menor, segunda, ela é primeira, ela é absolutamente real. Lawrence é como um projetor de imagens, e a força de projetar imagens não é uma propriedade secundária, ela é política, erótica, artística, a própria projeção se nutre do movimento da revolta, não está o mundo de um lado e a tela de outro, de um lado a rebelião e de outro a representação da rebelião, já que o movimento que impulsiona o projetor é ele mesmo p movimento da revolta... Não são imagens mentirosas, ou infladas demais, mesmo porque não têm elas nenhuma intenção de representar adequadamente o que quer que seja, e Deleuze o diz com todas as letras, trata-se de *produzir* real, não de *reproduzi-lo*. Mais do que Bioy Casares e seu belo *A invenção de Morel*, seria preciso evocar Glauber Rocha para se compreender imediatamente essa dimensão visionária e não representacional da arte, e por isso mesmo muito mais conectada à dita realidade, mas sob o modo de sua produção a partir de uma máquina de guerra estética. A imagem projetada sobre o real, o movimento do projetor vindo da própria realidade que supostamente se pensa estar representando – é todo o estatuto da representação sendo questionado, em favor da imagem como sendo a própria matéria em movimento...

Velocidade e lentidão

Já podemos, feito esse desvio por Lawrence, voltar à relação da literatura com o seu exterior, que no entanto ela contém como uma virtualidade própria. Se a linguagem remete a um exterior da linguagem, interessa a Deleuze o ponto em que ela atinge esse limite, essa sua borda, e nessa borda reencontra precisamente o Fora, suas forças, suas velocidades. Não é outra coisa que importa: as forças, suas velocidades. Cabe à literatura extrair dessas velocidades e de seu furor as audições, as visões, os ruídos e cores e luzes que, justamente, não estão na pintura ou no cinema ou na música, mas apenas na própria literatura. É quando o escritor torna-se um músico, um colorista.

É preciso então dizer que o escritor está às voltas com velocidades diante das quais ele é sempre um lento, velocidades que o atravessam e que o tornam gago – ou a seus personagens. Recorde-se a cena descrita por Melville, em *Billy Budd*. Um belíssimo gajeiro, marinheiro responsável pelo mastro, rapaz encantador, corajoso, um pouco primitivo, amado e admirado por todos, inclusive por Vere, o capitão do navio de guerra, por alguma incompreensível razão atrai o ódio do mestre de armas Claggart, que inventa contra ele uma acusação de traição: ele estaria maquinando uma insurreição entre as tropas do navio – acusação tanto mais grave porque a marinha inglesa acabava de abafar uma rebelião recente, e isso em meio à guerra contra a França revolucionária, O capitão Vere toma conhecimento da acusação, intrigado e incrédulo, e decide fazer uma acareação entre ambos, O mestre de armas repete impassivelmente sua acusação diante do gajeiro, enquanto este ouve, estupefato. Ao ser interpelado pelo capitão, gagueja, e em vez de proferir sua defesa, aplica ao acusador mentiroso uma bofetada fulminante, matando-o instantaneamente. É a velocidade do gesto irrompendo da paralisia da gagueira.[22]

Esses "seres lentos que somos", atravessados por velocidades infinitas, em relação às quais nos sentimos esgotados, e das quais extraímos perceptos, afectos, blocos de percepção, blocos de afecção. O escritor vê e ouve mais do que a vida vivida poderia conter, ele vê e ouve isso que é mais veloz, mais furioso, mais invivível do que aquilo que uma vida comporta. Cabe à literatura alçar a vida à altura dessa visão, dessa audição, dessas velocidades, dessa fúria, ou simplesmente extrair da mera existência a vida, como dizia Artaud, e desse modo duplicar o presente com a parte de virtual que se depreende dele e que o rodeia, pairando acima dele: o Acontecimento. Coletar o

---

22) H. Melville. *Billy Budd. Marin.* Paris, Gallimard, 1987.

Acontecimento, captar as forças, domar as velocidades, apreender as visões e audições, deixar passar a vida, tudo isso se equivale de algum modo no ato de escrever.

Linhas de vida e morte

Um dos maiores exemplos da relação da literatura com a velocidade, com as forças e seu turbilhão, está ainda em Melville, no *Moby Dick*. Grande romance metafísico, em que assistimos ao capitão Ahab (ou Acab) dirigindo pelo mundo seu navio baleeiro no encalço de uma baleia branca que lhe arrancara uma perna. Como diz o livro, "mesmo admitindo tudo isso, considerando-se o fato friamente, de maneira razoável, não se podia deixar de julgar uma ideia louca, essa de pretender reconhecer no vasto oceano sem fronteiras uma baleia solitária, e admitindo que fosse encontrada, julgar que o seu perseguidor a pudesse identificar com a perspicácia daquele que identificasse nas ruas congestionadas de Constantinopla um mufti de barba branca"[23]. Não podemos deixar de citar algumas passagens, por longas que pareçam, a fim de refrescar no leitor alguns desses traços do monomaníaco capitão Ahab, por exemplo em suas noites de insônia e meditação, que Melville assim descreve: "E aqui o seu cérebro louco se lançava numa carreira desabalada até que o venciam o cansaço e a fraqueza. E sem poder continuar a meditação, procurava recobrar as forças ao ar livre do convés. Oh! Deus! Que transes tem de suportar o homem que se deixa consumir por um desejo insatisfeito de vingança! Dorme com as mãos crispadas e desperta com as próprias unhas cravadas nas palmas ensanguentadas. [...] Às vezes, quando o expulsavam da maca os pesadelos intoleravelmente vívidos da noite, que, resumindo os pensamentos intensos do dia inteiro, o levavam a uma multidão de frenesis que se encontravam e redemoinhavam incessantemente em torno de seu cérebro em brasa, até que o propósito essencial da sua vida se tornava angústia insuportável, e quando, como acontecia às vezes, essa agonia espiritual abalava totalmente o seu ser, levando-o a um estado tal que se diria ter-se aberto diante dele um abismo do qual saíam chamas bifurcadas e relâmpagos e em que os demônios lhe acenavam para que saltasse, e se reunisse a eles, quando esse inferno interior se abria a seus pés, ouvia-se ecoar um grito selvagem em todo o navio e, com os olhos fora das órbitas, Acab se arremessava do seu camarote como se fugisse de um leito de chamas. Essas manifestações, contudo, em vez de serem os sintomas irreprimíveis de alguma fraqueza oculta de medo, ante o seu próprio desígnio, eram, pelo contrário, as mais evidentes provas da intensidade deste.[24]".

A velocidade, por vezes, não é a do protagonista, mas do próprio mar: o mar como a Vida, o mar como a Morte, o mar como o Desconhecido, o mar como o Distante, o mar como o Deserto, o mar como o Ilimitado, e como o diz ele, ainda: "Somente [o mar] controla a sua própria fúria ou bonança. Ofegante, resfolegando como um corcel de batalha enlouquecido, que perdeu o seu cavaleiro, o indômito oceano domina o globo.[25]" Ora, o capitão Ahab está perfeitamente em sintonia com

---

23) H. Melville. *Moby Dick*, Berenice Xavier (trad.). Rio de Janeiro, Ediouro, p. 166.
24) Idem.
25) Idem, p. 215.

esse mar exterior – tal Lawrence e o deserto –, como se o habitasse um mar interior, revolto, que o atravessasse e o excedesse, levando-o para longe de si mesmo.

O escritor é arrastado por essa entidade interior e exterior, assim como cada baleeiro, ao arremessar seu arpão contra a baleia, fica preso a ela pela corda do arpão, e quando a baleia dispara em fuga desenfreada, ela o arrasta atrás de si. É a linha baleeira que Deleuze menciona muitas vezes. Se é o baleeiro quem primeiro persegue a baleia, ela é que o arrasta para longe, às vezes para a morte. Quando um baleeiro acerta uma baleia, a corda do arpão, enrolada no bote num monte bem ordenado, desenrola-se a uma velocidade estonteante pois a baleia atingida sai em disparada. Essa corda pode facilmente enforcar o baleeiro se ela está mal disposta ou ele mal colocado. As várias descrições dessa cena são sempre assustadoras.

E Melville ainda diz: "Todos os homens vivem rodeados de linhas baleeiras. Todos nascem com uma corda no pescoço: porém somente quando se sentem presos pela súbita e vertiginosa roda da morte, os mortais compreendem os sutis e onipresentes perigos da vida. E se fôsseis um filósofo não sentiríeis uma isca a mais de terror, sentado numa baleeira, do que ao entardecer quando repousais junto à lareira familiar manejando não um arpão e sim um atiçador"[26]. Eis a linha que arrasta qualquer mortal, numa velocidade furiosa e incontrolada, linha de vida e morte, imagem cara a Deleuze, inclusive para falar, no rastro de Melville, do pensador e do próprio pensamento: "Admite-se facilmente que há perigo nos exercícios físicos extremos, mas o pensamento também é um exercício extremo e rarefeito. Desde que se pensa, se enfrenta necessariamente uma linha onde estão em jogo a vida e a morte, a razão e a loucura, e essa linha nos arrasta. Só é possível pensar sobre esta linha de feiticeira, e diga-se, não se é forçosamente perdedor, não se está obrigatoriamente condenado à loucura ou à morte". Numa entrevista, perguntam a Deleuze: mas afinal, o que é essa linha? E ele responde: "É difícil falar disso. Não é uma linha abstrata, embora ela não forme nenhum contorno. Não está no pensamento mais do que nas coisas, mas está em toda parte onde o pensamento enfrenta algo como a loucura e a vida, algo como a morte. Miller dizia que ela se encontra em qualquer molécula, nas fibras nervosas, nos fios de teia de aranha. Pode ser a terrível linha baleeira da qual fala Melville em Moby Dick, que é capaz de nos levar ou nos estrangular quando ela se desenrola. Pode ser a linha da droga para Michaux, o 'acelerado linear', a 'correia do chicote de um charreteiro em fúria'. Pode ser a linha de um pintor, como as de Kandinsky, ou aquela que mata Van Gogh. Creio que cavalgamos tais linhas cada vez que pensamos com suficiente vertigem ou que vivemos com bastante força". E Foucault, ao falar de Bichat e sua concepção da morte, em vez de "fazer disso um ponto, como os clássicos, ele faz uma linha, que não cessamos de enfrentar, e que transpomos nos dois sentidos, até o momento em que ela acaba. E isso enfrentar a linha do Fora. O homem de paixão morre um pouco como o capitão Ahab, ou antes como o parse[27], perseguindo a baleia. Ele transpõe a linha. Há algo assim na morte de Foucault [...] No limite, uma aceleração que faz com que já não se possa distinguir a morte e o suicídio.[28]"

26) Idem, p. 220.
27) Personagem de *Moby Dick* que acaba no dorso da baleia, entre os arpões nela espetados e as cordas entrecruzadas.
28) G. Deleuze. *Conversações*, op. cit., p. 137-8.

Mas a entrevistadora insiste: como tornar essa linha viável? Não haveria uma necessidade de dobrá-la? E Deleuze responde: "Sim, essa linha é mortal, violenta demais e demasiado rápida, arrastando-nos para uma atmosfera irrespirável. Ela destrói todo pensamento, como a droga à qual Michaux renuncia. Ela não é mais que delírio ou loucura, como na 'monomania' do capitão Ahab. Seria preciso ao mesmo tempo transpor a linha e torná-la vivível, praticável, pensável. Fazer dela tanto quanto possível, e pelo tempo que for possível, uma arte de viver. Como se salvar, como se conservar enquanto se enfrenta a linha?[29]".

Retomemos essa comparação do pensador com o capitão Ahab, e esse limite extremo, para além do qual nos espera a loucura e a morte, mas no limiar do qual já há algo de extenuante, de excessivo, em relação ao que estamos sempre um pouco exauridos, fragilizados. É o que expressa o capitão Ahab, pouco depois de seu segundo embate com Moby Dick, quando diz a sua tripulação: "Sou o lugar-tenente do destino. Apenas cumpro ordens [...] Rodeai-me, homens. Vedes um ancião mutilado, tendo apenas um coto, apoiado numa lança quebrada e sustentado num único pé. É Acab... a sua parte corpórea. Porém a alma de Acab é centípede; move-se com uma centena de pernas. Sinto-me fatigado, meio quebrado, como os cabos que rebocam fragatas desmanteladas no meio de um furacão, e é provável que tal seja o meu aspecto. Mas antes que me despedace, ouvir-me-eis estalar, e até que isso aconteça, podeis ter a certeza de que o cabo de Acab ainda reboca suas intenções"[30]. E pouco antes de seu último embate com Moby Dick, já nas últimas páginas do romance, e é um dia esplêndido, Melville escreve: "Aqui há matéria para pensar, se Acab tivesse tempo para isso. Mas Acab nunca pensa! Apenas sente, sente, sente; e isso é sensação demais para um mortal; pensar é audácia. Somente Deus tem direito a esse privilégio. Pensar é, ou deveria ser, frescor e tranquilidade. E nossos pobres corações palpitam, e nossos pobres cérebros batem demasiadamente forte para isso.[31]". É onde Melville enuncia com maior clareza esse ponto extremo, em que um excesso de sensação força o pensamento ao impensável, nesse limite com a loucura e a morte...

A luz lívida

Vários personagens da literatura ocidental atingiram esse ponto extremo. Mas Deleuze insiste em que é próprio do romance americano, assim como do russo, fazer desfilarem esses personagens que desafiam qualquer lógica e qualquer psicologia. O que conta para um grande romancista, seja ele Melville, Kafka, Dostoievski ou Musil, é que as coisas fiquem enigmáticas porém não arbitrárias. Trata-se de uma nova lógica, mas que não nos reconduz à razão, e que apreende "a intimidade da vida e da morte". O romancista, diz Deleuze, tem o olho do profeta, não do psicólogo. Não cabe a ele explicar o que quer que seja, mesmo porque a própria vida nunca explica nada. Não é uma defesa da irracionalidade, obviamente. Esses personagens, como o capitão Ahab, em geral são figuras solitárias, que lançam traços de expressão flamejantes, diz

---

29) Idem, p. 138.
30) H. Melville. *Moby Dick*, op. cit., p. 396.
31) Idem, p. 396.

Deleuze, e que com sua turrice carregam um pensamento sem imagem, uma questão sem resposta, uma lógica extrema e sem racionalidade. São figuras de saber e de vida, saber da vida: sabem algo de inexprimível, vivem algo de insondável. O curioso é que todas essas palavras, o insondável, o enigmático, o inexprimível, o inexplicável, todo esse cortejo de adjetivos privativos, que parecem jogá-los numa esfera inteiramente estrangeira ao mundo do comum dos mortais, não remete a nenhum além-mundo. Ao contrário, têm eles justamente a função de revelar algo a respeito deste mundo, de sua mediocridade, de seu esvaziamento. Esse tipo de personagem, que Melville chama de Original, não recebe influência do entorno, mas ao contrário, lança sobre o entorno uma luz branca e lívida, e na sua inumanidade clama por uma reconciliação de outra ordem com ele. O personagem original, na sua violência, ou na sua loucura, acaba denunciando toda uma civilização. Então este, que parecia o doente, ou o arrebentado, ou o insano, ou simplesmente o louco, esse que traça uma zona de indiscernabilidade em que acaba percorrendo todas as intensidades em todos os sentidos, por exemplo Ahab com a baleia, ou Lawrence e seus beduínos, ou o homem do subsolo de Dostoievski, acaba funcionando como um médico, como aquele que, pelo seu extremo, revela a doença da civilização, suas fraquezas, suas covardias, sua palidez, sua mesquinhez... Nietzsche dizia que o artista e o filósofo são médicos da civilização. É nesse sentido que o escritor, para Deleuze, através dessa sua saúde frágil, ao colocar-se à mercê de forças cuja visão e audição o esgotam, em contraposição a uma gorda saúde dominante, revela uma doença maior – cujo nome é o homem. Ou, como diz Melville, o homem branco.

Eis o fundo biográfico desse diagnóstico. Melville, em sua juventude, zarpa num baleeiro cujo capitão o desgosta. Numa escala em Taipi, uma ilha nos Mares do Sul, na Polinésia, apesar das advertências do capitão a respeito dos canibais que habitam a ilha, Melville foge do baleeiro e é capturado pelos nativos, de quem se torna refém, por vários meses. Mas é um refém insólito: é recebido como um convidado de honra, e lentamente vai sendo transformado num nativo, com tatuagens, muitas mulheres, a mais saudável das alimentações, em meio a uma paisagem paradisíaca. Único inconveniente: vai se dando conta de que está sendo preparado para o festim canibal. E escapa. Mas guarda uma lembrança poderosa dessa tribo, e terá sempre grande admiração por seu modo de vida. Não há dúvida de que o contraste entre essa comunidade e a civilização branca o marcou para sempre. E uma descrição saborosa que faz de seu convívio com os canibais, em Taipi, Paraíso dos canibais: "Desaventurado povo! Tremo somente em pensar na mudança que uns poucos anos produzirão no lugar em que residem. Provavelmente, quando os vícios mais destrutivos e as piores sequelas da civilização houverem expulsado toda paz e felicidade do vale, os magnânimos franceses proclamarão ao mundo que as ilhas Marquesas se converteram ao cristianismo! O mundo católico considerará isso como um acontecimento glorioso. Que o Céu tenha piedade das 'Ilhas do Mar'! A simpatia que a cristandade sente por elas lhes trouxe, em muitos casos, a desgraça.[32]". Mesmo se Melville foge aos selvagens, ele escreve esse livro como uma homenagem a eles, em que esclarece: "O termo 'selvagem', tal como eu o concebo, é muitas vezes mal aplicado, e, na verdade,

---

32) H. Melville. *Taipi, paraíso dos canibais.* Porto Alegre, L&PM, 1984.

quando tenho em mente os vícios, crueldades e enormidades de toda espécie que surgem na atmosfera maculada de uma civilização febril, estou inclinado a pensar que, na medida em que se considere apenas a relativa maldade das partes, quatro ou cinco ilhéus enviados aos EUA como missionários, poderiam ser tão úteis quanto um número igual de americanos enviados para as ilhas na mesma capacidade".

Não se trata de uma defesa irrestrita do nativo, ou do mito do bom selvagem, nenhum rousseaunismo, mas uma indicação de como se relaciona esse complexo de vetores em Melville: um espírito intrépido, um amor pelo mar, uma paixão pelas colisões da matéria, como diz D. H. Lawrence, pelos puros elementos, pelas vibrações do mundo exterior sobre o corpo, e um certo desgosto pelo homem branco. Ora, não é um desgosto pelo que é terreno, mas pela doença desse animal terreno, pelo que o envenena e que o tortura e que o rebaixa. E Lawrence quem diz: "Jamais um homem sentiu mais apaixonadamente a grandeza e o mistério de uma vida não humana. Ele desejava loucamente ultrapassar nosso horizonte... De tanto querer desumanizar, o coração humano delira"[33]. Deleuze diria: inumanizar. Ao mesmo tempo, continua Lawrence em seu comentário sobre Melville, um ódio pelo som do sino de igreja (a cada vez que ouvia o som de uma igreja, queria partir), e a consciência de que o "animal mais feio da terra é o homem branco" (Melville). Daí porque, quando ao final do maior romance de Melville, Moby Dick investe a fuça contra o navio, Lawrence entende esse final como o naufrágio da Alma branca, provocado pela Baleia branca, símbolo de um sangue quente, de uma certa natureza primitiva...

De todo modo, mais interessante do que tal ou qual interpretação (há quem considere a baleia como a encarnação do Mal, e o naufrágio como o naufrágio de seus inimigos) é o fato de sua obra estar atravessada por um vitalismo radical. Autores como Melville, diz Deleuze, não é a morte que os quebra, é antes o excesso de vida que eles viram, provaram, pensaram, e que extrapola o que cabe numa alma branca. Uma vida demasiado grande para eles... São os organismos que morrem, lembra o filósofo, não a vida[34].

A literatura e a vida

Assim, para Deleuze a literatura tem menos a ver com a morte do que com a vida (apesar de toda uma tradição recente, e que inclui até mesmo Blanchot, dizer o contrário), menos a ver com a forma do que com as forças, menos a ver com um virtuosismo do que com um esgotamento, menos a ver com a própria linguagem do que com seu limite exterior que no entanto lhe é interior, menos a ver com a *vida vivida* do que com o *invisível da vida*, menos a ver com a vida tal como ela é do que com o Acontecimento que dela se extrai – tudo isso de que a gorda saúde dominante nada quer saber. Esse um dos sentidos em que a literatura é uma saúde. Ela inventa e acompanha processos e denuncia tudo aquilo que os emperra ou os aborta na noite.

---

33) D. H. Lawrence. *Etudes sur la littérature classique américaine*. Paris, Seuil, p. 169.
34) *CC*, p. 179.

SOLIDÃO DE BARTLEBY

Um advogado contrata para seu escritório um novo copista (ou escrevente, ou escriturário, conforme a tradução) chamado Bartleby. Sua tarefa é copiar documentos a mão. É um sujeito sóbrio, silencioso, meio apagado, com um humor estável. O advogado resolve colocar Bartleby na sua própria sala, no canto, em frente a uma janela que dá para uma parede cinza, e separado dele por um biombo. Bartleby trabalha muito bem, rápido, em silêncio, e não causa problemas a ninguém. O inconveniente é que ele faz o trabalho sem gosto, mecanicamente. Numa ocasião o advogado pede a ele que o ajude a conferir uma cópia, e ouve, por trás do biombo, a resposta curiosa: *I would prefer not to*, eu preferiria não. Uma das traduções disponíveis em português é claramente insatisfatória: *Prefiro não fazer*[1]. E imprescindível manter aqui a estranheza da fórmula: Eu preferiria não, ou apenas Preferiria não. O advogado acha esquisito, fica perplexo, insiste, discute um pouco, mas prefere deixar por isso. Numa outra ocasião, ele precisa conferir com urgência algumas cópias importantes, e por trás do biombo vem a mesma resposta impassível: *Eu preferiria não*. Novamente o advogado é tomado de perplexidade, mas a resposta, embora enunciada com tranquilidade, é seca e irrevogável. O advogado, que é o narrador, chega a dizer que nada irrita mais alguém do que a resistência passiva. Mas também pondera que quando se está diante de algo inusitado e extremamente irracional, parece que tudo se inverte, e começa-se a duvidar da própria razão... É o que a sequência mostra. A cena se repete muitas vezes, com variações diversas. Uma vez com os demais copistas presentes, outra sem, uma vez o advogado pede a Bartleby para ir ao correio etc. Mas Bartleby continua impassível, tranquilo, comedido, numa espécie, diz o livro, de indiferença cadavérica, mas também de suavidade. Um domingo, o advogado passa pelo escritório por acaso e percebe que Bartleby está instalado ali, e se dá conta de que ele mora ali já há vários dias. O advogado vai ficando mais e mais inquieto, intrigado, exasperado, e oscila entre a compaixão fraterna e a indignação, entre a piedade e a repulsa, com esse personagem que mora em seu escritório, que mal fala, que mal come, que nunca sai, que está pálido e magro, que é reservado porém altivo, e que parece mentalmente perturbado. Todos seus esforços para compreendê-lo, para mapear sua história, fracassam rotundamente, a tudo ele responde que *preferiria não*, mesmo quando o advogado pede que ele seja mais razoável, ele diz que preferiria não ser mais razoável. O escritório é tomado por uma estranha perturbação, as pessoas começam a usar a palavra "preferiria" sem perceber, e quando se dão conta de que estão sendo

---

1) H. Melville. *Bartleby, o escriturário*. Rio de Janeiro, Ed. Rocco, 1986.

contaminadas por uma inquietação estranha, ficam ainda mais desnorteadas. O advogado pondera que ele já está afetado na sua maneira de ser, que o outro já perturbou as línguas e as cabeças dos demais funcionários. Bartleby, que é um homem mais de preferências do que de decisões, um belo dia deixa até mesmo de fazer cópias, e fica plantado atrás do biombo, diante da janela e da parede cinza, feito uma alma penada irremovível. O advogado já aí tenta de tudo, quer dar a ele dinheiro e mandá-lo embora, quer arranjar-lhe outro trabalho, mas a tudo ele responde do mesmo modo: *eu preferiria não*. Quando por fim numa resignação cristã ele já se acostumou à ideia da presença inútil de Bartleby no escritório, começam a correr rumores estranhos sobre o escritório, de modo que para a reputação de seu negócio ele resolve, já que não consegue enxotá-lo, mudar o próprio escritório de endereço. A sequência não é menos espantosa.

Já se disse que a fórmula *I would prefer not to* tem essa força por não ser negativa nem afirmativa[2]. O advogado ficaria aliviado se Bartleby não quisesse, mas Bartleby não recusa, tampouco aceita, e nem afirma aquilo que ele preferiria fazer em vez de copiar ou revisar. Em suma, diz Deleuze, a fórmula é arrasadora porque elimina de forma igualmente impiedosa o que se prefere e o que se prefere não. Abole o termo sobre o qual incide, e que ela recusa, mas também o outro termo que parecia preservar, e que doravante se torna impossível. Ela torna indistintas as alternativas binárias, entre o preferível e o não preferido ela cava uma zona de indiscernabilidade, uma faixa de indeterminação, que não cessa de crescer. E como se Bartleby dissesse: *Eu preferiria nada a algo*: não uma vontade de nada, mas o crescimento de um nada de vontade. E um tanto schopenhaueriano, não querer um nada, mas conseguir nada querer. Logo mais voltaremos a essa oposição. De qualquer modo, é um tipo raro de passividade. Se dissesse sim seria prontamente classificado de certa maneira, se dissesse não seria classificado de outra, em ambos os casos seria considerado inútil, e ele só sobrevive porque se mantém nesse suspense, nessa suspensão, nessa passividade neutra. Blanchot comenta, em *L'écriture du desastre*: há um tipo de passividade que nunca é suficientemente passiva. Nessa recusa de toda formulação, em que se abandona a firmeza de um dizer porque se abandona a autoridade de um eu, de uma identidade, há uma recusa de si que justamente não se crispa na recusa, mas abre para um desfalecimento, uma espécie de perda do ser... E por aí que se desmonta uma dialética, pois recusar-se a fazer já é entrar num embate que alimenta a máquina das contrariedades, apenas a reforça. Mas Bartleby escapa da contradição, da clareza, do si, do ser. E um neutro que justamente nada tem de neutro. O nem/nem, nem isto nem aquilo, esvazia a mola do sentido, a própria oposição. Escolher um e rechaçar o outro é sempre sacrificar um lado em favor do sentido, é produzir sentido, O neutro é exatamente uma estratégia para escapar ao jogo do sentido, às suas oposições dadas, às suas capturas, às suas combinatórias prefiguradas.

---

2) *CC*, cap. 10, também para as citações subsequentes do autor.

O homem cinza e os clichês

Deleuze vincula essa análise da fórmula, com seus efeitos de esvaziamento do sentido, a um contexto histórico maior. Ele observa, inicialmente, que I PREFER NOT pode ser lido ao avesso, I AM NOT PARTICULAR, não sou particular, não tenho especificidade. Trata-se de um traço, ou mesmo uma utopia, que teria atravessado todo o século XIX, seja na forma do Proletário universal ou mesmo do homem americano. Exemplo mais recente disso é *O homem sem particularidades*, de Musil, traduzido para o português como "sem qualidades". Para Musil, a grande particularidade desse homem é que ele não tem particularidade nenhuma, é o homem qualquer, o homem sem essência, o homem que se recusa a fixar-se em alguma personalidade estável. E o homem das grandes cidades, da impessoalidade, e que no entanto pretende, no nada que ele é, descobrir o princípio de uma moral nova para um homem novo. Um início que começa recusando tudo e qualquer coisa, para justamente poder começar alguma coisa outra. Se Deleuze pode fazer o elogio dessa ideia de um homem impessoal, cinza, massificado, embora isso contrarie sua apologia da singularidade, é porque nesse apagamento, nesse desbotamento, há justamente um descolamento dos códigos, uma espécie de descodificação, um desgarramento imperceptível que pode engendrar novas singularizações. Esse cinza sem características pode representar uma espécie de resistência passiva, abertura para uma inquietação nova. Não é exemplar que justamente um Bartleby cinza e imóvel, petrificado, ponha tudo a correr, e desencadeie uma desterritorialização da linguagem, dos lugares, das funções, dos hábitos, fazendo com que a totalidade do mundo deslize numa fuga desembestada?

O contraste com *Moby Dick* é total, nota Deleuze. Por um lado o capitão Ahab, que numa empreitada frenética atravessa o oceano, por outro Bartleby, que nem sequer se move do gabinete do advogado. De um lado o capitão que escolhe uma baleia, e que tem por ela uma preferência absoluta, uma espécie de amor assassino, de outro o escrevente que não tem preferência nenhuma, e que preferiria não. Ali o capitão na sua paixão de abolição, para quem a baleia é o muro que ele terá de atravessar, atrás do qual talvez nada exista, e, diz ele, tanto pior se assim for – é sua vontade de nada. Aqui o escrevente que recusa tudo e atinge um nada de vontade.

Zourabichvili mostrou recentemente o quanto esse nada de vontade, fenômeno moderno, pode ser lido como uma estratégia contra os clichês que formatam nossas reações diante do mundo. Tudo o que nós vemos, dizemos, vivemos, imaginamos e até sentimos, já leva a marca do *déjà-vu* porque é moldado pelos clichês sobre o que é viver, imaginar, sentir, perceber. De modo que uma distância irônica nos separa de nós mesmos, e não mais acreditamos no que nos acontece, porque nada mais parece poder acontecer: tudo tem a forma do já visto, do já feito, do preexistente. Em vez, porém, de que essa derrocada dos clichês que antes nos ligavam ao mundo seja pensada como uma catástrofe, a explicitação do clichê enquanto clichê nos obriga a um reencontro com o mundo. A partir daí, o nada de vontade reata com a potência de encontro de uma situação[3]. O fim dos clichês pode, assim, viabilizar a crença no mundo do qual os clichês nos separavam. E o ponto de não retorno do niilismo.

---

3) F. Zourabichvili. Deleuze et le possible (de l'involontarisme en politique). In *Gilles Deleuze, una vie philosophique*, op. cit.

A doença da filiação

A leitura feita por Deleuze da obra de Melville parece, inicialmente, contrapor dois tipos de niilismo, o de Ahab e de Bartleby, a vontade de nada e o nada de vontade. Mas em seguida ambos aparecem como verso e reverso de uma problemática de todo surpreendente nesse contexto. Um seria o pai assassino, que leva toda sua tripulação a uma aventura sem volta, o outro é o filho suicida, que arrasta todos a seu próprio beco sem saída. E é como se essas duas figuras, no excesso de suas características opostas ou complementares, acabassem parodiando a própria filiação, e assim destituindo não só a figura paterna mas com ela todo o cortejo de implicações morais, sociais e políticas que ela carrega. Bartleby teria recusado, no advogado, o pai que este quis ser, e não se ofereceu como o filho que esperava. Deleuze o diz, com todas as letras: se a humanidade pode ser salva, é apenas através da dissolução e decomposição da função paterna. É essa uma das doenças da civilização, denunciada tanto por Melville quanto por D. H. Lawrence: a filiação, a autoridade paterna, o paternalismo, e com ela a caridade, a submissão totalitária e totalizante que essa filiação pressupõe ou realiza. E um conjunto de perigos que persistem, aos quais Deleuze contrapõe uma comunidade dos celibatários, uma aliança entre irmãos, uma relação de confiança e não de filiação. É através dessas características que se vai desenhando uma outra América, arquipélago, sociedade de irmãos, patchwork.

Antes de adentrar tais aspectos mais amplos, detenhamo-nos ainda por um momento nessa mencionada contestação da filiação. Por exemplo, Deleuze pergunta: entre o advogado e Bartleby haveria uma relação de identificação? E ele enumera os três elementos necessários para que ocorra uma identificação: uma forma, um sujeito, e o esforço do sujeito para assumir essa forma. A forma pode ser uma imagem, um retrato, um modelo, uma representação, pouco importa: em geral é a imagem do pai. O sujeito em geral é um filho. Muitos romances contam a aventura desse aprendizado, dessa formação à imagem e semelhança do pai. São os romances de formação. Ora, em Moby Dick temos a imagem da baleia, em Bartleby temos a imagem do advogado-pai. O que interessa a Deleuze é quando essa imagem-modelo-paterna é borrada, quando ela é objeto de alguma incerteza, quando ela mesma se deforma, e assim passa a desfigurar o sujeito que sai à sua cata. E só aí, diz Deleuze, que a coisa fica interessante, quando o modelo paterno se desfaz e joga o sujeito numa deriva. Quando entre a baleia e o capitão surge um terceiro elemento, um traço de expressão, por exemplo as rugas presentes tanto na baleia branca como no rosto do capitão Ahab, mas esse traço de expressão, em vez de produzir uma semelhança entre os dois, ganha autonomia e desfaz a forma prévia de ambos, arrastando-os numa estranha aventura não-humana. Também a expressão I WOULD PREFER NOT TO tem essa função. Já não é Bartleby que copia para o advogado, ou que copia o advogado, mas algo da própria operação de cópia se corrompeu na relação entre Bartleby e o advogado, de modo que é o advogado que agora corre atrás de Bartleby. A fórmula destitui o pai de qualquer palavra exemplar, e o filho de qualquer possibilidade de copiar. O que parecia um processo de identificação se torna um processo psicótico. Diz Deleuze: um pouco de esquizofrenia escapa do velho mundo. Cria-se uma zona de indistinção entre os dois, uma região de ambiguidade, em que ambos recuam para algo anterior à sua distinção, numa estranha vizinhança. Com isso, toda relação vertical, de filiação, é substituída por uma aliança horizontal, de contiguidade, por um devir nos dois sentidos, o capitão que entra num devir-baleia e a baleia num devir-outra coisa, o advogado que entra num devir-Bartleby e Bartleby num devir-outra coisa... Vários outros exemplos são mencionados por Deleuze, em que em vez de um filho debater-se num desejo incestuoso com a mãe para melhor identificar-se com o pai, ele entra com a irmã numa relação incestuosa em que se insinua um devir-mulher... E uma função de fraternidade que já não passa pelo pai, que supõe a destruição da imagem do pai.

O fundo filosófico dessa ideia já está dado desde *Diferença e repetição*. E ele é simples. Trata-se de contestar o privilégio da semelhança sobre a diferença. O texto mais explícito a respeito é o apêndice de *Lógica do sentido*, intitulado "Platão e o Simulacro"[4]. Eu resumo o argumento. Existem as Ideias (que são os modelos), as cópias, que pretendem imitá-los, e os simulacros, falsos pretendentes. Toda a operação platônica consistiria em discriminar os verdadeiros dos falsos pretendentes, diferenciar as cópias bem-fundadas dos simulacros. Trata-se sempre de "assegurar o triunfo das cópias sobre os simulacros". E por que as cópias ganhariam dos simulacros? Justamente por trazerem em si esse caráter de semelhança, e essa semelhança não é apenas exterior, como quando duas coisas são parecidas, mas ela é interior, eu tenho a qualidade da justiça que me faz semelhante à Justiça e me dá o direito de ser o justo, exclusivamente, de representá-lo. Os simulacros, ao contrário, são dessemelhantes, eles agridem a imagem, o modelo, a Ideia, o pai. O simulacro não é uma cópia da cópia, uma cópia degradada, ele apenas interioriza uma dessemelhança, uma dissimilitude, uma diferença. Deleuze entende a força do simulacro por esse seu poder de subversão do Modelo, por sua capacidade de esquivar o Igual, de, em outras palavras, subverter os pressupostos da representação. A partir daí, enquanto a cópia gira em torno do Mesmo, o simulacro gira em torno do Outro, ele devém outro, ele outra, numa operação nitidamente iconoclasta. Reverter o platonismo significa então fazer subir os direitos do simulacro, que acaba negando tanto o original quanto a cópia, tanto o modelo quanto a reprodução, em suma, toda hierarquia. É a potência para afirmar a divergência e o descentramento. Ora, Deleuze atribui tanta importância a essa ideia que chega a escrever que é por isso que se reconhece a modernidade: pela potência do simulacro (mesmo se depois ele abandona o termo, inflacionado pela onda pós-moderna).

É esse então o efeito do procedimento que se vê em Melville: não há mais modelo nem cópia, pai ou filho, clichê da relação de filiação, mas relação de incestuosa fraternidade, de vizinhança indiscernível, que produz outros tipos de associação. Daí certas definições deleuzianas sobre o americano, até mesmo em contraste com o inglês, calcadas nesse viés do pragmatismo. O americano como aquele que se libertou da função paterna inglesa, um filho de um pai esmigalhado. A América pensada como uma combinação de Estados, como um sonho de fazer não uma nação, uma família, uma herança, um pai, uma filiação, mas justamente de constituir um pluriverso, uma sociedade de irmãos, uma federação de homens e de bens, uma comunidade de

---

4) G. Deleuze. Platão e o simulacro. In *Logica do sentido*, op. Cit.

indivíduos anarquistas...[5] Nessa lógica, ser depositário de confiança não dependeria do fato de ser parte da nação, ou filho do mesmo pai, mas simplesmente de ser homem, sem particularidades. E o que Bartleby reivindicaria, um pouco de confiança, não caridade nem filiação, mas aliança. O que Lawrence assim exprimiu: contra a moral europeia da salvação e da caridade, uma moral da vida em que a alma só se realiza tomando a estrada, sem outro objetivo, exposta a todos os contatos, sem jamais tentar salvar outras almas, desviando-se das que emitem um som demasiado autoritário ou gemente demais.

Política das conexões

Já podemos retomar uma afirmação feita em páginas anteriores. Se a literatura é um diagnóstico das doenças de nossa civilização, uma delas é a mania do pai, essa lógica da filiação, e todo o cortejo de clichês e vícios que a acompanha, o paternalismo, a caridade, a carência, a salvação etc. E por que privilegiar essa, se há tantas outras, tão destrutivas e nocivas, como por exemplo a mania de julgar a vida, tão belamente exposta em pelo menos dois ensaios de *Crítica e clínica*, um sobre Artaud e outro sobre Lawrence? Talvez porque seja essa (é uma hipótese) a espinha dorsal do homem branco. Quando dizemos, de modo um pouco apressado, que a doença do homem é o homem branco, queremos dizer que a doença do homem é o homem branco tomado como modelo. Mais radicalmente, é a própria ideia de Modelo que aí está em questão, o Modelo e suas Cópias, a própria função copista que a recusa de Bartleby em copiar apenas dramatiza. A literatura é também o conjunto das estratégias que visam desbancar essa lógica da submissão ao Modelo, e introduzir a dessemelhança. Não mais identificação, porém contaminação, não mais filiação vertical, mas contágio lateral. A partir dessa horizontalidade, uma nova vizinhança se instala, uma contiguidade torna-se possível, e os devires põem em xeque a subordinação que o mimetismo, a identificação e o clichê reclamavam.

Mesmo a definição que dá Lawrence do cosmos vai nessa linha: é o lugar dos grandes símbolos vitais e das conexões vivas. Mas os judeus teriam substituído as conexões cósmicas pela *aliança* de Deus com o povo eleito (aliança vertical, em vez da horizontal), e os cristãos substituirão isso pelo pequeno laço pessoal da alma com Cristo (clichê da relação). Lawrence abomina esse pequeno laço em que se dá amor, ou se toma, basta de amor, diz ele, não mais amar, não mais dar-se, não mais tomar (lembra o "Basta de vínculos, apenas contiguidade de velocidades" do personagem de Pavlovsky em Poroto). Pois o amor é já de um Eu. Só um Eu tem algo para dar ou algo para pegar, querendo amar e ser amado, é já o reino da Imagem, do Sujeito, da Pessoa. Ao passo que a alma é um conjunto de fluxos que estende o fio de suas "simpatias" e "antipatias" vivas. A alma pensada como vida dos fluxos, fluida, móvel. Então a questão é como encontrar sob o eu os fluxos na sua relação com outros fluxos, e instaurar um máximo de conexões – o cosmos como uma física das relações. O pro-

---

5) Ao entrevistador americano que não se reconheceu na América descrita por ele junto com Deleuze, Guattari defendeu o direito de "sonhar" a América, assim como Henry Miller "sonhou" uma Paris que influenciou toda uma geração.

blema é quando desse fluxo nós isolamos um eu, um sujeito, um objeto, um predicado, estabelecendo entre eles relações lógicas, subordinações, filiações, transcendências, a partir das quais construímos um sistema do juízo.

O que se coloca para Deleuze, seja através de Melville e seus personagens, seja através de Lawrence, ou da literatura anglo-americana em geral, pela qual ele sempre demonstrou uma nítida preferência, é uma política de conexão que apontasse para uma fratria dos fluxos. A própria literatura é vista como esse exercício das conexões entre os fios diversos.

PARTE IV
A LOUCURA EM CENA

DESERTO VERMELHO

Diz Antonioni, numa entrevista que resume o estatuto da narrativa contemporânea: Hoje as histórias são aquilo que são, se necessário sem princípio nem fim, sem cenas-chave, sem curva dramática, sem catarse. Podem construir-se como farrapos, fragmentos: ser desequilibradas como a vida que vivemos." Ora, farrapos, fragmentos, desequilíbrio, não é outra coisa que vemos em seu filme *O deserto vermelho*. Não há uma história, apenas esboço de histórias, farrapos de vida, fragmentos, resíduos, e por toda parte a vida desequilibrada. O que se vê é uma personagem perdida, deambulando em meio a terrenos baldios, dejetos fumegantes, bruma de cais, torres de antenas interestelares, labaredas industriais, vapores... Giuliana com frio, com fome, com medo, com pressa, com susto, com nojo, com espanto... Depois Giuliana contemplando a água contaminada por detritos das fábricas, atravessando descampados áridos, cheios de lixo industrial, tentando aquecer-se no fogo que não esquenta, sumindo no ar que sufoca... Giuliana entre os quatro elementos, a Água, a Terra, o Fogo, o Ar. Mas elementos que já não dão ao homem o calor ou o frescor ou a segurança ou o horizonte. Quase um filme 'ecológico' *avant la lettre*. Depois é a Giuliana que o marido não segura, que o amante não satisfaz, que o filho não preenche, que gira em torno de um acidente hipotético, de um suicídio, de uma crise... Quase um filme "psicológico".

O filme de Antonioni, porém, vai muito além desses poucos clichês sobre a solidão em meio a um mundo desumano, ou sobre a incomunicabilidade. Ele é, antes de tudo, um grande afresco do deserto industrial, com cores e formas deslumbrantes, a começar pelas tubulações coloridíssimas, as chamas frias saindo de torres e chaminés metálicas, o ocre por toda parte, as paredes, chapas de cor, o casco complexo do navio, os azuis do cais, os ferros maciços, toda uma metalurgia, mas também as corres da terra, o mundo mineral a céu aberto.

Não podemos deixar de ficar fascinados com esse domínio das cores, de uma limpidez estonteante, mas atravessadas por todos os brilhos não solares, por todas as névoas, brumas, fumaças cinzas ou amareladas, gazes, vapores... Uma dimensão abstrata presente no filme provoca uma vertigem pela qual a realidade do mundo perde um pouco de sua estabilidade figurativa, ganhando tons oníricos, perturbadores. Ao mesmo tempo as sirenes, apitos, o ruído das máquinas, das chaminés, dos vapores, dos navios, todo um zumbido de fundo que faz vibrar cada imagem, intensificando a sensação alucinatória que toma conta do espectador. Do espectador comum *e da espectadora maior* desse mundo, a própria protagonista, que segundo o roteiro do filme já leva a pecha de perturbada e que não esconde seu transtorno cotidiano. O que se vê, claro, é a realidade das fábricas, das águas espumantes, da técnica, da terra, do ar, mas é a realidade empurrada ao seu ponto extremo, como quando se observa atentamente um objeto por muito tempo e ele perde sua obviedade para aparecer na sua estranheza, na sua irrealidade. Nesse mundo de Antonioni tem-se a sensação de vagar num sonho brumoso, numa alucinação visual e auditiva, as cores saltam na sua frieza corrosiva, as formas ganham contornos esquisitos, curvas tubulares, silos intricados, enormes bolhas de vidro enfileiradas, objetos não-identificáveis, reflexos e foscos de todos os matizes, uma espécie de hipnose toma conta do olhar e não se consegue mais decidir se o que se vê é o extremo da beleza ou do horror, da realidade ou da irrealidade, do sonho ou do pesadelo. Como se já não houvesse um juízo de realidade possível, tudo tornou-se estranho, porém familiar, quase sinistro, real ou imaginário, físico ou mental, indecidível.

Em meio a esse mundo excessivo, excesso de cores, de brumas, de maciço, de extensão, de glacialidade, de poluição, personagens deambulantes. É a perambulação por toda parte, sem objetivo, sem finalidade, e no decorrer dessa andança não há reação possível diante do mundo, parece que a própria relação com o mundo perdeu sua organicidade, as personagens estão desconectadas das situações que as atravessam, do mundo que lhes serve de entorno. Tudo que lhes resta, em meio à errância flutuante, em que se perguntam, como ela, "quem sou eu?", é ver, espantar-se. Giuliana não para de assombrar-se com tudo e com todos, com a parede branca de sua loja, com as cores (ela quer para a loja cores que não "perturbem" os objetos), com o casco do navio, com a fruta podre, com o sanduíche do operário, com o afrodisíaco, com a paisagem... Ela, que não reage organicamente frente a um mundo coerente, do meio de seu espanto consegue apenas isto: ver.

Mas esse ver não é pragmático, não significa olhar para avaliar uma situação a fim de nela intervir, como em geral se vê; não é ver para fazer, mas ver para ver, como diria Bergson, ver para enxergar aquilo que não é visível, ver para captar da realidade sua dimensão de excesso, de beleza, de horror, de intolerável, de assustador. E toda uma nova função do olhar que o cinema traz à tona já desde o neorrealismo italiano. As personagens já não interagem umas com as outras ou com as situações que se lhes apresentam segundo uma lógica da ação, do ver para fazer, do reagir diante do mundo segundo um leque de clichês, mas elas ficam como que paralisadas diante das situações, diante dos outros, diante do mundo, flutuantes, bestificadas com o que corre à sua volta, seja a crueldade da guerra, seja a fúria da natureza, seja a decadência, seja a própria ruína, ou simplesmente o cotidiano. E a partir daí têm acesso a visões, a uma vidência que cresce em dimensões, em círculos concêntricos, adentrando as dimensões do tempo e da memória. E essa vidência superior que caracteriza o olhar de Giuliana, que vê tudo o que existe no seu excesso de cor, de horror, de terror, de deslumbre.

A crise

Foi Gilles Deleuze quem insistiu no sentido desse novo olhar que surgia na sétima arte: ele vai de par com uma certa crise que interveio no cinema e no mundo num certo momento de sua história. Crise do quê? Crise da crença no encadeamento do mundo. O elo entre as coisas parece perdido, a organicidade que reúne coisas e pessoas numa totalidade coerente parece desfeita. Ou seja, quando logo depois da guerra e em parte devido a seus horrores, mas também graças a outros fatores internos ao cinema, perdeu-se como que a *crença no mundo*. Não se sabe no que se acredita, diz Zeiler, acredita-se de certo modo na humanidade, um pouco menos na justiça, mais no progresso, no socialismo talvez..., importa agir de modo justo, ter a consciência tranquila... ao que Giuliana retruca com ironia e incredulidade: "Formam juntos um grupo de palavras belas". Quando se perde a crença no mundo, perde-se a crença na ação, a crença na reação, a crença no movimento, a crença de que a ação pode mudar o mundo. O cinema de ação, cinema de movimento, cinema clássico, em que as coisas se encadeavam de modo orgânico, em que as personagens interagiam de modo estruturado, em que o movimento obedecia a certos pontos de gravidade, eixos, coordenadas, foi perdendo sua pregnância e cedeu lugar a um outro cinema. Não mais o cinema do movimento: um cinema para além do movimento, para além da imagem-movimento – um cinema do tempo.

Nesse outro cinema tudo muda. Encadeamentos fracos entre as situações, entre as personagens, entre as personagens e as situações que elas enfrentam, entre os espaços percorridos, toda uma realidade dispersiva vem à tona. Personagens vagando perdidas por espaços sem identidade, espaços quaisquer (como os descampados em Wenders, os terrenos baldios, ruínas, construções desativadas, ou mesmo uma cidade noturna cheia de clichês, como em *Taxi Driver*). A relação de cada personagem com o que lhe acontece é de indiferença ou estranhamento, e no mais das vezes a partir dessa quebra motora, dessa inanidade da ação, desfaz-se um pouco o mundo, o espaço contínuo, a intriga e a própria história, sobretudo o fio do tempo. Mundo lacunar, sem totalidade nem encadeamento. As personagens deixam de ser agentes para se tornar espectadoras de uma situação que as extravasa por todos os lados, que excede sua capacidade motora de empreender qualquer reação, e as obriga a ver e ouvir o que está além de qualquer resposta ou ação possível. As personagens estão entregues a uma visão e tornam-se videntes ("O que olha?", pergunta Ugo a Giuliana). Isso faz com que as coisas tomem o aspecto de um sonho ou de um pesadelo ("Não gosto de olhar muito o mar. Perco o interesse pela terra."). Já não é uma sequência de ação e reação, formatada e filtrada pelos clichês sensório-motores, mas uma situação ótica e sonora, com imagens óticas e sonoras puras, com o que a noção de situação mesma se altera. Os objetos ganham uma certa autonomia para além de sua função pragmática no interior de uma situação, não servem para nada de concreto, mas são investidos por um olhar que toca, olhar tátil, olhar háptico. Háptico vem de *aptô* (tocar), um tatear com o olhar, apalpar com todos os sentidos, o oposto do ótico. O espaço ótico privilegia a profundidade, perspectiva central, estriamento do espaço com direções, linhas úteis, favorecendo toda uma figuração, uma representação, uma narração de um objeto para um sujeito. O espaço háptico, ao contrário, não contém nem formas nem sujeitos, é um espaço fluido, movente, sem pontos fixos, com variação contínua de orientações, das conexões. Com isso toda a realidade continua sendo realidade, mas torna-se um tanto onírica. Os órgãos dos sentidos das personagens se libertam do jugo da ação e do movimento, e mobilizam nas personagens outras forças que não as de uma reação motora ou mesmo passional. "Parece que lavei os olhos. O que devo fazer com meus olhos? O que devo esperar?", pergunta Giuliana. E Zeller traduz: "Diria, como devo viver? É a mesma coisa".

Percebe-se que nessa intriga desconstruída não há privilégio da situação dramática, não há momentos fortes, não há cenas-chave, como diz Antonioni. E isso também porque qualquer instante pode ser de vidência, qualquer miragem pode ser de espanto ou medo, qualquer buraco de tempo faz emergir de dentro de si seu próprio acontecimento. Antonioni infiltrou em seus filmes intervalos surpreendentes, brechas que deram vazão a novos escoamentos, em seu cinema e em nosso mundo.

Nessas imagens investidas pelo olhar, nessa vidência liberada das exigências da ação, cumpre-se como que um programa de Castañeda: liberar a percepção da ação, fazer ver os intervalos moleculares, os elementos energéticos. A realidade torna-se alucinatória. A descrição mais objetiva torna-se a mais subjetiva, o extremo da realidade objetiva toca o extremo da realidade subjetiva, o mais físico (a fábrica) torna-se o mais mental (alucinação). Como diz Deleuze, o que será mais subjetivo do que um delírio, um sonho, uma alucinação? Mas, ao mesmo tempo, o que será mais próximo de uma materialidade feita de onda luminosa e de interação molecular do que o próprio sonho ou alucinação? Como se o sonho e a alucinação, o mais 'subjetivo', reencontrassem o tecido mais microscópico do real, sua mais microfísica materialidade, mais 'objetiva'. É nesse sentido que o real e o imaginário se tornam indiscerníveis, embora não se confundam, assim como se tornam indiscerníveis o objetivo e o subjetivo, o físico e o mental.

Seja como for, fica claro ao menos que a vidência não é passividade, complacência com o dado, em contraposição a um voluntarismo da ação. A vidência mobiliza outras forças, outras faculdades, já que decorre de uma liberação não só da ação, mas também daquilo que a percepção e a ação fazem com as coisas quando as tornam úteis, classificáveis, quando as transformam em clichês, tornando-as suportáveis. Quando o mundo é o mundo dos clichês ele já foi decodificado e, nesse sentido, aceito tal qual: já não pode revelar sua reserva de intolerável. Nós reduzimos as coisas a clichês para aguentá-las, manipulá-las, prever seu curso, amortecer suas asperezas. Ora, quando o esquema sensório-motor fica bloqueado, somos obrigados a ver a coisa por inteiro a partir dessa vidência, e a coisa no seu excesso, na imagem e não no clichê. O clichê é feito para não se ver a imagem. E para que a imagem apareça, é preciso que ela abandone o clichê, a fim de que a realidade apareça na sua inteireza insuportável e intolerável. "Há algo de horrível na realidade e não sei o que é. Ninguém me diz", comenta Giuliana.

Cinema e loucura

As características próprias ao cinema moderno, em oposição ao cinema dito clássico, curiosamente confluem com aquilo que percebemos como pertencente ao universo da loucura. Por exemplo, o encadeamento fraco entre personagem e situação, a flutuação da personagem em meio à situação e sua desconexão em relação à ação, a autonomia dos objetos em relação à sua função, a perambulação, uma certa paralisia motora, a ascensão de visões, a vidência que faz as coisas aparecerem no seu excesso, todo um circuito indecidível entre realidade e pesadelo, concretude e alucinação. Mas também a desconexão dos espaços, o desencaixe dos tempos, a desagregação do fio narrativo, da história, uma espécie de descrença na realidade do mundo... Quem não reconhecerá aí o universo de um psicótico? E como se o cinema contemporâneo tivesse assimilado traços atribuídos normalmente apenas aos loucos. Para ser e parecer contemporâneo, o cinema se sente tentado a enlouquecer. E ele é tanto mais contemporâneo quanto mais integra em sua linguagem características desarrazoadas, sem precisar sequer tematizar a loucura, nem estigmatizar alguma personagem como psicótica.

É nesse sentido que no cinema contemporâneo a loucura está sempre em questão. O cinema, ao expressar uma certa contemporaneidade, capta dela aquilo que o louco, do modo mais caricato, expressa dessa mesma contemporaneidade. Enfim, é como se entre o mundo contemporâneo e a loucura que o apreende houvesse uma cumplicidade, uma sintonia.

Num contexto inteiramente outro, o etnopsiquiatra Georges Devereux lançou, há algumas décadas atrás, a ideia instigante de que o homem moderno é esquizoide fora dos muros manicomiais, e esquizofrênico dentro deles, havendo entre ambos uma espécie de homologia estrutural. Ou seja, o esquizofrênico estaria apenas intensificando e concentrando traços de comportamento típicos da sociedade que o rodeia, seja no âmbito da sexualidade, da puerilidade, da fragmentação, etc. Não é à toa, conclui ele, que a esquizofrenia é considerada incurável, já que seus principais sintomas são sustentados pelos valores mais característicos de nossa civilização. Não cabe aprofundar aqui o debate que essa postura suscitou no interior do campo psiquiátrico e etnopsiquiátrico. Conviria aproveitar essa ideia para clarear a relação sugerida entre traços do cinema contemporâneo que expressam uma forma do mundo contemporâneo e certos aspectos visíveis na loucura que expressam, igualmente, aspectos cruciais desse mesmo mundo contemporâneo.

Numa das últimas e mais belas sequências de *O Deserto Vermelho,* Giuliana se depara com um navio atracado no cais e conversa com um marinheiro estrangeiro. Ela fala uma língua, ele outra. Ela pergunta, em meio aos ferros, sombras, cores, ruídos, se o navio em questão leva passageiros. E diz: "Não é que tenha decidido... Não posso decidir porque não sou uma mulher só, porquanto voltar.., como... separada. Não do meu marido.., os corpos... estão separados... Se ele me ofende.., não sofre". Essa é a sensação que o cinema moderno explora, a dos corpos esfacelados ou separados. Não é um lamento sobre a incomunicabilidade, mas um novo contexto, um novo regime em que as coisas não se relacionam por encadeamento orgânico, mas por conjunções, formando outro tipo de ajuntamento, com intervalos, fissuras, introduzindo em meio às fendas outras visões, suscitando outras intensidades. Mesmo quando ela diz: "Estive doente... devo pensar que tudo o que me acontece faz parte da minha vida...", reconhecemos aí a fala provável de um terapeuta, mas também sentimos quão improvável é que isso efetivamente ocorra. Antonioni não está estetizando uma vivência que é de dor, mas mostra o quanto o cinema é capaz de revelar esses acontecimentos contemporâneos que acontecem a ninguém, já que é próprio do acontecimento ser impessoal, não pertencer a alguém nem ser a intriga pessoal de um eu, mas constituir blocos de sensação, blocos de percepção, blocos de afecção imprevistos que atravessam este ou aquele eu. Não os acontecimentos atribuíveis a tal ou qual pessoa, mas o eus como adjacentes a esses acontecimentos.

Assim, de dentro dessa loucura específica de Giuliana, apreende-se um certo estado do mundo, extrai-se dele seu esplendor, seu imenso frio glacial, a inapagável cintilação das coisas, a abjeção inapelável, o desequilíbrio irremissível. Desequilíbrio do mundo em que vivemos, das histórias que experimentamos, da loucura que ronda e que de algum modo é nossa, de todos nós, irremediavelmente.

UEINZZ — VIAGEM A BABEL

Um homem perambula pelas ruas de Lisboa segurando na mão um enorme microfone cor-de-rosa. O objetivo alegado é completar a sonoplastia de um filme inacabado, mas o homem parece um estranho pássaro munido de uma antena parabólica, em busca de tudo quanto for audível na terra de Camões, ou mesmo inaudível: o zumbido do vento, o rumor do Tejo, o sussurro dos amantes. Aconteceu conosco quase como em *O céu de Lisboa*, de Wim Wenders: num dos primeiros ensaios que fizemos com os pacientes do hospital-dia "A Casa", sob a direção teatral de Sérgio Penna e Renato Cohen, o músico Wilson Sukorski chegou com um pequeno gravador na mão, bem mais discreto do que o do sonoplasta de Wenders, para coletar o som do grupo. O que chamou especialmente sua atenção foi um grunhido intermitente emitido por um dos pacientes mais desorganizados, espécie de gemido anasalado beirando um mantra, e que em geral acaba num riso enrouquecido. Um som que nós já mal ouvíamos, ao qual nós nos havíamos acostumado como ao barulho da cidade, aos bate-estacas das construções vizinhas – para nós aquilo era puro ruído de fundo, espécie de resto sonoro, balbucio à espera de uma forma futura, jubilação autoerótica, euforia elocutória. Ao final do grupo, o músico anuncia, para surpresa da equipe, que detectou ali a estaca musical do grupo.

Um oráculo alemão

Num dos ensaios subsequentes, os diretores coordenam um exercício teatral sobre os diferentes modos de comunicação entre seres vivos: palavras, gestos, postura corporal, som, música, tudo serve para comunicar-se. Um exercício clássico sobre as várias linguagens de que se dispõe: cada animal tem sua língua, cada povo tem a sua, às vezes cada homem tem seu próprio idioma, e não obstante nos entendemos, às vezes. Pergunta-se a cada pessoa do grupo que outras línguas fala, e o paciente do gemido, que nunca fala nada, responde imediatamente e com grande clareza e segurança, de todo incomuns nele: alemão. Surpresa geral, ninguém sabia que ele falava alemão. Foi preciso o ouvido de dois estrangeiros para escutarmos que aquele que acompanhamos há muito tempo falava "alemão". E que palavra você sabe em alemão? Ueinzz... E o que significa Ueinzz em alemão? Ueinzz. Todos riem – eis a língua que significa a si mesma, que se enrola sobre si, língua esotérica, misteriosa, glossolálica. Às vezes ela é acompanhada de um dedo em riste, outras de uma excitação que desemboca num jorro de urina calça abaixo. A matéria sonora é ainda indissociável do corpo, é uma experiência plenamente libidinal. Processo originário da linguagem que o despotismo da gramática e da significação ainda não recalcaram.

Passadas algumas semanas, os diretores de teatro, inspirados no material coletado nos laboratórios, trazem ao grupo sua proposta de roteiro: uma trupe nômade, perdida no deserto, sai em busca de uma torre luminosa, e no caminho cruza obstáculos, entidades, tempestades. Em meio à andança, também se depara com um oráculo, que em sua língua sibilina indica o rumo que convém aos andarilhos. O ator para a personagem do oráculo é prontamente designado: é esse que fala alemão. Ao lhe perguntarem onde fica a torre Babelina, ele deve responder: Ueinzz. O paciente entra com rapidez no papel, tudo combina, o cabelo e bigode bem pretos, o corpo maciço e pequeno de um Buda turco, seu jeito esquivo e esquizo, o olhar vago e perscrutador, de quem está em constante conversação com o invisível. E verdade que ele é caprichoso, quando lhe perguntam: Grande oráculo de Delfos, onde fica a torre Babelina?, às vezes ele responde com um silêncio, outras com um grunhido, outras ele diz Alemanha, ou Bauru, até que lhe perguntam mais especificamente, Grande oráculo, qual é a palavra mágica em alemão? e aí vem, infalível, o Ueinzz que todos esperam. De qualquer modo, o mais inaudível dos pacientes, o que faz xixi na calça e vomita no prato da diretora, aquele cujo andar imprevisível desenha a curva que nenhuma geometria do espírito acompanha – caberá a ele a incumbência crucial de indicar ao povo nômade a saída das Trevas e do Caos. Depois de proferida, sua palavra mágica deve proliferar pelos alto-falantes espalhados pelo teatro, girando em círculos concêntricos e amplificando-se em ecos vertiginosos, Ueinzz, Ueinzz, Ueinzz. A voz que nós em geral desprezávamos porque não ouvíamos encontra aí, no espaço do teatro, uma reverberação extraordinária, uma ressonância, uma musicalidade, uma eficácia mágico-poética.

Quinze dias antes da estreia pública no Teatro Tucarena, em São Paulo, com a divulgação atrasada, e já na data última para dar à peça um nome, um dos diretores diz ao final de um ensaio, em tom de suspense: "e o nome da peça será..." – e se aproxima do oráculo, à espera do som que batizará o espetáculo. Estamos boquiabertos: surpresa, euforia, embaraço para saber como se escreve isto, wainz, ou weeinzz, ou ueinz, o convite vai com weeinz, o folder com ueinzz, o cartaz brinca com todas as possibilidades de transcrição, numa grande variação babélica.

O espaço sagrado

Desde o princípio tudo já é assim espantoso nesse projeto de teatro com os pacientes. Ainda no primeiríssimo ensaio, os diretores de teatro se apresentam. Um deles se põe no centro, e quer mostrar como se pode, com pouquíssimos elementos, criar uma personagem. Traz na mão um enorme chapéu preto de borracha, longuíssimo, achatado, modelado pelos cubofuturistas russos, e o põe na cabeça. Subitamente seu corpo se avoluma e se adensa, e ele ganha uma aura incomum, como se fora um mago ou um gigante. Pega um bastão de madeira e cruza o ar, em seguida traça com um giz um círculo no chão. Convida alguém para uma luta e anuncia que aquele espaço do círculo é imantado, quem estiver dentro estará protegido, quem ficar de fora perderá força. Com esse pequeno gesto se inaugura para todos o espaço sagrado do teatro, onde cada um pode virar ator, onde cada gesto, som ou postura ganham densidade e leveza, a fragilidade é esplendor, mesmo a brutalidade adquire graça e ritmo. Um dos pacientes se dispõe a vestir o chapéu do mago e começa a recitar um texto meio profético ou religioso, com o bastão em mãos, que agora já virou um cajado, e em poucos segundos assistimos à sua transfiguração incorporal: seu corpo meio largado ganha a desenvoltura do profeta andarilho, sua voz discursiva sustenta o anúncio dos tempos vindouros, sua recitação político-sociológica e místico-delirante ganha aí uma função ritual, uma legitimidade cênica, um compartilhamento ritual. O delírio deserta o campo psiquiátrico para reencontrar sua função mais ancestral, divina ou divinatória. Eis nesse primeiro encontro o embrião do Profeta Zanguezzi, "o homem que atravessa os tempos", e que na peça conduzirá a trupe pelo deserto com palavras de Khlébnikov, dizendo: "Para aqueles que estão vivos.., e ainda não morreram/ Acordem para a contemplação... A contemplação irá levá-los / A contemplação é um forte guia."

No segundo encontro resolvemos ensaiar numa outra casa recém-alugada pelo hospital-dia, e fazemos o trajeto de duas quadras com os apetrechos trazidos pelos diretores, o chapéu cubofuturista, o cajado e uma lamparina antiga, com uma vela no meio. Sugere-se ir com a vela acesa, atravessar a rua como se atravessa um rio perigoso, o cajado terá o poder de cortar a água do rio, e cada um salta à sua maneira o tal do rio invisível; em poucos minutos está configurada uma trupe de andarilhos numa travessia imemorial de um deserto ou de um mar Vermelho – ou será uma procissão medieval guiada por uma luz de vela? –, em pleno bairro da Aclimação e à luz do dia, para assombro da vizinhança e nosso também.

E esse que conduz na rua a lamparina com um prazer indisfarçável é já o Homem da Luz, que com seu manto amarelo iluminará na peça o caminho do Profeta Zanguezzi, abrindo uma passagem de luz para ele e a trupe em meio às trevas. É claro que o Homem da Luz e o Profeta nunca se entenderam perfeitamente sobre qual deles conduz de fato a trupe, um acha que são suas palavras que guiam, o outro que é sua lamparina que abre passagem. Bem ou mal, é com ambos que saímos do primevo Caos do Universo.

Caos

Pois é no Caos que tudo começa, é com o Caos que começa a peça, como diz a narradora no início do espetáculo, com as palavras de Paulo Leminski: "Caos/ massa rude e indigesta/apenas peso inerte/desconjuntada semente da discórdia das coisas! terra, mar e ar/ciciam/confundidos". Ao que o outro narrador, com voz particularmente inspirada responde, com as palavras de Hesíodo: "Sim primeiro nasceu Caos, depois também Terra de amplo seio, de todos sede irresvalável sempre, dos imortais que têm a cabeça do Olimpo nevado, e Tártaro nevoento no fundo do chão de amplas vias, e Eros o mais belo entre deuses e mortais... Nove noites e dias uma bigorna de bronze cai do céu e só no décimo atinge a terra e, caindo da terra o Tártaro nevoento. E nove noites e dias uma bigorna de bronze cai da terra e só no décimo atinge o Tártaro." O narrador dá especial ênfase à palavra Tártaro, com sua voz já normalmente trêmula e grave, a boca desdentada (vários dentes apodrecidos foram arrancados recentemente), e é preciso imaginar como ressoa para ele o tártaro dos dentes e o Tártaro de Hesíodo, a odontologia e a ontologia, o Caos da boca e o Caos do mundo, nesse paciente que a cada manhã chega dizendo que está morto e para quem cada dia é uma longa travessia, uma saída do Tártaro e do Caos rumo a uma Torre luminosa, antes que a noite volte a derramar sobre o mundo seu manto de horror e escuridão.

Por um triz

Num dos exercícios mais divertidos propostos pelos diretores, cada um deve encher o pulmão e atravessar a sala correndo, de braços abertos e com a respiração presa, para no final soltar o ar dizendo uma palavra de sua escolha. Um faz isso meio saltitante, o outro encurvado, o terceiro flutuando, este vem como uma besta fera, aquele no seu passo de gigante à beira do colapso e com uma voz cavernosa e radiofônica que parece sair de um alto falante embutido a três metros de distância do corpo, e todos no final se largam nos braços de um dos diretores que os espera na ponta da sala... E esse gigante, uma vez chegado a seu destino, tendo feito estremecer as paredes da casa e quase ter aplastado o diretor todo baixinho, fica ali a seu lado, incentivando os que vêm, gritando "Solta o fôlego!" Quando a trupe saída do Caos está toda caída no deserto, depois de uma tempestade de areia fulminante, caberá a ele vir, com seu andar desconjuntado, como um treinador de heróis, gritando em meio aos corpos deitados para ressuscitá-los, "Eu sou Gul, o grande treinador de heróis. Para quem quiser entrar no meu campo de batalha, precisa gritar. Solte o fôlego e grite uma palavra qualquer!".

Na primeira apresentação pública, Gul, antes dessa cena, por acaso sobrou no alto de uma escadaria, longe do palco. Para chegar até a trupe teve que descer a escada, com seu passo trêmulo e extrema dificuldade de locomoção, ao que se acrescem os óculos muito espessos, no meio da escuridão e da música tensa. Ninguém podia garantir que não se esborracharia no caminho, ou que simplesmente suspendesse bruscamente sua cena, ou gritasse pedindo ajuda. Creio que aí está uma das características fortes dessa experiência teatral, conforme o comentário percuciente de um historiador que assistiu a uma apresentação: o espectador nunca tem certeza que um gesto ou uma fala terão um desfecho, se serão ou não interrompidos por alguma contingência qualquer, e cada minuto acaba sendo vivido como um milagre. É por um triz que tudo acontece, mas esse por um triz não é ocultado – ele subjaz a cada gesto e o faz vibrar. Não é só que a segurança do mundo se vê abalada, mas esse abalo introduz no mundo (ou apenas lhe desvela) seu coeficiente de indeterminação, de jogo e de acaso.

Um misto de precariedade e milagre, de desfalecimento e fulgor, que outra coisa busca o teatro, afinal? Atores com trinta anos de experiência têm dificuldade de atingir essa qualidade de presença a um só tempo imantada e etérea, que nos pacientes está dada desde o início, de bandeja. Aquela moça que recebeu o papel de Serafina que era fina fina fina e que morreu de amores por Serafim, ela passa a peça no alto, em meio ao público, num quarto todo cheio de rendas brancas, e quando chega sua vez desce devagarzinho a escadaria e parece feita de pluma, o passo hesitante, e seu corpo diz o inefável, essa fronteira entre a vida e a morte, e ninguém entende por que todos choram tanto nessa cena, já que nada ali aconteceu, a não ser a presença delicadíssima feita de um fiapo de vida.

Gostaria de mencionar uma última personagem, entre muitas outras que serei obrigado a omitir. Trata-se de um paciente muito politizado, contestador, provocativo, que sempre coloca em xeque as decisões alheias, que o tempo todo tenta dar ordens e com frequência encarna um vereador, ou um general autoritário, ou um guerrilheiro revolucionário, ou mesmo um pensador. Os diretores tiveram a sensibilidade de atribuir-lhe o papel do Imperador anarquista, inspirado em Heliogábalo, de Artaud. E com as palavras deste que o narrador anuncia sua entrada em cena: "Um estranho ritmo manifesta-se na crueldade do anarquista coroado, este iniciado faz tudo com capricho e em duplicata. Nos dois planos quero dizer. Cada gesto seu tem dois gumes. Ordem, desdordem/unidade, anarquia/poesia, dissonância/ritmo, discordância/generosidade, crueldade". Claro que o Imperador reescreveu seu texto original inúmeras vezes (é um ator-autor), mudando-o a cada ensaio, o que resultou em algo do tipo: "Eu sou o Imperador anarquista, fruto da psicanálise e amaldiçoado pela psiquiatria, vocês são meus brinquedos..." Ao que eu, de longe, fazendo o papel de povo (num dos ensaios iniciais, e por pura provocação, eu havia gritado contra o imperador um palavrão qualquer, com o que me foi atribuído esse papel de agitador popular), começo a esbravejar "Corrupto", "Canalha", "Energúmeno", e ele manda prender-me, e seguem-se minhas queixas de que sou sem-terra, sem-teto e sem-teta, até que ele me entrega um saquinho de terra, uma telha de verdade e um rádio para ouvir a voz do presidente. Em seguida arremessa um frango de plástico sobre a plateia, e dentaduras "feitas no Congresso", em irônica homenagem ao Plano Real. Obviamente fiquei muito feliz, depois do espetáculo, ao saber do comentário feito por alguns espectadores, de que aquele paciente barbudo que gritava energúmeno até que é um ator razoável, mas que o terapeuta imperador foi a estrela da noite.

Estar à altura do acontecimento

Eu gostaria de sair um pouco desse nível descritivo, anedótico ou autobiográfico para ampliar o espectro deste comentário. E com um certo constrangimento pessoal que o faço, pois no íntimo eu teria preferido apenas prolongar o estado de graça com que vivi as apresentações, e ficar só com a emoção das cenas, das vozes dos atores e suas modulações, seus tremores e timbres, com a música e suas dissonâncias, miscelâneas, ecos, com os gestos de cada um, suas posturas, trejeitos e hesitações, em suma, com a atmosfera de pathos, humor e comoção que tomou conta do teatro já na primeira das várias apresentações públicas.

Então como, ao escrever, colocar-se à altura do que aconteceu, ser digno do acontecimento, não traí-lo? Para além do deleite que pôde propiciar, ou da comoção que produziu e que há de se prolongar, um tal acontecimento nos força a repensar nosso atlas antropológico, obriga-nos a redesenhar nossa geografia mental e certas fronteiras entre saúde e doença, entre a potência e a impotência, a vitalidade e o sofrimento, arte e a inadequação, como dizia o texto de uma das atrizes, ou reproblematizar relação entre as linguagens menores e as maiores, ou as dissonâncias vividas e a pesquisa estética, as derivas e as identidades, mesmo profissionais. Não é possível desenvolver aqui qualquer um desses tópicos de maneira exaustiva, mas seria preciso ao menos diz algo sobre a natureza dessa conjunção que resultou na experiência relatada.

Ela se deu na confluência de dois grandes vetores que atravessam nossa cultura. primeiro é o do teatro, com seu cortejo de magia e assombro, esse espaço ritual sagrado, campo privilegiado de experimentação estética. O segundo vetor é o da vida quando ela experimenta seus limites, quando ela tangencia estados alterados, quando é sacudida por tremores fortes demais, por rupturas devastadoras, intensidades que transbordam toda forma ou representação, acontecimentos que extrapolam as palavra e os códigos disponíveis, ou o repertório gestual comum, mobilizando linguagem que põem em xeque a língua hegemônica, que reinventam uma vidência e uma audição. É a vida quando ela está às voltas com o irrepresentável, ou com o inominável, ou cor o indizível, ou com o invisível, ou com o inaudível, ou com o impalpável – com o invivível. Há nisso que chamam de loucura uma carga de sofrimento e dor, sem dúvida mas também um embate vital e visceral, em que entram em jogo as questões mai primevas da vida e da morte, da razão e da desrazão, do corpo e das paixões, da identidade e da diferença, da voz e do silêncio, do poder e da existência. Ora, a arte sempre veio beber nessa fonte desarrazoada, desde os gregos, e sobretudo a arte contemporânea, que está às voltas com o desafio de representar o irrepresentável, de faze ouvir o inaudível, de dar a ver o invisível, de dizer o indizível e o invivível, de enfrentar-se ao intolerável, de dar expressão ao informe ou ao caótico.

Coreografia do sublime

Kant distinguiu o belo e o sublime justamente pelo caráter do objeto que no impressiona, respectivamente finito ou infinito, acabado ou inacabado, mensurável ou incomensurável. Lyotard sugeriu que a arte contemporânea teria tomado essa trilha do sublime kantiano. Por exemplo na pintura contemporânea, que presentifica o excesso do impresentificável, utilizando o informe como indício desse mesmo impresentificável. De alguma maneira o desafio que atravessa o projeto estético contemporâneo também revolve o espetáculo Ueinzz, nos diversos signos dc inacabamento que nele evocam um impresentificável, seja ele de dor, turbilhão o colapso, mas também de iminência, suspensão e intensidade.

Em contrapartida, é preciso dizer o quanto tudo isso nos serve, no nosso trabalho terapêutico, a que ponto essa ritualização inclusiva das lógicas singulares, dos ritmos emergentes e insurgentes, dos universos insólitos, das rupturas de comunicação, o quanto a ritualização e coreografização disso tudo pode dar visibilidade ao mais impalpável e legitimidade àquilo que o senso comum social despreza, teme ou abomina, e assim inverte-se o jogo das exclusões sociais e sua crueldade. Se o teatro vem buscar conosco a força do irrepresentável, é muito grande o que ele pode oferecer em troca, ao dar recursos para que isso que se considera como puro caos ganhe figuração, permitindo que a expressão dessas rupturas de sentido não soçobre no vazio. Nesse teatro acontece de cada um poder reconhecer-se como ator e autor de si mesmo, diferentemente daquilo que o teatro do mundo reserva à loucura, ao enclausurá-la na sua nadificação. Nesse teatro cada subjetividade pode continuar tecendo-se a si mesma, com a matéria prima precária que lhe pertence, e retrabalhá-la. Subjetividades em obra em meio a uma obra coletiva, no teatro concebido como um canteiro de obras a céu aberto.

Nessa obra coletiva em que todo disparate ganha um lugar, mesmo ou sobretudo quando representa uma ruptura de sentido, uma singularidade assignificante pode tornar-se foco de subjetivação, faísca autopoiética. É o caso da palavra Ueinzz, sentido a ser descoberto, proliferado, multiplicado, segundo as várias apropriações a que se presta, mas que também pode tornar-se um ponto de apoio, um chão, um foco de subjetivação para aquele sujeito que o enuncia ou o coletivo que o acompanha. Nisso há uma estética, há uma clínica e há uma ética que eu resumiria em pouquíssimas palavras como sendo a de uma certa relação com a diferença. Não se trata de um respeito sacrossanto pelo exótico, nem de uma idealização estetizante do sofrimento, muito menos de uma mera constatação que isola cada um na sua diferença dada e ali o enclausura, fazendo dela uma identidade excêntrica. Trata-se, ao contrário, de um certo jogo vital com os processos cuja regra básica é que cada cristal de singularidade, por exemplo um Ueinzz, possa ser portador de uma produtividade existencial inteiramente imprevista, mas compartilhável. E uma produção, de obra, de subjetividade, de inconsciente, de rupturas e remanejamentos na trajetória de uma existência, seja ela individual ou coletiva, em que se trata, como diria Artaud, de roubar à ideia de existir o fato de viver, extraindo da mera existência a vida, ali onde ela esmorece enclausurada.

Autoinvenção

Um belíssimo estudo de Richard Sennett mostrou a que ponto a moderna sociedade industrial esvaziou a dimensão teatral do espaço público, desqualificando as máscaras produzidas na cena social e remetendo cada qual para sua suposta interioridade original, seu eu[1]. Todo o jogo teatral em larga escala foi substituído pelo predomínio de um espaço interior esvaziado, a tirania da intimidade oca, que já não pode alimentar-se de nada pois é referida a si mesma, no máximo ao seu círculo doméstico ou familiar. Sennett mostra precisamente que o eu de hoje só está assim esvaziado porque o espaço público que o nutria, e o teatro que lhe era coextensivo, foram desqualificados e esvaziados. Ora, essa observação ressoa inteiramente com os textos de Nietzsche, e toda sua valorização da máscara, e da vida como produtora de máscara, e da consciência que tinham disso os gregos. Uma máscara não esconde um rosto original, mas outra máscara, e assim sucessivamente, de modo que o rosto próprio não passa da metamorfose e criação incessante de máscaras. Não se trata de retirar a máscara para encontrar a verdade oculta, ou a identidade velada, mas compreender a que ponto a própria verdade ou mesmo a identidade é uma entre as

---

1) R. Sennett. *O declínio do homem público – As tiranias da intimidade*. São Paulo, Companhia das Letras, 1988.

várias máscaras de que a vida precisa e que ela produz. Se a matriz estética substitui para Nietzsche a matriz científica, é porque se trata de produzir o ainda não nascido, não mais de descobrir o já existente. Questão de autoinvenção, não de autorrevelação, de criação de si, não de descoberta de si.

É o que se vê na construção das personagens, que se têm ressonância com traços próprios às pessoas que os encarnam (com efeito, cada personagem foi construída partir dos atores, e com que justeza e cuidado os diretores foram alfaiates da alma cerzindo personagens sob medida! – a ponto de ser praticamente impossível "passar' o papel de um para um outro, já que os papéis não são universais vazios intercambiáveis) ao mesmo tempo, em vez de intensificar psicologicamente os traços de cada um, no seus draminhas íntimos, iluminando a suposta verdade psíquica interior do sujeito, e que rapidamente descambaria para um psicodrama de qualidade duvidosa, em ve2 disso o teatro faz esses traços conectarem-se com personagens da história, do mito ou da literatura (o Profeta, o Homem da luz, o Treinador de heróis, a Rainha, mas também a Esfinge, o Imperador anarquista, a Torre Babelina), com elementos cósmicos ou outros (o Caos, a Tempestade, as Trevas, a Luz, a palavra oracular). Nessa conexão tais traços singulares são colocados em evidência mas ao mesmo tempo desterritorializados de seu contexto psiquiátrico, e, arrastados para longe de si mesmos, são prolongados até uma vizinhança que lhes permite uma transmutação amplificada, numa dinâmica que extrapola completamente os dados iniciais e personológicos, fazendo-os reverberarem com a cultura como um todo e experimentarem variações inusitadas. É onde o teatro oferece aos pacientes um campo de metamorfose e de experimentação de um potencial insuspeitado. Pois os traços que compõem uma personagem (as singularidades que habitam cada um) não são elementos para uma identidade reconhecível, numa mímese referencial; eles não se somam num contorno psicossocial, ainda que isso possa estar presente, mas como máscara: a "rainha", o "imperador"... Não é um ator representando uma personagem, mas tampouco é ele se representando, é o ator produzindo e se produzindo, criando e se criando ao mesmo tempo num jogo lúdico e existencializante, desdobrando uma potência, ainda que na forma de uma entidade histórica ou cósmica. O que conta, para além da máscara, são os estados intensivos que esses traços expressam ou desencadeiam, as mutações deque esses traços são portadores, as composições de velocidade e lentidão que cada corpo consegue, consigo e com os demais, as passagens fluxionárias, os índices corpóreos, incorpóreos, sonoros, luminosos, o puro movimento molecular, o gesto quântico, o trajeto rizomático. Daí porque o espectador não se pergunta "o que aconteceu?" ou "o que aconteceu com ta personagem?", mas "o que me aconteceu?", registrando o sentido eminente do Acontecimento – a afetação.

Estética contemporânea e loucura

Se a estética contemporânea é fragmentária e fluxionária, rizomática e metaestével, complexa, não narrativa e não representacional (e o que é um teatro não representacional – sendo o teatro tradicionalmente o lugar da representação?), é preciso dizer que em tudo isso ela ressoa estranhamente com o que nos vem do universo da psicose. Daí talvez sua espantosa capacidade em acolhê-lo, e a força desse encontro. Não se trata de expressar um universo interior já existente (uma cena interior, um lugar nessa cena), mas sobretudo de criar um estado, um gesto, um trajeto, um rastro, uma cintilância, uma atmosfera, e nessas passagens (des)encadeadas ir produzindo novas dilatações, novas contrações, de tempo, de espaço, de corporeidade, de afeto, de percepção, de vidência, um pluriverso à imagem e semelhança desses deslocamentos.

Toda a arte dos diretores residiu em recusar o dramalhão sentimental ou psicológico em favor do trágico no seu sentido mais rigoroso. Seria necessário, para precisar esse tema, novamente evocar Nietzsche e toda a questão do dionisíaco, da relação dos gregos com a dor e a morte, do plus de vitalidade que segundo o filósofo eles extraíam do lado tenebroso da vida, da alegre afirmação do efêmero e do múltiplo que alguns intérpretes de Nietzsche tão bem souberam pôr em evidência, O encontro entre o teatro e a loucura opera o resgate desse tema nietzschiano, confirmando o quanto o autor de Zaratustra usava o passado mas escrevia para o futuro, das artes e da cultura.

De qualquer modo, no contexto circunscrito que nos ocupa, o teatro oferece para as mutações descritas anteriormente, um campo de imantação privilegiado. Eu diria, ele oferece um plano de composição, um plano de imanência: nele tudo ganha consistência desde que passe por essa laboriosa metamorfose mágico-poética. Através dele, o impalpável ganha volume, o pesado fica leve, o mais discrepante recebe lugar e há espaço para o erro. Não é, pois, mero encaixe inclusivo, mas transmutação processual.

A própria peça é uma deriva, uma busca, uma deambulação, uma errância, e nem mesmo o encontro final com a torre Babelina, e a rainha negra que sai de dentro dela freiam esse nomadismo, reterritorializam o espírito, interrompem sua vagabundagem incessante. Na primeira apresentação, nos últimos minutos do espetáculo, a trupe girava em círculos em torno da torre Babelina, já que o acesso à saída do anfiteatro estava barrada por excesso de público. Um espectador, paciente de uma outra clínica, resolveu ajudar: colocou-se diante do Homem da Luz e do Profeta e os guiou por um caminho lateral em meio à plateia. Tínhamos certeza de que ele sabia para onde nos levava, para alguma porta secreta que ele conhecia, mas engano nosso, demos de cara com uma parede imensa, e ali ele nos abandonou. Fomos dali margeando a parede até encontrar a saída. Se no início o público estava espalhado pelos corredores esperando a trupe entrar ritualmente, dizendo em coro Ueinzz, Ueinzz, na saída final nos postamos no *hall*, como que para uma foto de grupo, e assistimos nós à saída dos espectadores, e eles um pouco confusos, sem saberem se saíam ou aplaudiam ou se ainda ia acontecer alguma coisa... Tudo é passagem, o próprio final ainda é errância.

Estamos curados?

No fim os pacientes chegaram ao camarim eufóricos, felizes, preenchidos, gritando Estamos curados! Não se trata de acreditar nisso literalmente, mas eu diria que o teatro ajuda a curá-los, e a nós também, de uma série de cacoetes. Por exemplo, do cacoete de reduzi-los à personagem exclusiva chamada doente (ou doente mental), papel ao qual muitas vezes eles mesmos se aferram monocordiamente, embora quando o jornal (*O Estado de São Paulo*), no artigo que fez sobre o espetáculo os chamou assim, a indignação tenha sido geral – eles eram atores, não doentes mentais, doente mental é jornalista! Seria preciso então deixar de representar monotonamente sempre a mesma pecinha hospitalar e edipiana, abrir portas e janelas, mudar de teatro (!), mudar de cena (o que haveria de mais radicalmente analítico do que mergulhar numa outra cena transformando as coordenadas de enunciação da vida?), mudar o cenário, mudar o roteiro, sobretudo mudar o olhar sobre os atores e sobre a fronteira que nos separa deles, não para tornar tudo indiferente – ah, a ilusão mais perigosa! – mas pare deixar emergir outras personagens (e quantas outras experimentamos nessa quebra e reconstrução incessante da "identidade" de terapeuta), outros estados, outras afetações e outras conexões entre eles, entre nós, O teatro pode ajudar a curar-nos da crença generalizada, partilhada por muitos pacientes e também inúmeros profissionais de saúde mental, sobre sua suposta impotência ou ensimesmamento estéril, incomunicabilidade social, incapacidade criadora. Ou da ideia de que a clínica deve ficar de um lado e a cultura de outro, como se a arte não fosse ela mesma a um só tempo crítica e clínica, como se a arte não fosse já um dispositivo, como se o olhar de um diretor de teatro, a escuta de um músico, não fossem, na sua exterioridade em relação ao campo clínico tradicional, e na possibilidade de assistirem a nascimentos que nosso olhar viciado abortaria, poderosamente clínica, e no mais alto grau.

    A cena que o teatro propõe (mas isso não é de hoje, nem novo, talvez seja até o mais antigo do teatro – e o mais antigo, já é sabido, tem sua dimensão inesgotável de porvir) também pode ajudar a curar-nos da tentação de substancializar nossas personagens cotidianas e seus impasses desejantes. Pois ali cada personagem emerge com a força secreta da ficção, isto é, contingente e necessária, precária e eterna, volátil e imemorial, tudo isso ao mesmo tempo. E cada personagem faz fremir, por trás de seu contorno fugidio e do "por um triz" em que se sustenta, singularidades impalpáveis. Esses índices mágico-poéticos podem desfraldar novas composições de universo, novas dobras subjetivas. Por aí, talvez, essa conjunção de teatro e loucura nos sirva para evocar, tanto entre loucos como entre os que se dizem sãos, aquilo que o desejo ainda está por descobrir de si e de sua potência na cena contemporânea.[2]

---

2) Dividi com Renata Puliti e Paula Francisquetti a coordenação geral desse projeto. Várias das observações aqui transcritas provêm de conversas e trocas com a equipe, com os diretores e com os atores, a quem dedico este relato. Posteriormente uma segunda peça foi levada aos palcos, intitulada *Dédalus*, com mais de vinte apresentações públicas, entre elas uma temporada no Teatro Oficina, no Centro Cultural São Paulo, no Tucarena e no TUSP. A trupe, batizada desde então de Cia Teatral Ueinzz, foi convidada e apresentou-se com grande sucesso no 9º Festival de Teatro de Curitiba, em março de 2000.

PARTE V
TEMPO E LOUCURA

A loucura é frequentemente associada a um colapso na experiência do tempo. Mas cada teoria formula essa falência a seu modo, conforme seus pressupostos mais gerais. Não foi pretensão minha, nos capítulos que compõem essa parte, fazer um estudo comparativo das várias teorias a respeito da loucura, mas submetê-las ao crivo desta única questão: como pensam elas o tempo e sua perturbação na psicose? Em que aspectos sua teorização, sobre o aparelho psíquico em geral, ou sobre os mecanismos presentes na psicose, em particular, descobre aberrações temporais? E em que medida essas aberrações colocam em xeque uma imagem de tempo hegemônica em nossa cultura, ou nessas mesmas teorias? Liberam-se, a partir daí, outras imagens de tempo? Quais são elas? Será que elas nos servem para pluralizar nossa ideia de tempo? Acaso poderiam ajudar a repensar a subjetividade nas suas diversas inflexões temporais?

Várias dessas questões surgiram no rastro de um estudo abrangente sobre a ideia de tempo na obra de Gilles Deleuze, publicado sob o título de *O tempo não reconciliado* (Perspectiva, 1998), e cujo teor é retomado no próximo bloco. Com efeito, pareceu-me que certas imagens de tempo trabalhadas por Deleuze sugeriam um enlouquecimento do tempo que evocava, por sua vez, o tempo da loucura. Essa hipótese de fundo atravessa as notas de leitura que seguem, na forma de uma questão recorrente: no que será que as "condutas" temporais detectáveis na psicose impelem a uma teorização do tempo que a reflexão clínica ela mesma nem sempre se preocupou em formular positivamente, isto é, de modo não privativo? Não seria possível pensar, enfim, que a crítica que *O anti-Édipo* formula à psicanálise, tal como a reporto no último texto desse bloco, pode ser lida também como a distância entre a temporalidade da psicose e os tempos da psicanálise?

O TEMPO SE QUEBRA[1]

Foucault e o sonho fenomenológico

Em 1954 Michel Foucault publica um curioso prefácio ao livro de Ludwig Binswanger *Le Rêve et l'Existence*[2], em que compara, do ponto de vista do sonho, a abordagem da psicanálise e a da fenomenologia. Deixemos apenas registrado o eixo principal da argumentação: Freud, ao fazer das imagens do sonho o eco do Desejo, teria ignorado os poderes dinâmicos da imagem, suas leis próprias, em suma, sua estrutura morfológica e sintática, em proveito exclusivo de sua função semântica. Por ter desconhecido essa estrutura de linguagem que envolve a experiência onírica, "a psicanálise freudiana do sonho não é jamais uma apreensão compreensiva do sentido", O pano de fundo dessa crítica é o liame natural, porém extrínseco, que a psicanálise suporia entre a imagem e o sentido, sem elaborar uma "gramática da modalidade imaginária e uma análise do ato expressivo em sua necessidade". Melanie Klein e Jacques Lacan só teriam intensificado essa polaridade, uma do lado da imagem (as fantasias como a matéria prima da experiência psíquica), o outro do lado da linguagem, ampliando o hiato entre uma psicologia da imagem e uma psicologia do sentido. A acusação de Foucault se resume nesta frase lapidar: "A psicanálise nunca conseguiu fazer falarem as imagens". Se a fenomenologia foi bem sucedida ao fazê-lo, apenas uma análise existencial poderia fornecer a possibilidade de uma compreensão válida, como o sugeriu Jaspers, e como o fez Binswanger. Não cabe esmiuçar aqui os inúmeros aspectos dessa critica à psicanálise feita por Foucault desde um ponto de vista fenomenológico (!), nem de sua posição em relação à fenomenologia nesse escrito de juventude, abandonada ulteriormente[3]. Basta notar que para Foucault a experiência

1) Frase pronunciada por paciente de Eugène Minkowski.
2) Ludwig Binswanger. *Le Rêve et l'Existence*. Paris, Desclée De Brouwer, 1954, "Introduction" de M. Foucault, retomado em Dits et Écrits,v. 1, op. cit.
3) Gérard Lebrun mostrou como a obra posterior de Foucault é um acerto de contas com a fenomenologia, mais especificamente com a analítica da finitude: "Pois este discurso gira no vazio". O seu combate contra o cientismo e o positivismo já de nada serve: "A verdadeira contestação ao positivismo não está num retorno ao vivido...". O retorno ao vivido fica aprisionado num vaivém sem fim entre a *descrição* e a *fundação*. Praticamente não nos reserva surpresas, pois já estamos previamente assegurados de "descobrir no homem o fundamento do conhecimento, a definição de seus limites e, para concluir, a verdade de toda a verdade" (*As palavras e as coisas*: p. 444). Mais ainda: esse discurso nos mantém num novo sono dogmático, que só acabará quando se tiver a coragem de reconhecer que o homem não passa do nome de um dispositivo da episteme moderna, e quando se tiver "suspendido [...] o preconceito antropológico sob todas as suas formas", para "tornar a interrogar os limites do pensamento". Nietzsche, acrescenta Foucault, foi quem deu o sinal para isso. Sartre parece constituir o principal alvo dessa página. Mas Foucault visa, para além dele,

onírica possui um conteúdo tanto mais rico quanto mai se mostra irredutível às determinações psicológicas em que se tenta inseri-la, senda sustentada por toda uma tradição literária, mística, popular, romântica, mas igualmente filosófica. Trata-se de ver no sonho uma experiência do homem como ser de transcendência já que o sonho é abertura ao mundo, receptividade, possibilidade de ser afetado por ele imersão, entrelaçamento, eco do mundo no homem. O sonho anuncia ao homem o mundo se fazendo, na sua substância e nos seus elementos (luz, água, fogo, escuridão etc.) porém mais do que esse tema romântico caro a Novalis, por exemplo, prima o princípio heraclitiano do sonhador como aquele que se dirige a um mundo que lhe é próprio Foucault interpreta o dito de Heráclito, tratado por Binswanger em artigo anterior[4], à luz de Heidegger, no sentido de que o sonho desvela o movimento da liberdade em direção ao mundo, "ponto originário a partir do qual a liberdade se faz mundo"[5], e não o lugar de emergência do "equipamento biológico dos instintos libidinais". A experiência onírica implica uma subjetividade radical, sem que o sujeito possa ser circunscrito a um lugar determinado no interior do sonho, O sujeito do sonho, segundo Foucault leitor de Binswanger, no caso de um sonho relatado por este último, é o sonho inteiro, a doente angustiada, mas também o mar, o homem inquietante que nele aparece, o mundo inicialmente enigmático, depois imóvel e morto, que ao fim retoma sua vitalidade. No sonho nota Foucault, tudo diz "eu", mesmo os objetos e animais, até o espaço vazio, as coisas longínquas e estranhas, já que o sonho é a existência se revolvendo em espaço deserto, se quebrando em caos, explodindo em estridência, O sonho é o mundo na sua aurora de jorramento quando ele ainda não é objetividade.

Para além da crítica ao positivismo e objetivação do homem que a fenomenologia imputa ao corpus freudiano, e que abordaremos em seguida, aproveito as poucas indicações que precedem para introduzir a problemática temporal que, na análise de um sonho proposto por Binswanger, Foucault tangencia, depois de comentar aspectos espaciais de grande interesse. Trata-se em suma do sentido atribuído por Binswanger ao eixo vertical do espaço em sua significação: uma existência que se transcende no entusiasmo, num autoultrapassamento, mas que por isso mesmo implica uma perda do chão, a vertigem de uma desmedida que não promete senão uma queda. Eis aí expostas, pois, coordenadas do alto e baixo. No sonho de Ellen West exposto por

    toda a analítica da finitude, isto é, a fenomenologia e sua derivação existencialista", in *Recordar Foucault*, Renato Janine Ribeiro (org.). São Paulo, Brasiliense, p. 13. Para um estudo mais detido das razões dessa ruptura com as análises do vivido, doravante entendidas como uma tentativa de restauração da "era da Representação", ver Lebrun, "Notes sur la phénomenologie", in *Michel Foucault philosophe, rencontre internationale*. Paris, Seuil, 1989. No geral, não é diferente o juízo de Paul Veyne: "O método de Foucault tem provavelmente, como ponto de partida, uma reação contra a onda fenomenológica que, na França, se produziu logo após a libertação. O problema talvez tenha sido o seguinte: como conseguir mais do que pode uma filosofia da consciência sem, com isso, cair nas aporias do marxismo"? ("Foucault révolutionne l'histoire", in *Comment on écrit l'histoire*. Paris, Seuil, 1978, p. 383, cit. por Lebrun). Ver igualmente Dreyfus e Rabinow. *Michel Foucault, un parcours philosophique*. Paris, Gallimard, 1984.
4) L. Binswanger. L'appréhension héraclitéenne de l'homme. In *Introduction à l'analyse existentielle*. Paris, Minuit, 1971 (o original é de 1961). Há versão espanhola disponível em *Artículos y conferencias escogidas*. Madrid, Gredos, 1973. Parte do material incluído na edição espanhola foi publicado em *Discours, parcours et Freud*, Paris, Gallimard, 1970.
5) Foucault. Introduction, op. cit, p. 64.

Binswanger, o mundo subterrâneo da vida grosseira da família, grande túmulo da existência, e o mundo etéreo e luminoso, promessa de uma existência livre e renascida. A terra para essa enferma só significa a morte. Desapareceu de seu mundo o espaço sólido e consistente do movimento real, da progressão no devir.

O sentido essencial das oposições na verticalidade (ascensão/queda), na horizontalidade (próximo/distante), na luminosidade (claro/escuro) é que põe a nu as estruturas da temporalidade. Na oposição horizontal, por exemplo, do próximo e do longínquo, o tempo só se expressa como progressão cronológica, entre um ponto de partida e outro de chegada, prometendo, quando aí extenuado, sua retomada sob a forma da repetição e de um recomeço. É um tempo nostálgico, tempo da epopeia, circular ou iterativo. Na oposição claro/escuro, trata-se de um "tempo rítmico e escandido de oscilações, de um tempo sazonal", onde a ausência é sempre promessa de retorno e a morte garantia de ressurreição.

É no movimento de ascensão e queda, contudo, que se apreende a temporalidade autêntica, pela qual a existência antecipa sobre sua morte e assume ao mesmo tempo sua solidão e sua facticidade. A transcendência do existente a si mesmo no movimento de sua temporalidade dá-se no eixo vertical do imaginário. Mas pode fazê-lo também de modo inautêntico, com o que ela se dá como arrebatamento do fundamento da existência, em direção a uma altura etérea de imortalidade, ou ao contrário, como iminência de queda do presente, e então como desastre, fim de mundo etc. E ainda outras maneiras de escamotear a transcendência autêntica, e que comportam em comum este modo da inautenticidade através do qual não há abertura para uma historicidade da existência, mas antes uma duração que "se esgota inteira no devir das coisas; ela se abandona a esse determinismo objetivo onde se aliena totalmente sua liberdade originária", e assim se oferece ao psiquiatra como um "processo objetivo", obliterando o fato de que é a existência ela mesma que "constitui essa história natural da doença como forma inautêntica de sua historicidade"[6].

A conclusão de Foucault, a esse respeito, é reveladora. "É pois preciso atribuir um privilégio absoluto, sobre todas as dimensões significativas da existência, àquela da ascensão e da queda: é nela e nela apenas que se podem decifrar a temporalidade, a autenticidade e a historicidade da existência". É apenas por essa via que a antropologia pode aceder à ontologia que concerne o modo de ser da existência enquanto presença ao mundo.

Ser-no-mundo e transcendência

Deixaremos de lado os demais aspectos desse texto em tudo desconfortável ao leitor habitual de Foucault. De qualquer modo, temos aí como que a ponta do iceberg fenomenológico, do qual nesse momento um Foucault em tudo "pré-foucaultiano" se faz porta-voz. Não podemos aprofundar o contorno desse iceberg, a dívida com Husserl, a vizinhança possível com Heidegger ou Sartre etc. Só nos cabe, em poucas palavras, ressaltar o contraste com Freud explicitado pelo próprio Binswanger muito antes do escrito de Foucault, e ulteriormente nuançado, entre por um lado o homo

6) Idem, p. 104.

existencial e por outro um homo natura, construção rigorosamente científico-natural e biológico-psicológica[7]. O que se critica na psicanálise é ter ela, pela sua objetivação do fenômeno humano, destruído a totalidade da existência humana, que caberia à antropologia fenomenológica restaurar, O *homo natura* pulsional, guiado pelo princípio do prazer é apenas uma das modalidades do ser-no-mundo. Binswanger entende o ser-no-mundo como transcendência, estrutura fundamental da subjetividade, anterior às divisões sujeito/objeto, homem/mundo.

No campo psiquiátrico, o interesse dessa ideia estaria em conceber as psicose como diferentes modalidades de ser-no-mundo. As doenças do espírito seriam, portanto, modificações da estrutura fundamental e dos componentes da estrutura do ser-no-mundo como transcendência, que cabe à psiquiatria investigar cientificamente. É impossível pesquisar a psicose de um homem se não se explorou plenamente seu mundos[8]. Se uma *disposição* específica rege cada mundo, não se pode considerá-lo consciente ou inconsciente, nem mesmo psicológica, já que ela é anterior até àquilo que Freud chamou de fantasias. Sendo a transcendência essencialmente temporal qualquer investigação que não contemple as modificações na estrutura da temporalidade não pode ser satisfatória.

Toda a questão será, à luz de Heidegger, pensar a temporalização como antecipação, como *projeto*, como futuração (Ortega y Gasset), sendo o futuro aquilo que dá sentido e significação mesmo aos elementos mais fáticos do passado. É a queda na pura positividade, num ser-aí sem ultrapassamento em direção ao mundo e a uma história que constitui, afinal, a alienação. Henri Maldiney salientou em que medida o "compreender" proposto por Binswanger, para quem *Dasein ist Mitsein*, se distancia tanto de uma objetivação quanto de uma comunicação intersubjetiva, privilegiando Presença e suas estruturas, isto é, as expressões de uma transcendência, os modos, por exemplo, em que um sintoma neurótico ou histérico já não se articulam a partir do futuro num projeto, mas de um passado não ultrapassado, e portanto de uma maneira de habitar o mundo, numa determinada tonalidade afetiva (*Stimmung*)[9].

---

7) L. Binswanger, "La conception freudienne de l'homme à la lumière de l'anthropologie", conferência proferida por ocasião do octogésimo aniversário de Sigmund Freud, publicada em 1936 e retomada em *Discours, parcours et Freud*, op. cit., p. 201. Para uma visão mais fina da relação entre Binswanger e Freud, ver o prefácio de Pierre Fédida, no mesmo volume, intitulado "Binswanger et la possibilité de conclure".

8) Veja-se a curiosa citação retirada de Von Uexküll (*Umwelt und Innenwelt der Tiere*, p. 4) em apoio a essa tese: "Só frente a uma observação superficial pode parecer que todos os animais do mar vivem num mundo igual que lhes é comum a todos. Um estudo mais aprofundado nos ensina que cada uma dessas formas de vida, com suas mil diferenças, possui seu próprio mundo ambiente, que se determina reciprocamente com o projeto de edificação do animal", bem como em *Theoretische Biologie*, p. 232: "Agora sabemos que não existe só um espaço e um tempo, mas tantos espaços e tempos quantos sujeitos, pois cada sujeito está encerrado em seu próprio mundo ambiente, que possui seu próprio espaço e seu próprio tempo", cit. por Binswanger in "Sur la direction de recherche analytico-existentielle en psychiatrie", idem, p. 59.

9) Henri Maldiney. *Regard, Parole, Espace*. Lausanne, Ed. L'Âge d'Homme, 1973, p. 91. O artigo referido, incluído nessa coletânea, é de 1963 e se intitula "Le devoilement des concepts fondamentaux de la psychologie à travers la daseinanalyse de L. Binswanger".

Minkowski e a massa fluida do tempo

Coube a Eugène Minkowski, sobretudo em seu livro *Le temps vécu*[10], levar adiante de modo sistemático um tal projeto de descrição das modificações mórbidas na estrutura temporal nos marcos de uma psiquiatria fenomenológica. No entanto, diferentemente de Binswanger, ele o fez a partir de uma perspectiva eminentemente bergsoniana, tomando por eixo o tema do tempo vivido contraposto ao tempo objetivado ou espacializado.

A concepção mais geral de tempo do autor está centrada em torno da noção de devir, "massa fluida", que não conhece "sujeitos nem objetos, não tem partes distintas, nem direção, nem começo, nem fim", não sendo reversível nem irreversível, borrando os limites entre o eu e o não-eu, de natureza irracional e alheia ao método discursivo[11]. Daí porque o tempo só parece um nada aos olhos da lógica ou da tradição filosófica, que não cessou de demonstrar, pelos paradoxos que imputava ao tempo, sua inanidade. A intuição tal como a concebeu Bergson seria o único método pelo qual a duração pode ser apreendida como fluxo vital, como continuidade vivida. E o élan vital que dá a dimensão futura como primeira. Assim sendo, segundo Minkowski, o futuro, pelo seu caráter criador, não está feito segundo a imagem do passado, mas é ele quem faz nascer esse passado. O élan vital não parte de..., mas vai em direção a..., ainda que não se trate de um objetivo extrínseco. A memória, mais próxima do saber do que da vida, é secundária do ponto de vista do tempo vivido. Também não cabe considerar esse fundo dinâmico e inesgotável de onde flui o movimento como um inconsciente, tomado na condição de instância psíquica, embora possa ser considerado inconsciente por seu caráter não discursivo, indecomponível, irracional (Minkowski chega a falar de uma consciência do inconsciente ou de uma consciência de si).

Perturbações no tempo vivido

Antes de abordar as figuras temporais de Minkowski, é preciso lembrar que as noções bergsonianas lhe servem para supor a existência de dois grandes grupos de perturbações mentais: um caracterizado por uma deficiência da intuição do tempo vivido (a esquizofrenia), e outro por uma hipertrofia dos fatores de ordem espacial (a psicose maníaco-depressiva).

Via de regra, as perturbações psíquicas envolvem um distúrbio na "propulsão ao futuro", ficando o tempo fracionado em elementos isolados, e o quadro sintético do tempo se desagrega. Minkowski cita Bergson para desenhar o traço da desesperança: "A tristeza começa por não ser mais que uma orientação em direção ao passado, um empobrecimento de nossas sensações e de nossas ideias, como se cada uma delas

---

10) Eugène Minkowski. *El tiempo vivido*. México, Fondo de Cultura Econômico, 1973. O original data de 1933, e embora o tenham precedido nessa tematização das malformações do tempo vivido Von Gebsattel (*Zeitbezogenes Zwangsdenken in der Melancholie*, 1928) e E. Straus (*Das Zeiterlebnis der endogene Depression in der psychopathischer Verstimmung*, 1928), Minkowski insiste em seu pioneirismo, ao salientar que data da Primeira Guerra sua apreensão do transtorno na estrutura temporal como origem da melancolia, por exemplo.
11) Idem, p. 22.

coubesse completamente no pouco que nos dá, como se o futuro estivesse de algum modo fechado para nós". A esse respeito contrasta o enfermo que tem um espaço ilimitado e a noção de futuro bloqueada, e o são cujo espaço é limitado e o futuro set limites (!). Mais instrutiva, porém, é a contraposição entre o automatismo mental de De Clérambault e a melancolia, tal como a descreve Minkowski, e cuja explicitação nos leva ao cerne da teoria do autor.

A ideia da qual parte Minkowski, e que atribui a Bergson, é de que o indivíduo é um unidade organizada, expressão de uma energia una e indivisível. Daí que uma perturbação psíquica não pode ser concebida isoladamente, mas deve ser referida à vida psíquica como um todo, ao psiquismo como uma unidade. Assim, é preciso pesquisar um "distúrbio gerador", fundamental, único capaz de revelar a unidade sistemática de um conjunto de disfunções[12]. O distúrbio gerador que interessa a Minkowski denomina-se subdução mental. Trata-se de perturbações *no tempo e no espaço* que rebaixam a forma de vida do indivíduo. Em outras palavras, menos técnicas porém ainda do autor, trata-se das perturbações que ocorrem na *afirmação da personalidade no tempo e no espaço*.

Assim como De Clérambault mostrou que nas psicoses alucinatórias crônicas o, sintomas como o eco, a fixação do pensamento ou seu fluxo, a enunciação dos atos, o diálogos interiores, as alucinações psicomotoras, a influência à distância, formam um todo – a síndrome chamada de automatismo mental, que é o fato primordial (anterior ao delírio e seu eventual conteúdo) –, de modo similar é na análise fenomenológica das relações espaço-temporais do ser vivo que devemos buscar a base estrutural da perturbações mentais. Ou seja, a maneira em que o vivente se situa em relação ao tempo e ao espaço não é efeito da perturbação, mas sua origem, sua condição estrutural.

Se a síndrome do automatismo mental de De Clérambault é predominantemente espacial (a personalidade não pode afirmar-se no espaço, perturbada em sua intimida. de ela se desdobra, assim como seus atos que se repetem, ou são raptados, ou são impostos a distância), o delírio melancólico é uma subdução mórbida do tempo. E essa estrutura temporal que preside as ideias delirantes, reunindo-as numa síndrome psicológica, e não o inverso. Em suma, a estrutura temporal é a determinante. Como na melancolia endógena, segundo E. Straus, em que se observa não apenas uma lentificação, mas uma "retroatividade da vivência do tempo, espécie de refluxo ou de inversão da corrente temporal da intencionalidade", donde a fixação no passado. Ou von Gebsattel, que pensa os obsessivos a partir de um estorvo da estrutura temporal, sendo a estagnação o seu modo de ser no mundo[13]. Minkowski aplica finalmente a ideia dessa estrutura temporal não só para a melancolia, mas também para a loucura maníaco-depressiva, a esquizofrenia etc. Cada forma de vida patológica pode e deve ser caracterizada por uma estrutura têmporo-espacial particular.

---

12) Por exemplo, a debilitação intelectual (responsável pelo enfraquecimento progressivo das faculdades intelectuais) e o processo esquizofrênico (responsável por uma baixa dos fatores dinâmicos da vida) são duas dessas perturbações geradoras.
13) A. L. Nobre de Melo. *Psiquiatria*. Rio de Janeiro, Guanabara Koogan, 1981, p. 196.

Exemplos

Não nos cabe adentrar esse cipoal psiquiátrico. Contudo, para não deixar essas noções no estado de generalidade abstrata, convém apresentar alguns breves exemplos, muito mais interessantes, por vezes, do que as teorias que suscitaram. Eis como Minkowski apresenta o relato da desagregação da noção de tempo por um jovem de 26 anos, num caso de depressão aguda: "Desde o começo de minha crise sempre estive persuadido de ser um enfermo do tempo... Vivo na instantaneidade. Não tenho sensação de continuidade... A cada novo instante que vivo, me parece como se caísse do céu... Quando termino algo, tenho a sensação de que é o último ato que faço... Não me lembro de ter saído ontem, somente o sei e me dá a impressão de que saio hoje pela primeira vez... Tenho a obsessão do passado... Nunca estou no presente... o futuro não representa nada para mim... Faço tudo esperando que a coisa seguinte será um descanso para mim... Tenho a sensação do demasiado tarde.[14]" Aí temos um retrato do fracionamento do tempo, da falta de contemporaneidade com o vivido, da ausência da função dinâmica da integração, da organização, de progressão, de presentificação (a expressão é de Pierre Janet) etc. O presente resume-se a uma ideia, o passado é uma rotação de lembranças, o futuro é uma visão intelectual dos atos projetados, mas também o presente se projeta num passado vago, as lembranças são mais vivas do que o presente, etc. Segundo Minkowski, no espírito do enfermo a consciência do tempo (que por definição é uma síntese perfeita) revela-se fraturada. Mas essa fissura mórbida, que um paciente de Minkowski expressou com uma fórmula de impacto, "o tempo se quebra", e que constitui o distúrbio gerador, incide sobre aquilo que por definição "não pode estar desunido[15]": a vida.

Ora, esse postulado de uma totalidade, unidade e continuidade do homem está no horizonte de toda a psiquiatria de inspiração fenomenológica, como o admite Karl Jaspers, em sua Psicopatologia Geral, ao reconhecer o fio condutor adotado por Minkowski sobre o tempo vivido como a consciência do curso do tempo enquanto uma vivência de continuidade originária[16].

Cesura e proliferação

Observemos, apenas de passagem, o uso que um psiquiatra discípulo de Jaspers (Karl Schneider), numa perspectiva inteiramente oposta à de Minkowski quanto à continuidade, faz a respeito do modo como a consciência vígil e normal delimita, ordena e encadeia suas vivências a partir de uma *cesura* (*Zaesur*). Em estados de consciência adormecente (hipnagógicos), a cesura desaparece, e "essa falta de enlace e limitação, entre as vivências, como que fluidifica a corrente de consciência e impede

---

14) E. Minkowski, op. cit., pp. 309-311. A semelhança dessas frases com alguns dos relatos ficcionais, por exemplo, em *Os sonhos de Einstein*, de Alan Lightman (Companhia das Letras, 1993), só confirma o quanto determinados problemas temporais não podem ser considerados de domínio exclusivo da psiquiatria, ou das, artes, ou da filosofia. Daí a necessidade de trabalhá-los nessas interfaces, transversalmente.
15) E. Minkowski, op. cit., p. 316.
16) Karl Jaspers. *Psicopatologia geral*, v. 1. Rio de Janeiro, Livraria Atheneu, 1973, pp. 104-109.

assim que se tome conhecimento nítido e preciso de tudo o que se está passando em seus recessos. As vivências.. [perdem] sua consistência, relevo e claridade. Tudo o que, acaso, seja indistintamente percebido, pensado ou representado em tal situação, transcorre, a bem dizer, sem participação ativa do eu, e segue curso próprio, independente da vontade do indivíduo.. Dissolve-se, primeiramente, a consciência do tempo. Apaga-se, finalmente, a consciência do eu, momento em que o indivíduo, já totalmente desligado do mundo, sub. merge no sono"[17]. Seria esse o modo típico de execução da consciência esquizofrênica É o que ocorre na fusão, "justaposição absurda e incompreensível de estados de coisas heterogêneos", a mais frequente e importante das características do pensamento esquizofrênico identificada por Schneider.

Jaspers, por sua vez, em múltiplos exemplos, sobretudo aqueles relacionados embriaguez de mescalina (Serko), acaba detectando mais uma proliferação temporal do que um empobrecimento, distinguindo-se nisso da maioria dos relatos reportados por Minkowski. Veja-se estes poucos exemplos: "Serko: especialmente nas alucinações abundantes tem-se a sensação de boiar numa corrente temporal ilimitada...". Ou ainda um relato tomado a Frischer: "Este novo tempo era infinitamente estruturado, como que encaixado uma camada na outra, mal se poderá compará-lo com o que chamamos de tempo. Então atravessou-me a cabeça o pensamento de que o tempo não está apenas à frente e atrás de mim, mas está também em outras direções."

Maldiney e a transcendência

A formulação mais recente e sintética de algumas das direções apresentadas acima foi feita por Henry Maldiney em Penser l'homme et la folie[18], em cujas primeiras páginas lemos uma afirmação surpreendente, que soa quase como uma ironia (ou um esclarecimento?) tendo em vista o prefácio de Foucault que comentamos no início. "Ousamos dizer inicialmente que se a atitude fenomenológica tivesse prevalecido em psiquiatria, a anti-psiquiatria não teria nascido. Esta, para se motivar, não poderia encontrar melhor fórmula do que esta frase de Michel Foucault: 'Excluído em nome da razão, o louco em nossa época é alienado pela psiquiatria que confirma sua estranheza e a codifica"[19]. Maldiney presume que a psiquiatria fenomenológica estaria ao abrigo da análise que fez Foucault do nascimento da psiquiatria. Diríamos, quase, que Maldiney usa um Foucault (o da *História da loucura*) para ressuscitar um outro (o do prefácio a Binswanger), e assim, num movimento de bumerangue, esvaziar a radicalidade da crítica que o celebrizou. Mas deixemos de lado esse aspecto polêmico e um certo humanismo ingênuo que dá o tom à obra de Maldiney, sobretudo na sua crítica ao neutro que a modernidade descobriu sob a forma do "c'est écrit, ça parle, ça pense", contrapondo-lhes a perenidade da primeira pessoa do singular, bem como os avatares de sua intencionalidade.

---

17) Karl Schneider. *Die Sichtung des emotionalen Lebens und der Aufbau der Depressionzustande* (Z. f. d. g. Neurol. u. Psychot, 59, 1920), cit. por Nobre de Melo, op. cit., p. 190.
18) H. Maldiney. *Penser l'homme et la folie: A la lumière de l'analyse existentielle et de l'analyse du destin*. Grenoble, Ed. Millon, 1991.
19) Idem, p. 8.

Voltemos, pois, à questão do tempo tal como Maldiney a aborda, a partir do presente concebido como uma *ekstases*, articulado com as duas outras *ekstases* (do passado e do futuro)[20]. Presente, portanto, como a fonte do tempo, como originário, como surgimento, jorramento, novidade, O presente é perpétuo nesse sentido, perpetuamente originário, e não permanente ele só é permanente enquanto representado. O conceito do universal "Agora" de Hegel repousa sobre a atualidade do presente vivo, que é, ele, aparição perpétua de novo, isto é, constituição dimensional da antecipação. Nisso reside sua transcendência. A anterioridade e posterioridade são então a diástole e sístole de sua *ekstase*. É a partir do presente que o tempo se temporaliza, e é o que ao melancólico, por exemplo, está vedado, já que ele continuamente duplica o ter-sido[21]. Num sentido similar, um presente fechado implica um futuro fechado que não emerge desse presente. Como o sugere o linguista Gustave Guillaume[22], ao opor um futuro categórico (que salta do presente e o abandona) e um futuro hipotético (o do melancólico) que está em continuidade com o presente, de modo que se obtém, nessa segunda modalidade, um presente que nunca se fecha, circular, reiterativo, reversível, queixoso... Presente aberto apenas à sua repetição, não expansiva, permanência do agora em vez de perpetuidade do tempo que jorra, recusa da "passadificação". Maldiney o ilustra com o exemplo de *O ano passado em Marienbad*, de Resnais e Robbe-Grillet, onde o herói anônimo melancólico projeta seu poder-ser num passado não vivido[23].

"O presente do melancólico, continua Maldiney, vai ao passado e vem do passado. Mas sem devir. Seu presente é sempre passado, seu passado sempre presente... Ele tem uma existência infinitiva escalar, sem verdadeira finitude determinada como tal por seu próprio ultrapassamento. Seu tempo é um *aion*, sem cronotese. Ele está excluído do *kairos*, do presente incidente a si mesmo, sem outro apoio que si, como o "sempre" do tempo, e cujo a propósito e a oportunidade não são nada para quem nada é proposto, a quem tudo é importuno salvo, como diz uma doente, o "nada fazer". O *aion* de que se trata não deve ser tomado no sentido (primitivo) de uma

---

20) Tomamos essa análise do texto mencionado, pp. 43 e seguintes. Quanto ao termo *ekstase*, trata-se do sentido que lhe dá Heidegger ao abordar as *ekstases* da temporalidade como fenômenos que resultam de uma "saída de si mesma" da temporalidade originária.

21) Mas o próprio Maldiney reconhece que, a rigor, seria preciso recuar ainda um passo, na direção sugerida por Viktor von Weiszäcker. Em vez de situar o movimento num Espaço e num Tempo, mostrar de que modo o movimento orgânico ele próprio engendra uma configuração espaço-temporal. Em última análise é o movimento que "move" o espaço e o tempo, suscitando-os, desdobrando-os segundo um ritmo, explicando-se neles a partir daquilo que deles nele estava implicado. O presente originário é assim ele mesmo remetido a um movimento que é auto-movimento, a uma autogênese rítmica. Corresponde ao que Paul Klee, por exemplo, situou num ponto de caos, "momento cosmogenético", do qual se falará de modo mais detido no penúltimo capítulo deste bloco. Weiszäcker: *Le cycle de la structure*. Paris, Desclée de Bouwer, 1958, p. 179, cit por Maldiney, op. cit., p. 206; e Paul Klee, conferência de Iena, 26 janeiro 1924, in *Das bildnerische Denken*, Jürg Spiller, 1964, Basel, Stuttgart, p. 93, cit por Maldiney, op. cit, p. 292.

22) Gustave Guillaume. *Leçons de Linguistique*. Québec-Paris, 1971 (de 1948-9), cit por Maldiney, op. cit.

23) Comparar com a leitura feita por Deleuze sobre o mesmo filme, na esteira de sua interpretação de Bergson, onde o passado não obedece a uma passadificação, mas constitui um virtual vivo que duplica o presente, abolindo o regime da verdade (aconteceu? não aconteceu?), onde coexistem os diversos lençóis de passado: "é um cinema que, de tanto se esquivar do presente, impede o passado dc se degradar em lembrança". (G. Deleuze. *Cinema II - Imagem-Tempo*. Brasiliense, 1990, p. 151.)

energia vital jorrando de si-mesma em si-mesma; ele é a imagem negativa disto: A eterna retenção do nunca mais"[24]. O tempo do melancólico é pura retenção, sem protensão, num ciclo que vai de um presente a passado, do passado ao ante-passado, deste ao ante-presente etc., ao passo que presente autêntico é necessariamente protensão e retenção.

Transpossibilidade, transpassibilidade

Não podemos aprofundar as observações sugestivas de Maldiney quanto à relação entre o presente autêntico e o encontro, isto é, esse momento pático em que o como (e não o *quê*) de uma experiência se anuncia numa "revelação auroral"[25]. Seja dito, no entanto que para o autor estar presente é estar antecipado a si, de tal modo que o presente (*præsens*) seja precessão, transpossibilidade. É o que faltaria ao melancólico. Além disso, esta presente também é assumir seu fundo, que é Nada, ou um ilimitado (*apeiron*) transpassibilidade. É o que faltaria ao esquizofrênico: a possibilidade de tomar pé no ilimitado. Transpassibilidade equivale a ser passível de inesperado, mas de tal modo que esse ser passível não seja relativo àquilo que possa anunciar-se como real ou possível, já que é abertura sem destino ou objetivo. Trata-se de ser passível àquilo de que a princípio não somos passíveis; relação com o indeterminado. A transpassibilidade em relação ao acontecimento fora da expectativa é a transpassibilidade em relação ao Nada de onde o acontecimento surge antes mesmo de ser possível, abertura ao originário, beância[26].

Segundo Maldiney, os dois polos em que a presença psicótica malogra, tanto n melancolia quanto na esquizofrenia, são justamente as duas dimensões que constituem a presença: transpossibilidade, transpassibilidade.

Retomemos uma observação recorrente em Maldiney: a existência é ultrapassamento. temporalização. Erwin Straus diferenciou, a partir de uma distinção feita por Hönigswald, tempo imanente ao vivido e o tempo transcendente ao vivido. Embora não seja o tempo do relógio, o segundo seria o tempo que temos em

24) H. Maldiney, op. cit., p. 65.
25) F. Guattari também fez alusão à dimensão pática no encontro com os psicóticos, referindo-se explicitamente a Weizsäcker, que opõe pático a ôntico. Mas este condiciona o pático ao pessoal, ao *eu*, a um sujeito, ainda que essa seja uma existência "mais sofrida do que afirmada", ao passo que, para Guattari, assim como para Deleuze, o impessoal (o *on* francês) é primeiro. De qualquer modo, esse é apenas um dos inúmeros cruzamentos da esquizoanálise com alguns temas vindos da psiquiatria de inspiração fenomenológica, e que no geral envolvem torções importantes. O mesmo poderia ser mostrado na ideia de encontro (Maldiney, nesse texto que acompanhamos, o trabalha a partir de Heidegger, Binswanger e Levinas – o outro em sua alteridade, a partir do rosto, e que suscita meu impoder), ou de *acontecimento*, tal como eia é concebida também por Weizsäcker, e que vale a pena reproduzir: "Para um ser capaz de encontro é possível um vivido que se pode descrever dizendo que algo nos é dado, surge, dc sorte que de repente nós o temos, como se ele fosse ejetado do desconhecido como de uma cratera, isso que não existe para nós, ou como se ele transbordasse devagar de uma fonte que sobe lentamente. Violência infligida ou dom recebido, novo e único, um acontecimento ocorre", in *Anonyma*, Bern, Francke, 1946, p. 12. E o comentário de Maldiney, com o qual Guattari estaria certamente em desacordo: "Na psicose, a rigor, não há mais acontecimento" (op. cit., p. 125).
26) Transpassibilité. ln op. cit, pp. 422-424.

comum com coisas e pessoas. O tempo imanente, ao contrário, estaria vinculado ao desenvolvimento da pessoa. Eis a fórmula de Straus: "O tempo transcendente passa, ao passo que o tempo do eu cresce". Em outras palavras, este é orientado historicamente. Quando está bloqueado, quando perde seu poder de crescer e antecipar em meio ao tempo transcendente, advém o tédio. Quando a necessidade de crescer cessa, é a fadiga ou a depressão. Não se trata, nota Maldiney, da representação do tempo, mas da temporalidade da existência. Não é impotência de se representar o futuro, mas de existir no tempo da abertura, sem a qual não há porvir. Não é o problema da articulação de seus momentos, mas do desdobramento do tempo, não da sua distinção em épocas, cronotese, mas de sua gênese, da cronogênese.

Onde chegamos, por essa via em que acompanhamos Maldiney? Que a abertura não corresponde diretamente ao futuro. É Rilke quem diz, na oitava elegia, que costumamos substituir o Aberto pela Configuração[27]. Esse caráter de abertura necessária, Maldiney o define assim: "O real é sempre o que não se esperava e que não cabe esperar", e que "subitamente está aí desde sempre"[28]. Anterior mesmo ao projeto, está o Aberto, condição para o Acontecimento. Nas palavras do autor, o acontecimento é um trans-possível ao qual o si tem acesso por sua trans-passibilidade. Ora, é justamente o que na psicose, insiste Maldiney, está obstruído.

As observações de Maldiney a respeito da temporalidade da esquizofrenia apontam para uma direção confluente com as teorizações já examinadas nos autores precedentes, embora ofereçam um refinamento conceitual considerável. Há uma insistência, de todo modo, em sublinhar o aspecto descontínuo e instantâneo desse tempo dito escalar, não vetorizado, em que não há um si se transformando ou um tempo se temporalizando. Falta uma unidade. Talvez a frase que melhor revele esse pressuposto da unidade, pouco tematizado por Maldiney justamente porque subjaz como um pressuposto, que não se restringe a ele, que em parte explica sua oposição à psicanálise (a presença contra a pulsão), e que ele valoriza em L. Szondi, por exemplo, fundador da análise do destino (Schicksalsanalyse), pertence a Fichte, e que citamos sem considerar o abuso que tal transposição para um contexto como esse, feita pelo próprio Maldiney, poderia significar em termos da filosofia de Fichte: "Eu que sinto e que penso, eu que sou impelido e que me decido por livre vontade, eu sou o mesmo"[29].

---

27) "Com todos os seus olhos, a criatura vê o aberto, só nossos olhos estão voltados e colocados como armadilhas em torno de sua livre saída. Mesmo a criança, nós a obrigamos a virar o rosto, de modo que ela tenha diante dos olhos uma Gestaltung, uma configuração, e não o Aberto", citado por Maldiney. op. cit., p. 112.
28) Idem, p. 43 e 112.
29) Fichte. Das System der Sittenlehre nach der Principien der Wissenschaftslehre. In *Fichtes Werke*, 1971, IV, p. 108, cit por Maldiney, op. cit. p. 153.

Conclusão

Já é tempo de concluir a respeito dessa direção teórica. Seja na linhagem bergsoniana tal como a trabalha Minkowski (muito diferente, diga-se de passagem, de outras leituras possíveis em Bergson), seja na husserliana-heideggeriana, tal como se manifesta em Binswanger ou Maldiney, seja ainda numa leitura mais existencial-kierkegaardiana, tal como em Jaspers, e chame-se de duração, de tempo interior ou de tempo fenomenológico é ele que empresta unidade e conexão à corrente de vivências, ao seu fluxo ininterrupto A temporalidade é pensada como dimensão imanente da consciência (ainda que esse termo se eclipse em alguns autores, a favor do ser-aí), há uma relação necessária entre sua continuidade e a unidade do eu ou da ipseidade aí suposta, bem como uma priorização do futuro enquanto autenticidade a partir de um presente originário, seja como abertura, antecipação ou projeto. Embora Binswanger tenha se tornado mais permeável à psicanálise, ao longo do tempo (para além de sua amizade pessoal com Freud[30]), não resta dúvida que o que viemos descrevendo nestas páginas dista muitas léguas do horizonte psicanalítico, da questão do tempo na psicanálise e, por fim, do problema do tempo na psicose segundo a psicanálise, como veremos nos dois próximos capítulos.

Numa das inúmeras tentativas de teorizar uma síntese entre esses três tópicos (fenomenologia, psicanálise, psicose), Alphonse De Waelhens revela, involuntariamente, o impasse próprio ao projeto filosófico que o norteia e que está subjacente nos autores que viemos analisando. Ao comentar a mudança imposta à ideia de tempo na filosofia, ele observa com argúcia: "a temporalidade deixou de ser concebida como externa a aquilo-que-é-temporal – apenas Hegel e Bergson, antes de Husserl, tinham dado alguns passos desiguais nesse caminho–, tornando-se a própria manifestação daquilo que se temporaliza: coisa, percepção, imagem, projeto ou mundo, O correlato disso é que há tantos modos de temporalização quantos são os tipos de ente ou de modos de ser que se temporalizam. Por fim, toda temporalização deriva de uma temporalização originária que é a do sujeito consciente, ou, em Heidegger, a do ser-aí.[31]".

Não poderíamos deixar de subscrever, com todas as nuances que mereceria uma tal generalização, a primeira das três afirmações citadas acima. Pensar a temporalidade como imanente não só àquilo que se temporaliza, mas à manifestação do que se temporaliza, eis uma conquista inegável para uma filosofia do tempo. A segunda afirmação de De Waelhens, de que haveria "tantos modos de temporalização quantos são os tipos de ente ou de modos de ser que se temporalizam", é uma consequência necessária da observação anterior, e abre a via para sua tradução antropológica. Ela pode ser vista

---

30) Não podemos deixar de mencionar aqui uma anedota reportada por Elisabeth Roudinesco em sua biografia de Lacan, a partir de uma entrevista a Deleuze feita por Didier Eribon: "Vários meses após a publicação de *O anti-Édipo*, ele convocou o filósofo a seu apartamento repleto de analisandos e explicou-lhe o quanto seus discípulos eram 'nulos', com exceção de Miller. Depois acrescentou: É de alguém como você que tenho absoluta necessidade. Deleuze achou graça e lembrou-se que Binswanger contava a mesma coisa a propósito de Freud, que lhe falava mal de Jones, de Abraham etc. Binswanger concluíra que ele próprio teria a mesma sorte quando Freud falasse dele a seus discípulos.". In *Jacques Lacan, esboço de uma vida, história de um sistema de pensamento*. São Paulo, Companhia das Letras, 1995, p. 350n.
31) Alphonse de Waelhens. *A psicose, ensaio de interpretação analítica e existencial*. Rio de Janeiro, Jorge Zahar Ed., 1990, p. 129.

como o fio condutor das análises psiquiátricas no campo fenomenológico no que diz respeito ao tempo, com a fineza descritiva que sua eventual pieguice por vezes ofusca.

A terceira asserção de De Waehlens postula a temporalização originária do sujeito consciente como fonte de onde deriva toda e qualquer temporalização. Seria preciso perguntar, diante dessa ideia, se não desembocamos subrepticiamente numa normatividade temporal, em tudo problemática no campo antropológico do qual nos ocupamos acima. Ademais, tudo indica que estamos diante de uma clara retomada antropocêntrica que parecia diluída, com a ideia reasseguradora de "homem". De qualquer modo, é incontestável que a formulação acima põe a nu sobretudo a incompatibilidade de fundo entre a perspectiva baseada numa temporalização originária do sujeito consciente e uma abordagem psicanalítica do tempo.

TEMPO E PSICANÁLISE

Admitamos provisoriamente a diferenciação proposta por Jean Laplanche, entre as noções de *tempo, temporalidade e temporalização*. Por *tempo* entende ele o que estaria vinculado a uma concepção física ou cosmológica; por *temporalidade*, o que se refere à subjetividade (no sentido mais amplo possível, em que se articula indivíduo e vida), e por fim, a *temporalização* estaria vinculada ao movimento pelo qual o humano engendra e cria seu próprio tempo. Assim, grosso modo, teria cabido a Aristóteles inaugurar uma filosofia do tempo, a Kant uma filosofia da temporalidade, a Hegel, Husserl e Heidegger uma filosofia da temporalização, ainda que essa distribuição contenha variações que não podemos contemplar aqui[1].

Uma filosofia psicanalítica do tempo

É nessa ótica, segundo Laplanche, que seria preciso situar a contribuição específica de Freud para uma **filosofia psicanalítica do tempo** (tempo aqui entendido no sentido mais amplo possível). Uma tal filosofia psicanalítica do tempo só é possível, acrescenta ele, sob o modo de um *après-coup*, tanto em relação às ondas filosóficas mencionadas acima, quanto em relação às próprias ideias freudianas a esse respeito, cujo contorno, então, deveria aparecer apenas na medida em que elas mesmas fossem retomadas e operadas. E a uma tal retomada e operacionalização (*mise au travail*, diz ele) que visa sua própria reflexão sobre o tempo na psicanálise.

A concepção de Freud, nota Laplanche, embora mereça uma reinterpretação, pode ser ilustrada perfeitamente por essa citação retirada do texto *O poeta e os sonhos diurnos*: "A relação da fantasia com o tempo é, em geral, muito importante. Pode-se dizer que uma fantasia flutua entre três tempos, os três momentos de nossa atividade representativa. O trabalho psíquico se enlaça a uma impressão atual, a uma ocasião do presente, suscetível de despertar um dos grandes desejos do indivíduo; aprende regressivamente desde esse ponto a lembrança de uma experiência anterior, quase sempre infantil, na qual ficou satisfeito tal desejo, e cria então uma situação referida ao futuro e que apresenta como satisfação de dito desejo, precisamente o sonho diurno

---

1) Jean Laplanche, Temporalité et traduction. *Pour une remise au travail de la philosophie du temps.* In *Psychanalyse à l'Université*, 14, 53, Paris, 1989, pp. 17-33, retomado em *La révolution copernicienne inachevée*. Paris, Aubier, 1992, em que está incluído um debate com Dayan e Fédida (pp. 337-353). As variações dizem respeito, por exemplo, a Kant (também considerado na elaboração da temporalização), Husserl, Heidegger, bem como Sartre e Bergson, mencionados no item referente à temporalidade.

ou fantasia, o qual leva então em si os traços de sua procedência da ocasião e da lembrança. Assim, pois, o passado, o presente e o futuro aparecem como que enfiados no mesmo fio do desejo, que passa através deles. [...] o desejo utiliza uma ocasião do presente para projetar, conforme o modelo do passado, uma imagem do porvir"[2].

Esse encadeamento facilmente esconde a originalidade da concepção freudiana, sobretudo sua relutância diante de todas as tentativas de reduzi-la a um simples movimento em direção ao passado. No entanto, Laplanche insiste em que a articulação presente passado futuro proposta por Freud deve ser mantida e aprofundada, passa ao largo das invectivas diretas de Jung ou Ricoeur, bem como das correntes qui demasiado facilmente, segundo ele, saltam o passado, articulando as três *ekstases*, temporais no sentido presente=futuro=passado, pelas quais se atribui ao futuro e ao projeto um privilégio absoluto. Nessa categoria poderiam ser incluídas todas as versões de uma fenomenologia existencial tal como as reportamos no capítulo precedente.

Temporalização e sedução originária

Ora, a ideia de Laplanche, ao contrário, é poder operar a tríade presente=passado= =futuro como um movimento originário de temporalização. Para tanto, recorre à sua própria teoria da sedução generalizada. A sedução originária se define como uma relação de atividade-passividade, de dissimetria constitutiva na relação entre o adulto e a criança, em que esta se vê confrontada a um mundo adulto que lhe envia mensagens e excitações impregnadas de significações sexuais inconscientes, percebidas por ela como enigmáticas (e que portanto lhe chegam como destraduzidas), e cujo sentido cabe a ela, na sequencia, tentar traduzir (isto é, retraduzir). Tentativa sempre frustra, de tradução e autoteorização, que deixa atrás de si elementos intraduzidos, primeiros rudimentos do inconsciente[3].

A dissimetria sincrônica inicial própria à situação da sedução originária, tal como acima descrita, é entendida como o motor da temporalização, já que esta é concebida em função do movimento interminável de tradução, destradução e retradução do originário adulto. É no desequilíbrio diacrônico entre o por traduzir (definição do inconsciente) e a tradução presente imperfeita, impelindo a uma tradução sempre renovada, que se dão os remanejamentos de perspectiva, a própria temporalização do sujeito. Não é outro o sentido que dá Laplanche ao *après-coup* freudiano, e aos remanejamentos constantes que suscita.

No encadeamento presente=passado=futuro proposto por Freud, mas lido a partir dessa implantação da mensagem enigmática de um outro (outra pessoa, o adulto)

---

2) Freud. O poeta e os sonhos diurnos, 1907. In *Obras completas*, v. 11. Madrid, 1981, p. 1345, versão modificada.
3) Luiz Roberto Monzani, em texto escrito em 1981-2, desenvolve ideia similar a respeito de uma sedução originária presente em Freud, sustentando que essa hipótese não foi "arquivada" quando do abandono da teoria da sedução. Entretanto, o autor faz questão de assinalar que discorda do rumo teórico tomado por Laplanche na sequencia. A conclusão no referido texto diz: "que se repense a noção de retroação não no interior de um hiato temporal. Aqui (como para a sedução) a ideia será retomada e repensada, mas num outro nível: no da ideia de um choque de séries". As séries são: desejo da criança/desejo da mãe, sedução/fantasia. Presume-se que a temporalização deriva de um choque de séries, mais do que de um hiato temporal. Cf. Freud. *O movimento de um pensamento*. Campinas, Ed. Unicamp, 1989, pp. 55, 53.

no sujeito, germe do algo-outro estrangeiro implantado no sujeito (inconsciente), a tentativa de tradução pelo sujeito passa a ser o motor imóvel de sua temporalização. É assim que Laplanche pensa escapar ao dilema que ameaça a prática psicanalítica, de ser concebida como um puro determinismo (o outro em mim conteria já pronta a chave que tudo abre) ou como pura doação de sentido (o outro em mim é bruto, portanto aberto à doação de sentido, seja ele qual for, o que a torna arbitrária). Nem determinismo causalista (passado=presente=futuro), nem hermenêutica (presente=futuro=passado)[4]. Tanto a via progrediente quanto a retrógrada são recusadas. Em vez de priorizar a decisão ou a resolução evocadas por Heidegger, a análise privilegia a *Lösung* como *Auflösung*, a solução como dissolução, como decomposição, a passagem pelo passado como um subir a montante dissolvente, resolutiva.

O tempo da consciência

Além desse sentido do *Nachträglichkeit*, Laplanche também faz referência a um outro tempo em Freud, um tempo da consciência como originado na percepção. Tomando por referência o texto sobre o Bloco Mágico, ele nota que a origem da ideia de tempo estaria no modo de funcionamento descontínuo e intermitente do sistema Pept-Cs. Trata-se das duas camadas necessárias ao aparelho perceptivo. A primeira é como um escudo protetor: sua função é diminuir a intensidade das excitações que invadem o psiquismo. A segunda é uma superfície situada atrás desse escudo, e que recebe os estímulos já abrandados, o sistema Pept-Cs propriamente dito. Visto que a proteção dada pela primeira camada parece insuficiente, é acrescido um mecanismo de descontinuidade e de intermitência, num abre-e-fecha de flashs protetores. O tempo elaborado aí por Freud, como o nota Jô Gondar[5], é mais um conceito, uma ideia abstrata (tempo como sucessão de instantes) derivada do ritmo constante na alternância percepção/não percepção, consciência/não consciência. Ora, segundo Laplanche, essa ideia diz respeito mais à percepção dos instantes, ao tempo perceptivo (digamos, ao plano da temporalidade, no limite comum também ao animal) do que à temporalização do ser humano. Portanto é uma noção extrapsicanalítica, já que os conceitos maiores da psicanálise (sexualidade, recalcamento, defesa, transferência) não encontram aí nenhum lugar[6].

4) J. Laplanche. Le temps et l'autre. In *Psychanalyse à l'Université*, 1991, 16, 61, pp. 33-56.
5) Jô Gondar. *Os tempos de Freud*. Rio de Janeiro, Revinter, 1995, p. 40.
6) É inteiramente outra, como se sabe, a posição de Jacques Derrida, que no conceito descontinuísta do tempo sugerido por Freud no Bloco Mágico, associa a periodicidade (devir-visível alternando com apagamento, o brilho e o desvanecimento da consciência na percepção, em suma, a não excitabilidade periódica) e o espaçamento da escrita. A partir daí, ele pode dizer: "A temporalidade como espaçamento não será apenas a descontinuidade horizontal na cadeia de signos mas a escrita como interrupção e restabelecimento do contato entre as diversas profundidades das camadas psíquicas, o tecido temporal tão heterogêneo do próprio trabalho psíquico. Não se reencontra aí nem a continuidade da linha nem a homogeneidade do volume; mas a duração e a profundidade diferenciadas de uma cena, seu espaçamento". Para além do propósito de Derrida, de pensar a estrutura evanescente do traço e o espaçamento, é preciso dizer que suas observações cabem para a elaboração temporal do processo primário (tal como serão descritos no final deste capítulo). De algum modo o próprio autor o reconhece, ao escrever: "A cadeia fônica ou a cadeia de escrita fonética já estão sem-

A atemporalidade relativa do inconsciente

Coube a Maurice Dayan, no entanto, a partir de uma análise cuidadosa dos postulados freudianos a respeito da atemporalidade do inconsciente, revelar que seu sentido privativo só podia ser sustentado por Freud em contraposição ao tempo sequencial da consciência[7]. Em outras palavras, o inconsciente não é atemporal absolutamente mas relativamente, isto é, em comparação com o tempo do consciente-pré-consciente e na medida em que este é tomado como representante exclusivo do que seja um regime temporal. Pois é evidente que as três afirmações recorrentes de Freud sobre tempo no inconsciente deixam entrever uma temporalidade *positiva*. Como se sabe Freud diz que os processos anímicos inconscientes não são ordenados temporalmente que o tempo de modo algum os altera, e que eles não têm relação alguma com tempo[8]. Ora, nota Dayan, o terceiro enunciado não resume nem é a consequência necessária dos dois precedentes, sendo de longe o mais contestável. Pois com conceber processos (mencionados no primeiro enunciado) sem supor qualquer relação ao tempo? Um processo situa-se entre um antes e um depois. Além do mais, todos o pressupostos atribuídos por Freud ao inconsciente são impensáveis segundo a hipótese de uma atemporalidade absoluta. Por exemplo: a admissão de que o Ics é "vivo, capaz de desenvolvimento", que ele envia derivados, que ele "é acessível às ações exercidas

---

pre distendidas por esse mínimo de espaçamento essencial sobre o que poderão cevar o trabalho do sonho e toda regressão formal em geral". (*L'écriture et la différence*. Paris, Seuil, 1967, p. 325, grifo meu.)

7) Maurice Dayan. Déni de la mort et passage du temps. In *Psychanalyse à l'Université*, n. 15, 57. Paris, 1990, p. 16-21. Jacques Derrida, muito antes disso, no contexto de sua abordagem singular, sustentou o mesmo: "A atemporalidade do inconsciente é sem dúvida determinada apenas por oposição a um conceito corrente de tempo, conceito tradicional, conceito da metafísica, tempo da mecânica ou tempo da consciência. [...] o inconsciente certamente só atemporal em comparação com um certo conceito vulgar do tempo", in *L'écriture et la différence*, op. cit., p. 318. A validade da expressão "conceito vulgar" de tempo foi questionada pelo próprio autor, num denso escrito ulterior em torno de Heidegger ("Ousia e Gramme", primeira versão publicada em L'endurance de la pensée, coletânea coletiva, *Pour saluer Jean Beaufret*. Paris, Plon, 1968, retomado em tradução portuguesa in *Margens da filosofia*. Porto, Rés, s.d.)

8) "O Inconsciente": "Os processos do sistema *Ics* são atemporais, isto é, não estão ordenados em referência ao tempo, não se modificam pelo transcurso deste, nem têm, em geral, qualquer relação com ele. Também a relação temporal se acha ligada ao trabalho do sistema *Cs*". (versão partir de Sigmund Freud. *Obras Completas*. Buenos Aires, Amorrortu Ed., 1986, XIV, p. 184. Para as recorrências anteriores, cf. mesma página, nota 4.)

"Além do princípio de prazer": "Vimos que os processos anímicos inconscientes são em si "atemporais". Isso significa, em primeiro lugar, que não se ordenaram temporalmente, que o tempo nada altera neles, que não se lhes pode aplicar a representação de tempo. Eis algumas características negativas que só podemos conceber por comparação com os processos anímicos conscientes." (idem, XVIII, p. 28).

"Novas conferências introdutórias à psicanálise, XXXI": "No *isso* nada há que possa equiparar-se à negação, e ainda se percebe com surpresa a exceção ao enunciado do filósofo segundo o qual espaço e tempo são formas necessárias de nossos atos psíquicos. No *isso* nada há que corresponda à representação do tempo, nenhum reconhecimento de um decurso temporal e – o que é assombroso no mais alto grau e aguarda ser apreciado pelo pensamento filosófico – nenhuma alteração do processo psíquico pelo transcurso do tempo." (idem, XXII, p. 69).

pela vida, que ele influencia constantemente o *Pcs*", e que "ele mesmo, de seu lado, é submetido às influências por parte do *Pcs*"[9].

O comentário de Dayan vai no sentido de entrever no inconsciente não uma atemporalidade eternitária, mas antes uma desordem temporal, contraposta à ordem sucessiva do tempo no real. Embora haja uma menção rápida a uma possível multiplicidade temporal, ela é logo concebida como uma mera reversibilidade. Assim, se a ordem que rege o processo secundário postula que: 1) o que ocorreu não pode não ter ocorrido; 2) nada pode ser reproduzido de forma idêntica a si mesmo, e 3) todo acontecimento se distancia cada vez mais dos seres que foram seus protagonistas, – é preciso admitir então que no inconsciente regem princípios inteiramente outros: 1) o que aconteceu pode em certos casos ser anulado; 2) um acontecimento pode ser reeditado exatamente como foi conhecido e experimentado, e 3) nenhum acontecimento intercorrente pode tornar a coisa passada mais longínqua do ser a quem ela adveio.

De qualquer modo, a pista aberta por Dayan sobre a atemporalidade relativa do inconsciente, sua sugestão a respeito do sentido temporal dos processos inconscientes e, por fim, a menção a uma *multiplicidade* temporal no inconsciente já por si só são valiosas, embora ele mesmo não as tenha explorado positivamente[10].

Psicanálise versus fenomenologia

Num estudo sistemático em torno do pensamento de Freud sobre o tempo, Jô Gondar lembra, na esteira de Laplanche, que o tempo só é assunto para a psicanálise quando o sujeito está em questão, ou quando o sujeito pode ser posto em questão – embora não se trate, observa ela com acerto, de um tempo subjetivo[11]. Pois abordar a produção do sujeito não significa que se esteja tematizando o tempo tal como o sujeito o vivencia, ou tem consciência dele. Para retomar as categorias de Laplanche mencionadas no início deste capítulo, a psicanálise só tem algo de interessante a dizer sobre o tempo no plano da temporalização, mas isso nada tem a ver com o tempo vivido tão caro aos fenomenólogos. O tempo da psicanálise se distancia do da fenomenologia, segundo a autora, grosso modo, na medida em que para esta a consciência abarca tudo e sintetiza processos diversos, tais como percepção, imaginação e memória, reunindo numa única "presença" ou num único fluxo vivido séries diversas. O homem pode então estabelecer uma síntese entre momentos descontínuos, entre diversos "vividos", inserindo-se numa dimensão histórica. Para Freud, ao contrário, o aparelho psíquico não possui unidade nem qualquer função de síntese, é desmembrado em várias instâncias, com funcionamentos distintos, de tal modo que a percepção é desvinculada da memória, e a descontinuidade permanece dado básico (a percepção se realiza por intermitências, o discurso consciente interrompido por lacunas etc.). O principal é que ao separar consciência e memória tornando-as excludentes, Freud fecha a via

---
9) Citado por M. Dayan, de "O inconsciente".
10) Um outro aspecto importante desse texto de Dayan, que não podemos abordar aqui, diz respeito à negação da morte pelo inconsciente, e que distancia a psicanálise, nesse sentido, das filosofias do ser-para-a-morte. Isso será retomado mais adiante.
11) Jô Gondar. *Os tempos de Freud*, op. cit. As próximas páginas são um acompanhamento das argumentações e conclusões desse estudo.

para uma continuidade dada pela consciência, bem como para um tempo vivido contínuo. Acrescente-se a isso postulação de que nem todos os traços mnêmicos são vivenciais (nem tudo o que se mantém inconsciente foi vivido ou experimentado por um sujeito, p. ex. a protofantasias), e conclui-se que para a psicanálise não é o tempo vivido que introduz o homem na experiência da história, e não é através dele que se poderia pensar constituição de um sujeito.

A ideia forte que estrutura a pesquisa de Gondar, porém, consiste em postular em Freud, além da posterioridade e do tempo da consciência analisados por Laplanche mais dois outros tempos, os tempos da pulsão. Mas antes de percorrer em sua companhia essa via inspirada, cabe ainda dizer com ela algumas palavras sobre a famosa posterioridade, comentada acima apenas parcialmente e numa perspectiva sobretudo laplanchiana.

Hiato temporal

Vem de Charcot a ideia inicial de um hiato temporal entre trauma e sintoma, ma. o lapso de tempo é aí considerado como de uma espera para a manifestação dc sintoma, e não como o tempo de uma produção, visto que a causa do sintoma está localizada na violência sofrida pelo psiquismo no evento traumático. Já em Freud, à diferença de Charcot, os acontecimentos responsáveis pela causação neurótica são a do campo sexual, de um período infantil, b) é a lembrança que é traumática (os histéricos sofrem de reminiscências) e c) o trauma exige a participação de dois tempos em que o segundo, após a puberdade, por traço associativo, confere um caráter traumático à primeira experiência. A eficácia traumática depende pois do enlace entre duas representações, de modo que entre elas não há uma articulação cronológica mas lógica. Com o abandono da teoria da sedução, e a descoberta da sexualidade infantil, o lugar do trauma se amplia em direção à fantasia relacionada ao eixo Édipo-castração.

Para o trauma e o recalque surge a mesma lógica da posterioridade: o trauma só surge como tal ao ser evocado por uma segunda representação, assim como o recalque só se revela no retorno do recalcado. No limite, não haveria diferença no tempo entre o recalcado e o seu retorno, pois o recalque não poderia ser pensado como preexistente à produção do sintoma. É assim que todas as produções inconscientes serão encaradas em função de um *a posteriori*. Significa que o inconsciente não existe senão nas suas manifestações atuais, fora disso ele não é algo que possui uma realidade presente no tempo. Só podemos falar de suas irrupções, que são constituídas por uma operação temporal singular. Sabe-se a que ponto a escola francesa levou essa ideia a sério, ao colocar a ênfase na reorganização retrospectiva, nos momentos críticos que propiciam a reordenação das contingências anteriores. Criação e recriação do passado, reordenamento da memória, caráter plástico, fluido, pleno de volteios da história. Só há passado *après-coup*[12]. Se essa ideia for radicalizada, pode-se dizer,

---

12) Jacques Lacan. *O Seminário*, Livro I. Rio de Janeiro, Zahar Editor, 1983, sobre as funções do tempo na realização do sujeito humano, p. 21: "A história é o passado na medida em que é historiado no

como o sugere Gondar, que o inconsciente é uma *virtualidade*, que de forma súbita e descontínua se *atualiza* em brevíssimas manifestações; ele não está lá antes que um sintoma ou um ato falho sejam produzidos. Impõe-se, para falar do inconsciente do ponto de vista temporal, um *tempo da efetuação*, em que o sentido é que faz existir aquilo que o produz.

Seria possível pensar a contribuição de Lacan a partir dessa lógica, com os rearranjos dinâmicos, a estrutura temporal de pulsação, o abre-e-fecha pulsátil, o inconsciente emergindo num momento preciso mas inantecipável, esvaindo-se entre uma abertura e seu fechamento, etc. Nesse sentido, o retorno do recalcado, ponto culminante do processo, surge como segundo do ponto de vista cronológico, mas primeiro do ponto de vista lógico. Em suma, trata-se de uma modalidade temporal retroativa, em que o sentido do passado é dado a partir do presente. Mas também está em jogo uma temporalização, isto é, um modo pelo qual o sujeito se produz e se organiza no tempo. É um tempo intrínseco ao sujeito: o sujeito é capaz de engendrar um tempo próprio e, simultaneamente, é por ele constituído. Esse tempo não preexiste nem existe ulteriormente às operações de produção subjetiva.

Se reportamos de modo sucinto alguns elementos dessa retrospectiva, é porque desembocam num ponto singular. Em vez de pensar a posterioridade na relação passado-presente (com a consequente ideia de sucessão temporal aí implícita, e que o inconsciente despreza), Gondar tenta pensá-lo segundo o modelo do virtual-atual, na medida em que não preexiste às atualizações através das quais se manifesta. Eis aí, pois, um tempo que não flui, que não dura, sem por isso ser abstrato – é tempo real, tempo de produção, que no entanto prescinde da matriz da sucessão. Tempo não puntiforme, mas espesso, contraindo num único instante toda a rede da memória. A cada instante se institui um novo tempo, que emerge de forma repentina, irregular e inantecipável.

O tempo da pulsão sexual

Enquanto a posterioridade supõe essa descontinuidade no tempo, a pulsão, prossegue Gondar, se exerce com pressão constante e contínua no tempo. Se a ideia e o afeto apenas representam, essa representação psíquica deixa de fora um resto, de modo que a força não pode ser inteiramente abarcada na linguagem, ainda que só haja pulsão no falante. Assim, em vez de subordinar a pulsão ao campo do inconsciente, do representante ideativo, trata-se de pensar a pulsão também pela sua face exterior ao aparelho psíquico.

A satisfação plena à qual visa a pulsão é barrada pelo significante, obrigando a pulsão a uma perpétua substituição de objetos, a deslocamentos, tentando sempre mais uma vez, alcançar a satisfação impossível. Constante vaivém, sugerindo circularidade do percurso: circuito ao redor do objeto e retorno em direção à fonte

presente – historiado no presente porque foi vivido no passado." Ou, p. 22: "o fato de que o sujeito revive, rememora, no sentido intuitivo da palavra, os eventos formadores de sua existência, não é em si mesmo, tão importante. O que conta é o que ele disso reconstrói." Ou, p. 23: "O essencial é a reconstrução. [...] o de que se trata é menos lembrar do que reescrever a história".

para novamente recomeçar. Caráter repetitivo da atividade – o movimento visa sua própria repetição. Tempo em anel, que se fecha sobre si mesmo. Não é uma repetição enquanto reprodução (seria esse o caso do instinto), mas repetição diferencial, já que há satisfação parcial, mas nunca da mesma forma, sempre havendo um hiato entre esperado e o encontrado – mola da própria repetição. A repetição diferencial da pulsão sexual pode ser considerada então como *circular e irreversível*. Imagem de um tempo em espiral, onde a repetição não conduz à mesmidade, e o recomeço sempre si faz a partir de um novo momento. *Tempo bífido* (Morin), dissociado em dois tempos vivo e duplo, associado e dissociado...

O tempo da pulsão de morte

No entanto, esse percurso pulsional só é desse modo ordenado quando visto pelo lado de sua inscrição psíquica, necessariamente simbólica. Ou seja, é na medida em que pode ser capturada pela ordem simbólica (isto é, tornar-se representação psíquica ou seja, sexualizar o real, fazer do real uma realidade sexual) que se pode estabelecer sua trajetória e seu tempo.

Caberá perguntar, então, qual é o tempo da pulsão enquanto tal, vista pelo se outro lado, não o de sua representação psíquica. Ou seja, a questão aponta para a pulsão de morte, que é a pulsão por excelência, e cuja repetição é primeira. Ora, o que nela se repete não é nenhuma representação psíquica, mas uma pressão sem objeto ou direção, uma energia indiferenciada, ou não ligada, uma insistência sem descanso nem finalidade, sempre incomodando o equilíbrio psíquico[13]. Isso que se encontra mais além do princípio do prazer não poderia deixar de abalar, pela base, a hipótese de constância à qual se vincula o princípio do prazer.

Gondar se inspira aqui dos desenvolvimentos de Garcia-Roza para postular a pulsão de morte como a disjunção primordial, como potência disjuntiva, desagregadora e produtora de diferenças. Trata-se de uma desordem que faz emergir novas ordens[14]. As pulsões, aí, são entendidas como dimensão da desordem no campo psicanalítico, e tendo por imagem o redemoinho, o turbilhão, no qual o tempo trabalha simultaneamente para a dispersão e a organização, conforme a inspiração da física contemporânea, sobretudo de Prigogine. Um tempo irreversível e desintegrador que se transforma em tempo do recomeço e da organização, coexistindo

13) A pulsão de morte, para aquém dessas características, e por ser a pulsão por excelência, é, como diz Pontalis, o que está na própria raiz do inconsciente, aquém de qualquer inscrição primeira de elementos produtores de sentido (*Entre le rêve et la douleur*. Paris, Gallimard, 1977, p. 248), e que, como sugere Monzani, pelo seu caráter arcaico e cego, "espécie de força mecânica que se instila através de seus derivados", talvez explique porque tantos autores tenham preferido falar num 'instinto de morte", Deleuze entre eles (Monzani, op. cit, p. 227).

14) Um dos mais belos textos clínicos sobre o tema é de Nathalie Zaltzman, cujo título já por si só é revelador: *A pulsão anarquista*. São Paulo, Escuta, 1993 (traduzido de *Topique*, n. 24, 1980), onde ela diz: "Devolver às pulsões de morte suas formas de vida psíquica, deixar de reduzi-las a um negativo das pulsões libidinais, sexuais e narcísicas, possibilita a abertura de impasses terapêuticos" (p. 93). O que se esclarece quando frisa que uma "das ideias-chave da série de representações mentais da pulsão de morte é a de só poder estabelecer um laço duradouro sob o signo de uma ruptura iminente" (p. 31).

ambos como se fossem um só, tal como também o formulou Michel Serres. Cada ser complexo seria assim, como o dizem Prigogine e Stengers, "constituído por uma pluralidade de tempos, ramificados uns nos outros segundo articulações sutis e múltiplas"[15].

Nessa perspectiva, Freud não seria um pensador do convívio do diverso, porém, mais radicalmente, um pensador do trágico. A repetição pulsional, ali, está na origem de toda experiência de estranheza. A pulsão de morte faz subir a dispersão e o excesso a uma superfície precariamente equilibrada, ameaçando-a de dissolução. Jô Gondar vê aí a imagem sugerida por Hamlet e retomada por alguns autores contemporâneos, entre eles Deleuze e Derrida, a de um tempo fora dos gonzos. Tempo próprio a Hölderlin, destituído de toda ordenação causal capaz de encadear um antes, um durante e um depois: "O tempo está então sem governo, é o espírito da selvageria inexpressa e totalmente viva"[16]. Nesse tempo vazio não há causa e efeito, antecedente e consequente "em sucessões diversas, mas sempre segundo uma regra segura, que encadeia uns aos outros"[17]. Em outros termos, perde-se toda possibilidade de articulação temporal, seja qual for a regra que presida o seu encadeamento – regra da continuidade ou da descontinuidade, da duração ou do instante. No tempo trágico não há ordenação lógica nem cronológica; ao contrário, ele é vazio de toda ordenação; "é, propriamente falando, o não ligado"[18], o disperso.

Não há como relacionar esse tempo vazio a qualquer conteúdo material ou mnemônico (nenhuma representação) – tempo paradoxal, em que é impossível qualquer distinção entre o antes e o depois, ou entre passado, presente e futuro: na esfera trágica eles acontecem simultaneamente, já que nenhum conteúdo material ou traço mnemônico é capaz de marcar uma diferença entre o *até aqui e o doravante*.

É o tempo da pura repetição, não havendo algo que se repita. O que retorna é diferença, não a diferença com relação a um momento precedente, mas a diferença em si mesma, já que não há qualquer conteúdo a ela associado. Retorna apenas o movimento de tornar-se, sem que ainda se tenha tornado coisa alguma, diz Gondar. Embora Freud não o tenha tematizado desse modo, a pulsão de morte poderia ser

---

15) Ilya Prigogine e Isabelle Stengers. *A nova aliança*. Brasília, EUB, 1984, p. 211: "Hoje, a física não nega mais o tempo. Reconhece o tempo irreversível das evoluções para o equilíbrio, o tempo ritmado das estruturas cuja pulsão se alimenta do mundo que as atravessa, o tempo bifurcante das evoluções por instabilidade e amplificação das flutuações, e mesmo esse tempo microscópico e que manifesta a indeterminação das evoluções físicas microscópicas. Cada ser complexo é constituído por uma pluralidade de tempos, ramificados uns nos outros segundo articulações sutis e múltiplas". Quanto a Michel Serres, é grande sua insistência em que não há tempo universal, assim como não há espaço universal. Muito menos poderíamos atribuir uma direção única a um conjunto qualquer selecionado: enquanto numa das linhas que o compõem se vai da ordem à desordem, em outra vai-se da desordem à ordem, numa terceira passa-se de uma ordem a outra ordem. Nesse sentido, a vida comportaria uma duração bergsoniana ou uma evolução de tipo darwiniana, mas também uma precipitação em direção à desordem no sentido de Boltzmann, um afastamento do equilíbrio na perspectiva de Prigogine, um ritmo de tipo reversível tal como o concebia o pensamento mais antigo etc., e tudo isso concomitantemente. Seria preciso conceber a vida como multitemporal, policrônica, turbilhonar, sincronia dos vários tempos, com suas direções disparatadas. (*Éclaircissements – Entretiens avec Bruno Latour*. Paris, Flammarion, 1994, pp. 71, 89-92).
16) Hölderlin. *Remarques sur Oedipe, Remarques sur Antigone*. Paris, UGE, 1965, p. 71.
17) Idem, p. 49.
18) Idem, p. 49.

dessa ordem. Energia caótica, dispersa e excessiva. Numa energia indiferenciada, não podemos pensar marcações de presente, passado e futuro. Mas nem por isso devemos privá-la da temporalidade, e só o fazemos quando o comparamos com Cronos, em que o tempo pensável exclusivamente quando há um encadeamento lógico entre um antes e um depois, e quando diferentes representações permitem articulá-los. Na esfera do trágico, ao contrário, o tempo se dá como um vazio de determinações – um devir não ligado, disperso, sem governo.

Mas ligar a pulsão ao tempo implica retirar ambos de sua vinculação com a morte própria, biológica ou metafísica. Se a pulsão se relaciona à morte, é apenas na medida em que promove a morte de tudo o que é uno, possibilitando o surgimento do diverso potência disjuntiva, e não retorno ao inanimado. Não é da morte, da qual não temos nenhuma certeza e que não podemos antecipar[19], que o tempo retira o seu caráter trágico, mas de uma situação em que algo de dissimétrico aparece no interior do homem. A insistência dessa pulsão de morte engendra o tempo fora dos gonzos (que deve ser articulado pelo psiquismo), um campo onde o tempo deixa de ser um modo de operação para apresentar-se em estado puro.

Entre o inconsciente e o consciente, há uma alteridade relativa, passível de sei descrita como diversidade de lugares psíquicos, cada qual possuindo seu regime temporal determinado. Mas entre o psiquismo e a pulsão haveria uma alteridade radical, não mais pensável em termos tópicos (lugares psíquicos) e não demarcável com relação a regimes de tempo. Trata-se de uma relação entre o estruturado e o disperso, a representação e o irrepresentável, a função organizadora do tempo e um estado de indeterminação em que ele não se liga a nenhum traço mnemônico. Eterno retorno do outro, do Estranho, ameaçando destruir as articulações impostas por Cronos (mesmo que estas não sejam necessariamente circulares). Mas se a pulsão é determinante da temporalização humana, é o seu tempo selvagem e não ligado que o psiquismo tentará dominar, produzindo modos de encadear lógica ou cronologicamente o antes e o depois, transformando o tempo puro em ordenações temporais.

Os tempos de Freud

Eis então, em conclusão, os quatro tempos de Freud, segundo Gondar:
1) a ideia abstrata de tempo, proveniente da descontinuidade do funcionamento perceptivo;

---

19) O "ser-para-a-morte" das filosofias da existência modernas, escreve Pontalis, na antecipação que propõem, apenas reacendem um ideal humanista de controle da morte. E cita Jean Baudrillard, em *L'échange symbolique e la mort*. Paris, Gallimard, 1976: "O terrorismo da autenticidade pela morte: ainda um processo secundário pelo qual a consciência recupera sua 'finitude' como destino, por uma acrobacia dialética. A angústia como princípio de realidade e de liberdade, é ainda o imaginário, que substituiu na fase contemporânea o espelho da morte ao da imortalidade [...] Inteiramente outra coisa com Freud. Não há mais sublimação, mesmo trágica, nem dialética possível com a pulsão de morte.". Pontalis, em *Entre le rêve et la douleur*, op. cit. Comparar com a análise de Blanchot sobre o estratagema de Kirilov em *Os possessos*, de Dostoievski (L'Espace littéraire. Paris, Gallimard, 1955, "Rilke et l'exigence de la mort").

2) a posterioridade, regendo as operações inconscientes;
3) o tempo circular e irreversível da pulsão sexual no psiquismo;
4) o tempo puro e vazio da pulsão de morte.

Entre eles haveria em comum uma imagem da inquietude (já era esse o termo empregado por Hegel para o tempo), do não-repouso, da disjunção, pela qual o Mesmo é impedido de reunir-se ao Mesmo. A disjunção no inconsciente situa-se entre o real e a representação que permite contorná-lo, produzida apenas *a posteriori*; na pulsão sexual, entre os quatro termos (fonte, pressão, finalidade, objeto), possibilitando seu circuito espiralado; a pulsão de morte, por sua vez, é o disjuntivo por excelência. Pensar o tempo sob a égide da disjunção e da diferença, eis aí, portanto, uma das possíveis contribuições de Freud ao pensamento do tempo.

Chegados a essa conclusão, não podemos dissimular certa surpresa com a recorrência de categorias deleuzianas nesse rico trajeto proposto por Gondar, algumas delas funcionando a título de chaves de leitura na pesquisa sobre os tempos em Freud. Vejamos: o inconsciente próximo ao *Virtual*; a pulsão sexual como um *Eterno Retorno da Diferença*; a pulsão de morte como o *tempo fora dos gonzos, tempo vazio*, não subordinado a qualquer conteúdo (mnemônico), *tempo puro, tempo selvagem*, não Cronos, disjunção por excelência... Dando-se a articulação entre eles sob o signo da *Diferença*.

Seria descabido de nossa parte qualquer reticência frente a uma tal inspiração. Muito ao contrário, só podemos saudar vários dos ganhos teóricos advindos dessa direção. Por exemplo, retirar o inconsciente freudiano da problemática do encadeamento passado-presente, arrastando-o em direção à lógica do virtual-atual, pode favorecer uma perspectiva fecunda. Ademais, torna mais fácil repensar o lugar das figuras da negatividade na psicanálise, ou, para dizê-lo com as palavras pouco dóceis de Foucault, pode ajudar-nos a desertar o modelo repressivo que tem dominado o pensamento sobre a sexualidade. Ou ainda, como o expressou Deleuze num escrito bem anterior, pode auxiliar-nos a abandonar a concepção reativa da vida psíquica[20]. Do mesmo modo, pensar o não ligado da pulsão de morte sob o signo do tempo puro, ou selvagem, poderia ajudar a esclarecer o seu regime, embora a contraposição entre uma tal pulsão caótica e uma estruturação ordenadora do inconsciente, numa subordinação extrínseca, corre o risco de reproduzir dicotomias já antigas do pensamento[21].

20) "Pode-se imaginar o que Nietzsche teria pensado de Freud: aí ainda, ele teria denunciado uma concepção muito 'reativa' da vida psíquica, uma ignorância da verdadeira 'atividade', uma impotência em conceber e em provocar a verdadeira 'transmutação'". G. Deleuze. *Nietzsche e a filosofia*, Rio de Janeiro, Ed. Rio, 1976, p. 95n. Texto capital, sem dúvida, que já traz embutido todo o programa realizado por Deleuze ulteriormente, em companhia de F. Guattari.

21) A esse respeito, reproduzimos a seguinte citação de Deleuze: "frequentemente o caos e o ciclo, o devir e o eterno retorno foram combinados, mas como se pusessem em jogo dois termos opostos. Assim, para Platão, o devir é ele próprio um devir ilimitado, um devir louco, um devir hybrico e culpado que, para ser colocado em círculo, precisa sofrer a ação de um demiurgo que o envergue pela força, que lhe imponha o limite ou o modelo da ideia; o devir ou o caos são repelidos para o lado de uma causalidade mecânica obscura e o ciclo é referido a uma espécie de finalidade que se impõe de fora; o caos não subsiste no ciclo, o ciclo exprime a submissão forçada do devir a uma lei que não é sua [...] Só Heráclito pressentiu que o caos e o ciclo em nada se opunham." (G. Deleuze. *Nietzsche e a filosofia*, op. cit., p. 24.) A solução filosófica mais radical está, segundo Deleuze, do lado da univocidade do ser: cf. *Diferença e repetição*. Rio de Janeiro, Graal, 1988, pp. 473-476. Quanto à pulsão de morte, Deleuze mesmo vai pensá-la em sua relação com o corpo-sem-órgãos, cf. L. Or-

As abordagens até aqui apresentadas nos levam rapidamente à conclusão de que não se pode falar no "tempo da psicanálise", mas nos "tempos da psicanálise segundo sua multiplicidade teórica", cuja amplitude não teríamos a ingenuidade de pretende esgotar nos limites restritos do que aqui nos propusemos. Só podemos constatar que esse leque teórico tangencia abordagens filosóficas diversas, e, a exemplo do que aconteceu na psiquiatria hermenêutica, tal como o mostramos no capítulo precedente também a psicanálise pós-freudiana está constantemente permeável ao influxo do conceitos que circulam na cena filosófica – afinal, como poderia ser diferente? En algum momento eles vinham predominantemente de Hegel ou de Heidegger, não deve surpreender, pois, que hoje venham também de Deleuze, Wittgenstein ou Rorty.

O infantil

Um dos trabalhos interessantes numa perspectiva ligeiramente distinta das mencionadas até o momento, e parcialmente inspirada em Heidegger, pertence a Pierre Fédida. O tempo da memória, diz ele, tomando de empréstimo a Henri Maldiney uma análise sobre o tempo do *épos* contraposto ao tempo do logos, é um tempo que torna presente figurando[22]. A figurabilidade (*Darstellbarkeit*) própria ao sonho poderia caracterizar essa presentificação, na medida em que esse presente da imagem não é uma categoria temporal em que se situa e discrimina épocas, dimensão do tempo histórico, mas um passado-presente. Que estatuto dar a esse passado-presente em Freud? E, diz Fédida, o infantil (não a infância), o recalcado feito de imagens visuais. "O infantil – todo ele mascarado por sua própria evidência de imagem visual no presente – qualifica sem dúvida menos um conteúdo mnésico de imagem do que a imagem enquanto ela é o conteúdo sensorial da coisa de nome perdido [...] o infantil é menos um passado histórico do que o estado dado da linguagem como sonho: ele é o nome infans, quer dizer no estado de impronunciável". O sonho, assim, é a atualização de um "presente absoluto de um passado anhistórico", e que cabe ao nomear não rememorar, mas construir. Em vez de uma rememoração totalizante em busca da infância longínqua, essa construção via o fragmentário visa reduzir todas as temporalidades históricas a uma temporalidade anacrônica, e que consiste na relação entre passado memorial/ presente absoluto, sustentada pela linguagem[23]. A construção pela linguagem é a de um passado irrepresentável, passado que nunca houve senão nessa linguagem que pode dar a ver o que ele nunca viu senão num estado impronunciável. A construção é o pronunciável da memória do infantil[24]. Não podemos

landi. Pulsão e campo problemático. In *As pulsões*, Hyppólito de Moura (org.). São Paulo, Escuta, 1995, pp. 181-4, op. cit.
22) Pierre Fédida. Passé anachronique et présent reminiscent. In *Écrits du temps*, n. 10. Paris, Ed. Minuit, 1985.
23) "O inconsciente na condição de *atemporal* (ou fora-do-tempo) se designa segundo essa *anacronia* tomando possível um *presente do infantil* no atual", in P. Fédida. *Le site de l'étranger*. Paris, PUF, 1995, p. 12.
24) "A construção *autoctoniza* a memória do infantil e a interpretação que dela procede no presente apresenta em *figura* o que não pode, do infantil, ser nem rememorado nem imaginado [...] Se Freud atribuiu ao sonho uma função de paradigma técnico-teórico foi porque o sonho continua sendo, por assim dizer, o modelo da memória do *infantil* e que a construção – inerente à atividade de lin-

desenvolver aqui essa relação entre a linguagem (do *épos*), o presente absoluto e o passado anhistórico, apenas sublinhar a inspiração heideggeriana que o texto, através de uma longa citação do "Discurso de Roma" de Lacan, explicita. No trecho citado por Fédida, por exemplo, está em questão o estatuto da rememoração (hipnótica), enquanto uma reprodução do passado, sem dúvida, mas sobretudo enquanto uma "representação falada e como tal implicando toda sorte de presenças"[25]. Aí, o sendo marca "a convergência dos tendo sido". Essa temporalização, que Fédida sublinha, é a contraface do nascimento da verdade na fala. Mas a sequência do trecho de Lacan insiste, mais do que o texto de Fédida deixaria entrever, na dimensão do futuro:

"Sejamos categórico, não se trata na anamnese psicanalítica de realidade, mas de verdade, porque é efeito de uma fala plena reordenar as contingências passadas dando-lhes o sentido das necessidades por vir, tal como as constitui o pouco de liberdade por onde o sujeito as faz presentes.[26]"

Será que reencontramos aqui o esquema simplificado que Laplanche desenhou para as filosofias da existência: presentefuturopassado, ou mesmo uma variante passadofuturopresente? É difícil responder com os poucos elementos que reunimos. Por exemplo, será que em Fédida a própria ideia de "passado" não é revista, uma vez que está em pauta "o infantil", e não o passado ou o tendo sido? E não seria preciso dizer que já para Lacan ocorre uma des-substancialização do passado? Mas em contrapartida, as "ressubjetivações do acontecimento", entendidas como reestruturações, na ótica dos "momentos de concluir" sugeridas por Lacan enquanto doadores de sentido[27], não seriam justamente sugadas pela flecha do futuro, dando razão ao menos parcialmente ao esquema de Laplanche?

O trabalho do tempo

Coube a Sylvie Le Poulichet assinalar o quanto Freud se refere a um trabalho no tempo e do tempo, mas não a um trabalho do tempo, a exemplo do que ele postulou como um "trabalho do sonho" ou um "trabalho do luto". É esse o sentido da instigante reflexão desenvolvida pela autora em seu livro *L'oeuvre du temps en psychanalyse:*[28] apreender a natureza do trabalho do tempo do inconsciente.

O que a experiência analítica teria de mais próprio é o encontro, na transferência entre um tempo que passa e um tempo que não passa. O inconsciente é o campo do tempo que não passa, dos processos que nenhuma cronologia ordena, dos desloca. mentos, condensações, projeções, introjeções, inversões, identificações, regressões por figuração etc. O hiato entre "Eu sou consciência

---

guagem na situação analítica – é *desimaginação* da imagem da fala transferencialmente escutada e colocação em *figuras* da memória do infantil. O *epos* é, portanto, esse passado que anacroniza o tempo do discurso para restituir à fala os tempos implicados na sua enunciação: com efeito, é desde esse lugar de um passado em abismo que se desenham (se escrevem) as figuras que a interpretação – assim como o sonho – fala como lugares no presente." P. Fédida. Teoria dos lugares 1. In *Nome, Figura e Memória*. São Paulo, Escuta, 1992, p. 118.

25) J. Lacan. *Écrits*, v. 1. Paris, Seuil, p. 132.
26) Idem, p. 133.
27) J. Lacan, Le temps logique et l'assertion de certitude anticipée. In *Écrits*, op. cit.
28) Sylvie Le Poulichet. *L'oeuvre du temps en psychanalyse*. Paris, Payot & Rivages, 1994, p. 11.

do tempo" e o "isso devém" do processos inconscientes, eis a distância entre o tempo que passa e o que não passa entre o "isso me acontece agora" e o devir anônimo, em perpétua colisão.

Ora, no prolongamento do ensaio de Dayan sobre o tempo, é inconcebível admitir a formulação de Freud de um processo inconsciente atemporal. Mas a autora acrescenta que os processos inconscientes não podem ser modificados pelo tempo justamente porque eles neles mesmos já são formas do tempo, modos de passagem, tempos instauradores de passagens que animam a vida psíquica. Todas essas transformações são assinaladas por Freud, mas ele ainda lhes acrescenta uma evolução ("o representante da pulsão conhece um desenvolvimento menos perturbado e mais rico quando ele está subtraído pelo recalque à influência consciente. Ele então prolifera, por assim dizer, na obscuridade..")[29]. Eis então não só uma preservação, mas a proliferação! No jogo da energia livre que caracteriza o processo primário, tudo devém e nada cessa, pois nada devém passado, complementa a autora. Os acontecimentos pulsionais se encontram nessa presença movente, jamais fixados. O tempo onde tudo devém mas nada passa, pois nada cessa, é difícil de ser pensado, já que o pensamento é já produção de um tempo que passa, que escoa.

Os processos inconscientes são regidos por um tempo que não passa, mas que é o modo da passagem, e que jamais se torna passado para alguém. "Os tempos inconscientes são devires impessoais, porque não passam para ninguém. Essa persistência ou essa presença movente não pode desde logo conhecer 'sentido único' nem um 'bom senso', pois aqui os significantes não cessam de deslizar sobre aquilo ao que remetem sem jamais parar verdadeiramente. Onde vão eles e para quê? perguntar-se-á... Para lugar algum e para ninguém pois não há direção, só passagem que persiste. E sob essas passagens, efetua-se o 'impulso constante' da pulsão, o *Trieb*...[30]"

O tempo que não passa

Assim, nos processos inconscientes nada cessa, nada desaparece, nada é expulso, numa insistência em que nada tem fim, desfecho, conclusão, embora nada aí seja idêntico ou imóvel ou permanente. Trata-se da permanência de devires que não podem encontrar localização temporal, ordenação temporal, segundo um antes e um depois, de tal modo, por exemplo, que um acontecimento como "quebrar" ou "sofrer a influência de raios" não encontra um termo. Embora na transferência, num "parênteses de tempo", algo pode *acontecer*, isto é, uma identificação, onde a escuta do analista dá ressonância aos tempos na fala.

A autora dá belos exemplos em que esse devir impessoal do inconsciente (por exemplo, "isso morde") se manifesta de maneira diferente na fobia (o cavalo morde), numa imagem que limita e espacializa o tempo louco do "isso morde". A fobia barra o que não cessa. A histeria de conversão também pode "espacializar"

---

29) Freud. *O recalque*, cit. por Le Poulichet.
30) Le Poulichet, op. cit., p. 46.

o tempo num órgão, para localizar o excesso do que não cessa. Ou na neurose obsessiva, nas tentativas de dominar o tempo, deixando de fazer aquilo que sendo feito justamente perderia o valor etc. Na toxicomania, na bulimia, na anorexia e em certos episódios somáticos, formações narcísicas, aquilo que não cessa investe uma "figura" do corpo, organizando um tempo que *não* passa ou realizando um devir circular, *autocronia* ou *tempo canibálico*. Ou ainda no traumatismo, em que o que não cessa aparece num acontecimento.

Trata-se então de dois níveis distintos de abordagem. No primeiro estão em jogo o inconsciente e seus processos. No segundo, o inconsciente na sua relação a outras instâncias. O nível dos processos inconscientes onde nada cessa, diz Le Poulichet, é o do tempo puro. O que melhor o exemplifica é o sonho. Em vez de uma perspectiva, a pulverização do eu através da identificação do sujeito com os objetos. Assim, o tempo da representação do sujeito se dilui em proveito do tempo da figuração, um pouco como o descreveu Fédida, tempo do imemorial infantil em que os objetos não cessam de captar o desejo do sonhador, e em que esse se torna presa dos tempos dos objetos evanescentes, transformados, em constante metamorfose. As figuras não são elementos, mas atualizações do tempo na imagem, elas agenciam passagens, são passagens. O que resulta daí é, evidentemente, um tempo que ignora a distinção passado-presente-futuro, tempo exclusivamente das trocas e metamorfoses, em que sucessões e simultaneidades se encavalam, numa "superfície em devir instável". Não há uma flecha do tempo no sonho, uma direção, nem duas, mas um campo saturado de linhas e de ligações, instaurando um "tempo de composição" dessas linhas. Aí são viáveis encontros impossíveis, há montagens pulsionais de incompossíveis. Os tempos pulsionais no sonho, através das figuras (passagens): por exemplo, ver, ser visto, se fazer ver, ser inundado pelo prazer do olho num sonho que mostra uma mão passando água sobre um olho... Trabalho de autofiguração pulsional, o tempo do sonho é processo de transformação que compõe e que cria o original inconsciente (e não que o reproduz deformado).

Acontecimento

Toda a perspectiva de Le Poulichet supõe esse descentramento temporal como condição para os acontecimentos psíquicos, de modo que o sujeito é apenas um ponto que se desloca sobre essa superfície de temporalidades plurais, cada uma delas sendo sujeito de um tempo que nos atravessa. E que na transferência, nesse encontro entre o tempo que passa e o que não passa, os tempos diferentes que permaneciam cegamente isolados, na sua lógica própria, podem cruzar-se e percutir, provocando mudanças psíquicas. Pois esses tempos psíquicos em seus devires anônimos e funcionando de modo autônomo, com uma lógica implacável, são fonte de sofrimento psíquico, que uma "teoria dos tempos" deveria poder pensar. A conjunção e ressonância de tempos que não se encontram, a presentificação de simultaneidades, a "identificação" (no instante de uma fala) de duas ou mais séries temporais são maneiras de fazer ressoar o acontecimentos psíquicos. O analista seria assim esse lugar anacrônico, lugar de encontro dos diferentes tempos, onde por fim aquilo que não cessa pode acontecer, e o sujeito pode deixar de coincidir com o acontecimento para contá-lo.

De qualquer modo, é preciso supor que o acontecimento seja ele mesmo o encontro entre o traço errante de um primeiro incidente coincidindo com o traço de um incidente atual, e nessa simultaneidade de incompatíveis abole-se o tempo e se dá a fulguração de uma presença inesperada, simultaneamente. Abolição e afirmação dc tempo, de todo modo, nisso que ela chama de "identificação" de duas presenças, através de um acontecimento que atinge o corpo. Não se trata de lembrança de um sujeito, mas de algo anterior ao sujeito, abrindo espaço para um acontecimento e rompendo a trama temporal. E um anacronismo, que ainda não constitui o inconsciente, mas que abre passagens entre os diferentes tempos que conjugam o corpo na linguagem, tarefa propriamente analítica.

Inconsciente multitemporal

Não cabe aqui aprofundar essa perspectiva. Retenhamos sobretudo essa característica multitemporal do inconsciente, o modo como esse "tempo puro" do processe primário é pensado como uma superfície de devires e metamorfoses, como um lugar de *passagens*, mas do qual está justamente excluída a tripartição passado/presente/futuro. Não menos interessante nos pareceu a ideia do tempo identificante como o do encontro de linhas temporais diversas, bem como o lugar errante e errático de um sujeito pulverizado deslizando sobre essa superfície multilinear, onde precisamente cada linha temporal se torna um *sujeito*[31]. Vemos aí uma das tentativas mais ousadas de dai carne ao pensamento do tempo subjacente à obra de Freud, partindo da ideia de que suas formulações explícitas a respeito, carregadas de ambiguidade, como o mostrou Dayan, devem ser iluminadas pelo que de mais inventivo traz sua descoberta sobre o processo primário.

Eu resumiria então a originalidade do estudo de Le Poulichet, desde a nossa perspectiva, em três características mais gerais. Primeiramente, a atribuição de uma positividade ao tempo do inconsciente, sem substancializá-lo. Segundo, mostrar como essa positividade é criadora e produtiva, longe de qualquer ideia do inconsciente como um depósito, um teatro, um arquivo de cenas. Por último, a elaboração de um tempo alheio à matriz do tempo da consciência e de sua cronologia, isto é, de sua mais elementar tripartição, ou mesmo bipartição (antes/depois).

Não será difícil perceber por que esse estudo nos interessou particularmente, no interior da literatura limitada que nos foi dado consultar no campo psicanalítico. Embora contenha intuições lacanianas originais a respeito da posterioridade, não restringe a esse aspecto a questão do tempo na psicanálise. Assim, extrapola o leque exposto por Laplanche a respeito das atitudes possíveis quanto a uma

---

31) Não se trata de uma tendência-sujeito, tal como Deleuze a descreve em seus comentários a Bergson (La conception de la différence chez Bergson. In *Les études bergsoniennes*, v. IV. Albin Michel, 1956 p. 85)?

filosofia psicanalítica do tempo, e recua, via processo primário, para aquém da tripartição do tempo em presente-futuro-passado. O que aí se vê recusado é nada mais nada menos do que a problemática vigente a respeito do encadeamento do tempo, que tanto obseda o pensamento em geral, não só o da psicanálise. De qualquer modo, para uma reflexão substantiva em torno da psicose, uma tal recusa representa um ganho de valor inapreciável.

DA PSICOSE

> L'avenir est rare, et chaque jour qui
> vient n'est pas un jour qui commence.
> Maurice Blanchot[1]

O vazio e o esquecimento

Um dos textos mais sugestivos a respeito do tempo na psicose, no domínio psicanalítico, é do psiquiatra e psicanalista Jean Oury, fundador e diretor da Clínica de La Borde, no sul da França. Trata-se de um escrito alusivo, volteante, eminentemente clínico, apoiado em fontes que vão desde os pré-socráticos até Lacan ou Blanchot. Como se verá, a tentativa de uma tripla articulação entre tempo, psicose e psicanálise representa apenas um dos méritos, e nem por isso o maior, desse pequeno texto cuja síntese tentamos a seguir[2].

O argumento principal de Oury é que na psicose, estruturalmente falando, o que não ocorreu é aquilo que Freud chamou de recalque originário. Em outros termos, o que o esquizofrênico não pode fazer é esquecer, como se ele tivesse uma lesão do esquecimento. Não o esquecimento dos acontecimentos, mas do vazio, desse "inteiramente outro", hostil, sempre ameaçador, contra o qual não tem proteção alguma. Trata-se de um vazio que não pôde ser encerrado (e em torno do qual algo poderia ter sido inscrito, assim como antigamente cidades nasciam ao redor de túmulos), e que portanto vaza – hemorragia do vazio. Não houve uma clivagem primordial (entre instâncias), daí a múltipla clivagem, a dissociação. Impossibilidade portanto, para o esquizofrênico, de atingir esse ponto do esquecimento, que, estranhamente, também é o da espera. Ponto que corresponderia ao que designa o belo livro de Blanchot, *L'attente, l'oubli*, que se poderia traduzir por *A espera, o esquecimento*.

Anterior ao ponto do esquecimento haveria, pois, um ponto de horror. É um ponto pré-especular, diz Oury, anterior ao terceiro momento, segundo Lacan, aquele da pressa (momento de concluir) em que nos precipitamos na imagem "que

---

1) O porvir é raro, e cada dia que vem não é um dia que começa. Maurice Blanchot. *La bête de Lascaux*. Montpellier, Fata Morgana, 1992, p. 23.
2) Jean Oury. La temporalité dans la psychose. In *La folie dans la psychanalyse*, Verdiglione (org.). Paris, Payot, 1977. Utilizaremos também uma variante desse mesmo texto ("La psychose et le temps"), fruto de uma palestra proferida num colóquio organizado por Henri Maldiney na Faculté de Lyon em novembro do mesmo ano (1976), e publicado em *Onze heures du soir à La Borde*. Paris, Galilée, 1980, pp. 175-197. Os dois textos se complementam e explicitam mutuamente, e ressoam com alguns outros que também aproveitamos para essa síntese, e cuja referência será dada oportunamente.

se terá a loucura de chamar de o eu". Isto é, quando não somos psicóticos podemos precipitar-nos, jubilar na gesticulação a fim de não ficar nesse ponto de parada, e assim antecipar a própria imagem, a finição do nosso corpo e de um controle corporal. Para o psicótico, ao contrário, através da imagem, e da imagem própria, dá-se uma intrusão da imagem alheia, num movimento de precipitação indefinido também sobre a imagem de um outro, ao infinito. Nessa imagem especular, um vetor é orientado para um pseudoinfinito, sem interrupção, vetor paranoico "com todas as transitividades e suas projeções e identificações precipitadas". Todo o problema de uma psicoterapia será, segundo Oury, interromper essa precipitação sem colocar-se a si mesmo nesse vetor.

Jorramento e decisão

Mas o que está em jogo nesse horror, do ponto de vista temporal? Para responder a essa questão, Oury evoca os tempos do grego antigo referidos por Henri Maldiney. Primeiramente o **aion**, considerado a fase do surgimento do tempo, de seu jorramento (corresponde ao aoristo grego), que é a expressão de uma tensão de duração que vem de parte alguma, sem origem, espécie de ilimitado (apeiron), que tem algo a ver com um jorrar saltitando e que seria próprio aos esquizofrênicos. Neles o que não há, como já foi mencionado em capítulo precedente, é a fase do tempo correspondente ao **kairós**, o momento oportuno, da decisão, a partir da qual se pode localizar justamente o jorrar do tempo, ou seja, seu começo (e não sua origem). E esse o ponto difícil de sustentar (numa terapia de esquizofrênicos, por exemplo), de coincidência entre o aion e o kairós, o jorramento indefinido e ilimitado e a decisão ou momento oportuno a partir do qual esse jorramento vira começo, e que para Oury constitui um "sítio do dizer", o "lugar por excelência", capaz de fornecer uma parada à corrida imaginária e interminável.

Por um lado, que Oury chama de "narcisismo originário", o ponto pré-especular, ponto de horror, ponto de parada, ponto de estupor, ponto de simbiose, mas também ponto de surgimento primordial, do ritmo e da temporalidade, que vem clausurar um espaço *desde que haja* "assentimento da alma". Apenas a partir de um tal assentimento pode-se situar um segundo ponto localizado no estádio do espelho, homeomorfo, o ponto cinza, mancha puntiforme de Paul Klee, pela qual este quis indicar o ponto que representa o caos, o ponto de surgimento primordial da forma, ponto de surgimento da forma do tempo, "cronogênese primordial", ponto de interrupção da linha de fuga ao infinito, ponto de um certo ajuntamento do que se passou no ponto de horror, ponto do "corpo reconhecido", como o sugere Gisela Pankow. E no jogo entre os dois pontos mencionados que se deve poder sustentar o "ponto" do esquecimento-espera, ponto de aion-kairós, para o qual se requer sobretudo a paciência no tédio insípido...[3] Em suma, o ponto da transferência seria não a síntese, mas o jogo sincrônico entre

---

3) J. Oury refere-se ao comentário sobre o dito no Evangelho de São Lucas: "Na paciência, conquiste sua alma", feito por Kierkegaard, que ironizava aqueles que a buscam por toda parte ou aqueles que esperam vinte anos e se impacientam, ignorando que a alma é o próprio exercício da paciência: intransitividade. J. Oury. *Création et schyzophrénie*. Paris, Galilée, 1980, p. 38.

o ponto de estupor e o ponto cinza, fazendo com que o ponto de horror aceda ao ponto de aurora[4].

O sério e a precariedade

Isso implica numa regra terapêutica importante, em que a escuta é o sério e a precariedade, onde se deve evitar projetar aquilo que foi escutado, através de uma atenção absoluta, para uma dimensão histórica, já que é precisamente a temporalidade histórica que está desfeita. A historicidade só tem início uma vez dada a junção unitária do corpo, delimitação, ou personalização (Winnicott), caso contrário se fica numa dimensão pseudointegrativa. Daí a exigência, na clínica da psicose, de um misto de sério (substitutivo de Lacan ao *Sorge* heideggeriano e ao projeto sartreano), de precário e de humor[5]. Pois é preciso lembrar que o psicótico está num esforço constante de construção ou reconstrução (também do corpo) para fazer face à ruína, à catástrofe, ao desmoronamento cotidiano, numa espécie de repisamento infindável (*ressassement*: Blanchot), onde com uma mão se vê obrigado a sustentar erguida a cortina, com a outra a movimentar-se no palco em que aparece, com o risco-pânico permanente de que a cortina desabe e encubra tudo (Tosquelles)[6]. A obra do psicótico é si mesmo, seu processo criativo consiste numa reconstrução de si, o que só é possível a partir do "sítio do dizer", de um lugar de emergência, e que apenas se constitui como tal na medida em que é também um lugar de ajuntamento.

A precariedade visa o "narcisismo originário", pré-especular, onde o gozo se dá ao nível dos pequenos canais de infiltração e de deslocamento numa superfície energética, e que não deve ser recoberta por injeções de autoerotismo, mas trabalhada para que se possam depositar primeiras inscrições, *Wahrnehmungs-Zeichen*, signos de percepção (Freud, carta 52)[7]. Na precariedade, favorecer zonas de inscrição, de depositação suave. Ao evocar a hipersensibilidade dos psicóticos aos materiais (a terra, a madeira, o ferro), Oury fala de uma espécie de acesso direto ao lugar de efervescência, de produção, de sensibilidade estética. É, diz ele, o lugar do ritmo, o "inconsciente a céu aberto" desinveste as representações de coisas, e as palavras são tratadas como coisas. Mas antes das coisas mesmas e do sentido que constituem, está o *ritmo*. E precisamente o que está perturbado na psicose. A esquizofrenia como transtorno do ritmo.

---

4) Não podemos esmiuçar aqui o complexo esquema desenhado por Oury, derivado de três esquemas de Lacan (do espelho côncavo, do vaso e do espelho plano). Cf. *Onze heures...*, p. 185.
5) J. Oury. II *donc*, op. cit., pp. 52-55.
6) "A cada vez que a cortina cai, nós a erguemos, talvez com angústia, mas não sem energia, O que desvela o drama humano não é a sequencia pitoresca dos acontecimentos que o constituem, mas sobretudo a existência do herói que, transpirando de angústia, ergue a cortina para fazer-se aparecer e nascer na vida. O louco continua esse manejo sem parar." Tosquelles. *Le vécu de la fin du monde dans la folie* (escrito em 1948), cit. por Oury, *Création et Schyzophrénie*, op. cit., p. 53.
7) J. Oury. *Il donc*, op. cit., p. 61.

Antes do tempo

Se seguimos atentamente o texto de Oury, com a referência posterior à noção de *chôra semiótica* de Kristeva (o espaço apenas vetorizado, receptáculo, área, meio campo transicional em Winnicott, mas também *hylé*, matéria do "narcisismo originário"[8]), vemos como que um recuo a partir de certas observações sobre fenomenologia da psicose, a começar pelas subestruturas temporais (a paciência, o tédio, a fadiga, a usura), em direção a uma espécie de tempo anterior à temporalidade e à própria temporalização (dadas, segundo a perspectiva de Oury, em função dc estádio do espelho), tempo caótico mas não informe, descritível em função de um espaço difluente, concebido antes como um campo potencial que só num depois se revela como tal. "O que havia antes de Adão? Não há resposta. O que havia antes que o corpo fosse como conjunto, que houvesse unidade? Só o saberemos depois"[9]. Estamos em plena lógica do *après-coup*. Na psicose o que conta é esse espaço pré-representativo, pré-intencional, pré-perceptivo, pré-predicativo, constituindo toda uma zona do *pré*. Fábrica do Pré, diz o título de um livro de Francis Ponge. E justamente essa "região do pré" que é visada pelo que se poderia chamar de relação pática. O pático diz respeito às sensações primordiais, sentimentos vitais, tal como os definiram Viktor von Weizsäcker e Erwin Straus. Antes mesmo de um ser-no-mundo, há um Sentir, em que comunicamos com os dados hiléticos, sem referência ainda a um objeto percebido. numa sensibilidade às cores, sons etc. O pático, diferentemente do gnosiológico, diz respeito às sensações primitivas, estados vividos mais originários, pré-conceituais[10].

E nesse nível, de todo modo, que o engendramento de uma forma é possível, e que na esteira de Maldiney o autor insiste em chamar de *Gestaltung* contraposta a uma *Gestalt*. Uma Gestaltung corresponde a uma *mise-en-forme*, um configurar dinâmico, um processo. Não é ainda a obra, é antes a "ausência de obra" (Blanchot), o aberto a partir do qual ela pode engendrar-se, o vazio (que precisamente o esquizofrênico não suporta), o outro (que não existe). Aí é que é preciso um ajuntamento (não de coisas, mas como processo). automovimento do espaço como condição dessa emergência, dessa configuração, dessa ritmação. Não estamos aqui nem no tempo, nem no espaço, nem no "prototempo", nem no "protoespaço" – mas no que Maldiney chamou de Ritmo.

---

8) "Seria preciso que nos demos, nem que seja provisoriamente, algo que se poderia chamar a *hyle*; por que não seria ela esse narcisismo originário"? Oury, *Onze heures...*, op. cit., p. 190. Comparar com a seguinte frase de Deleuze: "O processo é aquilo a que chamamos o fluxo. Ora, ainda aí, o fluxo é uma noção de que precisávamos como noção qualquer não qualificada." Entrevista publicada em La Quinzaine, e retomada em *Capitalismo e esquizofrenia, dossier Anti-Édipo*, Assírio Alvim, Lisboa, 1976, p. 61. Para a noção platônica de *chôra*, leia-se a frase de Derrida: "A chôra, diremos, é anacrônica. Ela 'é' a anacroniza no ser, melhor, a anacronia do ser. Ela anacroniza o ser". "Chôra". In *Poikilia, Études offertes à J.P. Vernant*. Paris, ed. de l'EHESS, 1987, pp. 268-9, citado e comentado por Pierre Fédida em *Le site de l'étranger*, op. cit., p. 282, e em Nome, Figura e Memória, op. cit., p. 121ss.
9) J. Oury. *Onze heures...*, p. 182.
10) Maldiney. *Regard, Parole, Espace*. Lausanne, Ed. L'Age d'Homme, 1973, p. 91.

O ritmo em Maldiney

Feita essa apresentação um pouco rapsódica e panorâmica do pensamento de Oury, já podemos aprofundar a questão, central para ele, do ritmo. Para tanto, será preciso retomar algumas reflexões de Henri Maldiney que o inspiraram, e que já evocamos brevemente, mas cuja força só aparece plenamente quando remetidas à sua fonte, isto é, ao domínio estético[11]. Não podemos evitar esse desvio, sem o qual a problematização da psicose nessa perspectiva permaneceria obscura. O ponto de partida de Maldiney é uma crítica a Hegel, que teria concebido a arte como representação, sem ter atentado para o fato de que o estilo significa sem representar, que a forma se engendra (e esse como lhe é essencial), que a arte aparece num encontro e que tal dimensão aparicional não pode ser desmerecida etc. E assim que todas as teorias gestaltistas que tomam os objetos de arte como estruturas objetivas perdem justamente a *Gestaltung*, a gênese das formas e seu movimento como o essencial da obra. Paul Klee o exprime assim:

"Werk ist Weg", uma obra é o caminho dela mesma. Toda a questão aqui conflui para a autogênese, o espaço que a forma requer e produz, bem como o gesto que com isso ela imprime. Trata-se então de atentar para esse movimento crucial da experiência doadora do aparecer da obra, que mesmo Husserl teria ignorado[12]. Como o diz Cézanne, não interromper a "lógica dos sentidos" pela "lógica do cérebro". E uma operação complexa a que descreve o pintor. Envolve um "caos irisado", uma perda diante do motivo a ser pintado, uma germinação conjunta, uma indistinção na chuva cósmica, uma respiração da "virgindade do mundo", um início de assentamento geológico, e depois a "catástrofe", o "cataclisma", a irrupção irreprimível do espaço[13]. O que Cézanne chama de abismo, Klee nomeia Caos, que é abertura, beância, que dá vertigem pois tudo foge enquanto se tornam indistintos o próximo e o longínquo. "A vertigem é o automovimento do caos", diz Maldiney. Mas há em Klee, como já foi lembrado acima, o ponto cinza, nem branco nem preto, nem quente nem frio, nem alto nem baixo, ponto não dimensional perdido entre as dimensões e que, uma vez fixado no caos, constitui o momento cosmogenético. O ponto que representa o caos é também ele mesmo origem do mundo. Entre o caos e o mundo, o que sucedeu? Como entender a passagem das linhas aberrantes para o esplendor de um espaço? Entre eles está o Ritmo: "No início era o ritmo", diz von Bülow.

---

11) Utilizamos sobretudo três ensaios de Maldiney, in *Regard, Espace, Parole*: "Le devoilement de la dimension Esthétique dans la Phénomenologie de Erwin Straus", "L'esthétique des rythmes" e "L'Art et le Pouvoir du Fond". É preciso dizer que o Maldiney-pensador da estética, de quem Deleuze foi aluno e admirador, contrasta com o Maldiney-psiquiatra, cujas limitações já tivemos ocasião de mencionar.
12) Também Deleuze, invocando Bergson, contrapõe-se a Husserl. Cf. a propósito das cores e da germinação do sentir: B. Paradis. Schémas du temps... In *Philosophies*, n. 47. Paris, Minuit, 1995, pp. 15-17.
13) Joachim Gasquet. *Cézanne*. Paris, Ed. Bernheirn, p. 136, cit. por Maldiney, op. cit., p. 150.

Tempo implicado, tempo explicado

O que é o ritmo? Não é a cadência, ou a medida do tempo. Segundo a definição Maldiney, o ritmo de uma forma é a articulação de seu tempo implicado, noção dc mencionado linguista Gustave Guillaume, e que corresponde ao aspecto do verbo[14] tempo implicado não é uma extensão temporal, nem uma duração contínua, mas co porta o que se poderia chamar na linha de Bergson de "tensões de duração". Pode em incidência ou decadência, em aceleração ou distensão, em diástole ou sístole independente do tempo em que ocorre (se no passado, no presente ou no futuro). Exemplo de Maldiney: "eu parto", presente de pura incidência. "Neva", presente que comporta uma incidência que termina em decadência, O infinitivo é a incidência pura. O presente de pura decadência é uma aberração linguística e uma patologia (depressão), justamente porque não tem *ekstases*, não preserva a abertura. A repentinidade (*Plötzlichkeit*) ou primeira vez, primeiridade (*Erstmaligkeit*), sugeridos por Straus como características do acontecimento, não são da ordem do tempo, mas do aspecto no sentido acima mencionado. Ao tempo implicado opõe-se o tempo explicado, isto é, já dividido em passado, presente e futuro, referidos ao momento da enunciação de um discurso (e que é um presente). Para Maldiney, diferentemente de Guillaume, trata-se de uma estrutura do processo, independente dos tempos referidos (passado, presente, futuro)[15].

Quando se fala da forma, insiste Maldiney, ela mesma é seu próprio discurso, nela a gênese, a aparição e a expressão coincidem, de modo que sua constituição, sua manifestação e sua significação são inseparáveis – e não estamos longe do que Foucault tentou mostrar no seu comentário sobre Binswanger. Mas Maldiney parece ir mais longe, ao dizer que nossa "percepção significativa de uma forma não tem outra estrutura senão sua formação. Isso quer dizer que uma forma *explica-se* a si mesma implicando-se a si mesma. Donde [...] o tempo implicado de uma forma, ou de um ritmo gerador formas, coincide com seu tempo explicado. Ou ainda: visto que uma forma só existe ao tornar-se si mesma e que – como o diz em substância Paul Klee – sua *Gestaltung* é uma cronogênese, deve-se dizer das formas estéticas que sua cronogênese coincide com sua cronotese, isto é, com a experiência de sua inserção na duração". Portanto, *o tempo do ritmo é um tempo de presença* e não um tempo de universo[16].

Voltemos a Klee, com seu momento cosmogenético. Esse ponto fixo no caos pode ser o presente em contraste com o infinitivo. Nesse presente, então, coincidirão tempo implicado e tempo explicado, tempo do ritmo e tempo de presença. Aí a

---

14) Gustave Guillaume, *Immanence et transcendace dans la catégorie du verbe, esquisse d'une theorie psychologique de l'aspect* (1933), in Maldiney, *Penser l'homme et la folie*, op. cit. O aspecto é definido como a "distinção formal indicando a maneira pela qual a ação exprimida pelo verbo é considerada na sua duração, seu desenvolvimento ou sua conclusão. *Aspecto perfectivo, imperfectivo, incoativo*", in *Nouveau Petit Robert*, I.

15) *Mil platôs* retoma algumas dessas ideias sobre o ritmo: "E bem sabido que o ritmo não é medida ou cadência, mesmo irregular... o ritmo é o Desigual ou o Incomensurável" (v. IV, p. 119 embora referindo-o ao Meio e ao Ritornelo: "O ritornelo fabrica o tempo. Ele é o 'tempo implicado' de que falava o linguista Guillaume" (pp. 167-8).

16) H. Maldiney, op. cit., p. 161.)

duração e o instante, o infinito e o pontual tornam-se idênticos[17]. É onde coincidem o esquecimento e a espera, o aion e o kairós assinalados por Oury.

Já podemos dizer que o ritmo é o meio em que as coisas são na sua certeza, é a forma da presença, o como, é um existencial. Mais concretamente, o ritmo como o fundo do mundo (em que estamos perdidos), eclodindo na mais íntima sensação de surpresa em relação ao Real. "O Real é o que não se esperava – e que sempre no entanto está sempre já aí". É o "há e o nele eu sou", que na psicose se vivencia de modo tão perturbador.

Esquizofrenia, perturbação do ritmo

Levando em conta toda essa trama conceitual trabalhada por Maldiney, Oury pode considerar a esquizofrenia como uma perturbação do ritmo, como disritmia, como transtorno da emergência, e portanto da *mise-en-forme*, da *Gestaltung*. Como foi dito acima, quando o esquizofrênico se coloca a produzir algo (e não só o delírio), é a si mesmo que ele está juntando, construindo, reconstruindo, *a partir do pático*[18]. Sem qualquer risco de estetizar uma tal produção subjetiva, Oury se propõe a pensá-la em termos de *Gestaltung*. A exemplo de uma obra, que só existe para abrir o caminho dela mesma, de sua própria *formação* que conduz à sua forma – todo o acento será colocado na gênese. Uma obra não está no espaço e no tempo, mas o espaço e o tempo é que estão nela. É disso que fala Oury ao referir-se à temporalidade do esquizofrênico. O ponto fixo no seio do Caos, ponto cinza, abre um Cosmos, mas para que essa abertura se faça (na esquizofrenia) é preciso que nesse intervalo se anuncie um ritmo que é preciso poder sustentar. E o ritmo pode nascer em qualquer momento, já que é ele que se dá esse momento, articulando-se em instantes críticos, num esgarçar que é salto.

* * *

Já podemos pressentir que esse tempo do pré, tempo difluente, enlaçado à matéria fluente (no narcisismo originário), à flor da pele na esquizofrenia (isto é, anterior ao recalque originário), à espera de um esquecimento-espera numa psicoterapia, se guarda ainda algum parentesco com o que foi evocado no final do capítulo anterior a respeito do processo primário, talvez aponte muito mais na direção do que Piera Aulagnier chamará de processo originário, e que caberá examinar a seguir. Contudo, antes de avançarmos nessa direção, seria preciso reservar algumas palavras a Gisela Pankow, cuja teorização sobre corpo e psicose faz uma menção importante à gênese da temporalidade.

---

17) É de se perguntar se a eternidade atribuída por Deleuze a Proust não seria dessa ordem: "coincidência da duração e do instante, do infinito e do pontual". Resta saber se essa imanência implicação-explicação do ponto de vista temporal, ainda que tenha por "fundação" o presente (primeira síntese do tempo, segundo Deleuze, síntese passiva, contração "vital"), deve necessariamente ser pensada em termos de presença, noção que Deleuze chegou a considerar "piedosa". Cf. Mireille Buydens. *Sahara, L'Esthétique de Gilles Deleuze*, Préface, Paris, Vrin, 1990.
18) J. Oury. *Création et schyzophrénie*, op. cit., pp. 15ss.

O corpo e o tempo: Pankow

Cumpre lembrar, de passagem, o quanto o trabalho de Gisela Pankow constitui uma espécie de síntese original entre a construção psicanalítica, o método fenomenológico e a filosofia da existência. Creio que Laplanche, ao observá-lo numa nota introdutória a *O homem e sua psicose*, formulou a razão dessa confluência de um modo que explicita parcialmente as razões da persistência do viés fenomenológico em alguns autores que se enfrentaram com a clínica das psicoses, mencionados longo desse bloco. Eis o que escreve Laplanche: "muito mais que a existência neurótico ou do perverso, o mundo psicótico parece exigir, como por si mesmo, uma abordagem descritiva, a fenomenologia de um certo estar-no-mundo, ou de um certo 'mundo'. Foi no campo da psicose que apareceram geralmente as tentativas ma elaboradas de a contribuição psicanalítica e a abordagem da filosofia da existência enriquecerem mutuamente.[19]". E Laplanche reconhece a validade da linha de pesquisa de Pankow ao observar que os conceitos normalmente aventados pela psicanálise, tal como mecanismos de defesa, recalque e até projeção são insuficientes para demonstrar a desordem, a devastação e o cataclisma presentes na esquizofrenia.

De fato, segundo Pankow, na esquizofrenia nem mesmo se pode falar de um conflui no sentido clássico, já que o corpo esquizofrênico não é vivido como uma unidade. dissociação designa justamente essa falha, essa impossibilidade de restabelecer um ligação entre as partes e a totalidade do corpo, de modo que se trata de um corpo sem limites, sem delimitação entre um dentro e um fora, cujas partes reaparecem alucinatoriamente etc. O mundo psicótico é como uma "casa cujas paredes, objetos habitantes são não apenas desconhecidos, estranhos, mas nos parecem ainda mais cheio de ameaças [...] Há sempre eco quando jogamos uma pedra no abismo da psicose? [...] Na maioria das vezes, permanecemos diante de um vazio [...] o universo da psicose aparece como um universo fragmentado: cada fragmento é muitas vezes sentido como um mundo separado e que perdeu qualquer conexão interna com os outros fragmentos. Entre essa partes, há apenas um vazio abissal, um nada.., as distâncias entre os vários fragmentos sã submetidas a constantes modificações... o esquizofrênico vive num mundo de restos, ma não tem consciência de que são restos [...] o corpo não existe como entidade [...] na esquizofrenia encontramos o campo de ruínas de *uma vida sem temporalidade*"[20].

A função da "estruturação dinâmica da imagem do corpo", proposta por Pankow para o esquizofrênico, visa restaurar e reencontrar a unicidade do corpo através da dialética entre a forma e o conteúdo dessa imagem. Se o corpo reencontra seus limites o doente é capaz de entrar no tempo. "Quando a dissociação no mundo espacial restaurada, o doente pode entrar em sua história, pois a dissociação da imagem do corpo é acompanhada simultaneamente por uma perda da dimensão histórica da vída, do esquizofrênico"[21].

Trata-se então de buscar a temporalidade do doente numa dialética espacial apreendida através da imagem do corpo, única via pela qual o doente pode "apreender-se

---

19) J. Laplanche. Prefácio. In Gisela Pankow. *O homem e sua psicose*. Campinas, Papirus, 1989, p. 10.
20) O. Pankow, op. cit., pp. 245-261, grifo nosso.
21) Idem, respectivamente pp. 118 e 27.

como desejo" e ingressar no domínio do tempo. Obviamente, o acesso ao tempo vivido pode diferir segundo a dinâmica do espaço que esteja em jogo. Por exemplo, conforme exemplos retirados à literatura, há o tempo necessário para reencontrar a tragédia da própria existência, ou o tempo esquecido (anterior) que se transformara num tempo rejeitado, ou o tempo vivido como aquele em que se perdem os limites do corpo, ou o tempo em que o espaço engole o homem, ou ainda o tempo vivido transformado em tempo necessário para reencontrar os limites do corpo etc.[22].

Não podemos aprofundar essa perspectiva tão rica quanto sugestiva. Seria o caso de perguntar, no entanto, se não reencontramos aqui o mesmo impasse já enfrentado em páginas anteriores quanto à noção de tempo. Não se identifica aqui tempo e história? Acaso não se presume, em virtude dessa equivalência, que na psicose não há tempo? E por último, não se subsume o próprio tempo (vivido ou não) a uma unidade prévia (ainda que aqui essa unicidade requerida seja de natureza espacial)? Seria insensato contestar, com essas poucas perguntas, a fecundidade de um trabalho clínico tão valioso como o de Pankow. Se de passagem evocamos essas questões, é porque elas apontam para uma dificuldade mais ampla, que já assinalamos diversas vezes, e que consiste em pensar a temporalidade da psicose exclusivamente sob o modo privativo, isto é, sob o signo do que lhe falta[23].

O pictograma: Aulagnier

Não é um acaso se um dos trabalhos contemporâneos de maior fôlego sobre a psicose, como o é *A violência da interpretação*, de Piera Aulagnier, e não sem algum laço de parentesco teórico com o de Pankow, pelo menos quanto a uma proximidade com Lacan, inicie justamente criticando a perspectiva privativa. Um dos móveis de seu percurso teórico, explica ela, é a insatisfação com o fato de que a relação do psicótico ao discurso seja reduzida a um "a menos", em comparação com o que deveria ser a relação do sujeito ao saber. "Ora, se essa definição pelo "a menos" explica, efetivamente, uma parte da problemática psicótica, ela nada diz sobre o "a mais" que testemunha a criação psicótica"[24], todo o prodigioso trabalho de reinterpretação que nela opera, por exemplo.

Para dar conta desse "a mais", Aulagnier elabora uma teorização em torno do modo de representação originário. No vocabulário da autora, representação equivale

22) G. Pankow. A dinâmica do espaço e do tempo vivido. In *Structure familiale et psychose* (Paris, Aubier Montaigne, 1977), incluído em *O homem e seu espaço vivido*. Campinas, Papirus, 1988. Trata-se de artigo publicado em Critique, n. 297, fev./1972, sobre obras literárias, entre elas uma de Soljenitsin (*Matrjonas Hof*), e que contém a frase: "o espaço, ao se desdobrar, engendra o tempo", que lembra Hegel.
23) Vale a pena registrar como Oury relembra a "novidade" de Tosquelles sobre a vivência de fim de mundo e a função do delírio: "Ainda que Freud tenha dito que o delírio 'pós-catastrófico' era uma tentativa última de cura, isso não impede que todos esses episódios sejam concebidos, tanto por muitos psicanalistas quanto por muitos psiquiatras, como algo de 'negativo', e unicamente negativo. Que infelicidade! Quando se tem essa posição negativa, enterra-se o paciente que já se enterrou a si mesmo". *Création...*, op. cit., p. 53. Evidentemente, é toda uma ética que está em jogo na discussão dessa teorização "negativa"ou "privativa".
24) Piera Aulagnier. *A violência da interpretação*. Rio de Janeiro, Imago, 1979, p. 19.

metabolização de um heterogêneo. A representação originária baseia-se na imagem coisa corporal, que ela chama de pictograma. O pictograma é constituído pela imagem do objeto mais a zona complementar, por exemplo, seio+boca, a protorrepresentação da complementariedade e interpenetração, com a ilusão no "sujeito" de que a zona sensorial e erógena autoengendra o objeto-imagem. Há aí uma especularização mundo, um si-mesmo-mundo que é também um si-mesmo-nada, numa totalidade sincrônica, sincronicidade das zonas erógenas, onde o prazer global pode alternar com a destruição (não há ainda separação objeto-zona, de modo que o desprazer proporcionado pelo objeto equivale à mutilação da própria zona).

Esse processo originário, calcado no modelo sensorial, ao mesmo tem representação do afeto e afeto da representação, anterior às fantasias originárias, e qualquer sujeito continua atuante paralelamente ao processo primário e ao secundário embora exerça particular atração na psicose. Trata-se de um tipo de registramento[25] cuja tessitura específica dará mais tarde, ao discurso psicótico, seu aspecto de "palavra-coisa-ação". É no geral esse fundo forcluído que pode ocupar na psicose o principal lugar da cena, desencadeando uma *"tentativa desesperada de tornar dizíveis e dar sentido a vivências que encontram sua fonte numa representação, na qual o mundo é apenas o reflexo de um corpo que se autodevora, se automutila, se autorrejeita"*[26]. Acting-out, sideração, formas catastróficas de angústia são, na psicose, exemplos disso, De qualquer modo, as marcas originárias (isto é, provenientes do reservatório pictográfico do originário) podem reaparecer na neurose a cada vez que a representação que dá sentido ao mundo vacila de maneira imprevista e incontrolável.

Os três processos

Eis então os três processos atuantes em qualquer sujeito, correspondentes a três espaços distintos, surgidos sucessivamente no tempo, embora de modo precoce: originário e a produção pictográfica, o primário e a representação cênica (fantasia), secundário e a representação ideativa, isto é, a atribuição de sentido como obra do Eu. Como se vê, e a autora o reconhece, as fantasias originárias passam a ser consideradas uma "construção psíquica *temporalmente secundária* em relação ao pictograma", deslocando o ponto de partida comumente aceito na psicanálise[27].

Porém é ao Eu que se deve o "a mais" que se chama de pensamento delirante primário. O trabalho do Eu consiste em produzir uma imagem da realidade do mundo em função de seu próprio esquema relacional, forjando os nexos causais através de uma atividade incessante de interpretação. O esquema relacional atuante no processo originário, por exemplo, consiste em unir-se ou rejeitar, fusão ou repulsão radical, coalescência ou destruição, com os afetos de prazer ou desprazer correlativos a essa especularização, e que sobretudo na psicose são revividos.

Do ponto de vista temporal, o processo primário, diferentemente do originário, pode "ligar os fragmentos cênicos e os quadros que se sucedem; seu modo de fun-

---

25) O termo é sugestão do psicanalista Maurício Porto, de cuja ajuda preciosa me vali na revisão técnica dos três primeiros capítulos desta parte.
26) P. Aulagnier, idem, p. 65.
27) P. Aulagnier. *Um intérprete em busca de sentido II*. São Paulo, Escuta, p. 112.

cionamento faz pensar em um sujeito que colaria num álbum as fotografias que um aparelho fotográfico captaria sucessivamente de si mesmo, sujeito que saberia que todas as fotografias lhe pertencem e têm como agente o mesmo aparelho, sendo, entretanto, incapaz de ler nelas a história de sua temporalidade ou de prever, a partir delas, qual será o seu futuro." Estamos distantes da imagem temporal do processo primário tal como o descreveu Le Poulichet, por exemplo. Para Aulagnier, o primário cênico ocupa uma posição intermediária entre o pictográfico e o dizível, ele é ponte, passagem "entre um 'antes', do qual o sujeito não terá jamais conhecimento e que guardará a sua mesmidade e sua clausura, e um "depois" (...)"[28].

Não podemos esmiuçar as articulações principais de Aulagnier. Obrigados a resumir de modo selvagem e seletivo uma construção exigente e rigorosa, sublinhemos de que modo o esquema relacional presente em cada sistema confirma o postulado estrutural próprio à atividade do sistema (numa espécie de kantismo inflexível) e a relação deste com a economia libidinal. Somos forçados a ir direto ao ponto que se encadeia com o que viemos desenvolvendo neste capítulo. Diz Aulagnier: "Se devêssemos definir o fatum do homem por uma única característica, recorreríamos ao efeito de antecipação, pois o próprio do seu destino é de confrontar-se a uma experiência, um discurso, uma realidade que, na maioria das vezes, se antecipam às suas possibilidades de resposta e ao que ele pode saber e prever quanto às razões, ao sentido e às conseqüências das experiências, com as quais ele é confrontado de maneira contínua. Quanto mais retrocedemos, mais essa antecipação se apresenta com todas as características de excesso, excesso de sentido, excesso de excitação, excesso de frustração, assim como excesso de gratificação ou de proteção. O *infans* é continuamente solicitado além da sua possibilidade de resposta e o que lhe é oferecido está sempre aquém – "a menos" – em relação a sua expectativa, que visa o ilimitado e o atemporal. [...] O dizer e o fazer maternos antecipam sempre o conhecimento que pode ter o *infans*. [...] todo encontro confronta o sujeito a uma experiência que antecipa suas possibilidades de resposta [...] o discurso materno é, portanto, o agente e responsável pelo efeito de antecipação imposto àquele de quem se espera uma resposta que ele é incapaz de fornecer. É também este discurso que ilustra de maneira exemplar o que designamos como conceito de violência primária.[29]". Não se trata aqui do tema da prematuração do nascimento no humano, mas da violência primária que resulta da diferença entre o espaço psíquico da mãe e a organização psíquica do *infans*. Nessa defasagem há uma oferta excessiva de significação. A psicose será concebida por Aulagnier como a interpretação ulterior da violência excessiva que se exerceu sobre o sujeito. As formas dessa violência secundária são as mais diversas, e estão relacionadas aos impasses do desejo materno, privando a existência do sujeito de sentido e origem. Se no inconsciente da mãe não houve lugar para um "corpo imaginado", autônomo e sexuado, onde pode alojar-se o futuro sujeito, substitui-o um "corpo fantasiado", mero agregado funcional, suporte do desejo de um Outro (que é ao mesmo tempo agente de castração espectro de um corpo castrado). Aliança entre a mãe e a pulsão de morte que a autora chegou a chamar de "pacto tanático". Por não poder, desse modo, aceder ao desejo, o sujeito encontra seu lugar na dialética materna enquanto

---

28) P. Aulagnier. *A violência da interpretação*, op. cit., p. 83
29) Idem, p. 35.

objeto parcial, com onipotência megalomaníaca do corpo despedaçado[30], vendo-se ao mesmo tempo reduzido a testemunhar a onipotência da função materna através desse mesmo corpo.

O compromisso com o tempo

Aulagnier insiste no percurso identificatório do sujeito, no trabalho de historização e memorização do passado infantil feito pelo adulto, na tarefa historiadora do eu: entrada em cena do Eu é, conjuntamente, a entrada em cena de um tempo histórico", que se dá em função de uma série de fatores, como a função repressora do porta-voz (mãe), o discurso parental, aquilo que no discurso permite a passagem do afeto sentimento, a função identificatória do discurso num sistema parental etc. A ausência ou falha de qualquer desses fatores no interior desse espaço em que se constitui o Eu pode provocar uma resposta psicótica. E Aulagnier pode dizer que a psicose não é uma eliminação do Eu, antes é obra sua, e é o preço pago (em reduções e expropriações pela sobrevivência. A manifestação mais evidente da psicose é "a relação do Eu a uma temporalidade marcada pela desintegração de um tempo futuro, em proveito de uma mesmidade do vivenciado, que vai condenar o Eu a uma imagem de si mesmo, que somos tentados a qualificar de fenecida, mais do que passada.[31]".

De qualquer modo, normalmente o Eu assina "um compromisso com o tempo: ele renuncia fazer do futuro este lugar no qual o passado poderia retornar, aceita esta constatação, mas preserva a esperança de que, um dia, este futuro lhe devolverá possessão de um passado, tal qual ele sonhou"[32]. E toda a problemática da castração da renúncia, da separação entre o Eu e seu projeto, o presente revelando-se sempre como um "a menos" num percurso identificatório em que a esperança narcísica de um auto-encontro é a cada vez relançada e renovada. A entrada em cena do eu está condicionada, portanto, a um projeto temporal.

Ao analisar o malogro de um tal projeto temporal, por exemplo em virtude da negação materna à autonomia do Eu e uma exigência de que este encarne alguém que já existiu Aulagnier diz: "Onde se deveria construir um projeto, onde a noção de futuro deveria permitir ao Eu mover-se numa temporalidade ordenada, o retorno-do-mesmo estanca tempo, em benefício da repetição do idêntico e inverte sua ordem, pois aquele que deve tornar-se descobre que ele é precedido por um passado e um antepassado, os quais lhe impõem o lugar e o tempo aos quais ele deve retornar"... Para essa mãe, "o nascimento não é a origem de um sujeito, momento inaugural de uma nova vida, cujo destino é aberto, mas, ao contrário, repetição de um momento e de uma vivência que já aconteceram. Compreende-se, então, porque um dos traços característicos da vivência esquizofrênica será o não acesso à ordem da temporalidade, a impossibilidade de medir e contar um "tempo", no qual falta a referência necessária para se fixar o

---

30) P. Aulagnier. Observações sobre a estrutura psicótica. In *Psicose: uma leitura psicanalítica*, Chaim Katz (org). Belo Horizonte, Interlivros, 1979, retomado em Aulagnier. *Um intérprete em busca de sentido II*. São Paulo, Escuta, 1990.
31) P. Aulagnier. *A violência da interpretação*, p. 154.
32) Idem, p. 157.

ponto de partida em função do qual se poderia organizar uma sucessão ordenada"[33]. Isto é, uma origem.

É como exigir que o sujeito ordene "o espaço, o tempo, a linhagem, recorrendo aos pontos cardeais dos outros, quando ele perdeu o norte por não tê-lo, na verdade, jamais possuído. A ausência de uma resposta sobre o enunciado da origem mina do interior a origem dos enunciados, fazendo-os repousar sobre areias movediças, que ameaçam permanentemente engolir o que sobre elas se constrói. O pensamento delirante primário é a criação que faz o Eu desse enunciado ausente"[34], dando sentido a uma significação sem sentido e evitando descobrir que sua construção se deve a um não desejo ("de ter filho") presente na mãe.

* * *

Seria preciso, se estivesse ao nosso alcance, retomar alguns tópicos essenciais para a inteligibilidade desse percurso: a ideia de recalcamento originário em Freud, o malogro do recalcamento originário e a psicose, a função do estádio do espelho e da imagem especularem Lacan (a esquizofrenia e o pré-especular), toda a problemática da foraclusão – em suma, a teoria freudiana e boa parte da pós-freudiana... É evidente que a exploração desse enquadre teórico extrapola os limites destas notas. Se nos estendemos na apresentação da posição de Piera Aulagnier foi por ver em sua construção uma das formulações mais consistentes no interior desse horizonte. Por um momento entrevimos em sua hipótese do pictural e do processo originário um domínio equivalente à "região do Pré" visada pela relação pática, segundo Oury, embora as diferenças sejam marcantes, sobretudo no que diz respeito à questão temporal, presente na dimensão privilegiada por Oury na psicose, e em Aulagnier totalmente condicionada ao Eu e ao seu trabalho autobiográfico. Para ela, do processo originário está excluída qualquer temporalidade, já que a temporalidade, por definição, só pode ser pensada como história, e a partir da castração.

Pressupostos

No interior desse horizonte vasto que apenas roçamos, de modo limitado e seletivo, uma nota recorrente chama a atenção: a referência sob o modo privativo a uma não--unicidade na experiência psicótica, subsumindo-a sempre à sua futuração malograda. As expressões que usa Waelhens, para ficar num exemplo tardio em que várias dessas perspectivas pós-freudianas foram reapresentadas numa síntese abrangente, são reveladoras: "Assim, há pouca ou nenhuma possibilidade de esse futuro 'sujeito' instaurar algum 'alhures' de sua imanência caótica, que possa servir de significante para a unidade que ele ainda terá de conquistar"; ou ainda: "se o reconhecimento da própria imagem especular precipita a formação de um eu unitário imaginário, próprio só é possível quando o sujeito está em condições de se proporcionar um significante

---

33) Idem, p. 193.
34) Idem, p. 201.

dele mesmo que não se confunda com a *imanência fervilhante* de sua cinestesia"[35].
Mesmo que descontemos o ponto de partida hegeliano do autor a respeito do acesso à linguagem como passagem do imediatismo à mediação, e portanto negatividade, condição de historicidade, não podemos deixar de reconhecer que um pressuposto similar atravessa, direta ou indiretamente, as fontes principais de que o autor se vale, que ele menciona e utiliza.

Não teríamos a presunção de fazer dessa constatação uma objeção clínica. Tampou caberia presumir uma homogeneidade entre os autores apresentados, por mais que suas perspectivas se cruzem. É preciso dizer, por exemplo, que a reflexão de Oury a respeito tempo psicótico, embora preserve essa ossatura teórica, injeta nela tantos elementos heterogêneos que é o caso de se perguntar se esses não acabam configurando um corpo (teórico) que se mantém apesar dessa mesma ossatura, e não graças a ela. Outras posições por sua vez, por interessantes que sejam, revelam insuficiências diversas. Restrinjam nos em relembrar a crítica levantada por Jean Claude Polack e Danielle Sivadon à perspectiva de Pankow e ao privilégio atribuído por ela ao aspecto formal de uma estrutura espacial e sua dimensão dialética. Em contrapartida, Françoise Dolto, por exemplo, ter tido o mérito de incluir na noção de imagem do corpo todo um campo perceptivo sensorial (imagens acústicas, táteis, cinestésicas etc.), enquanto a etnógrafa Barbara Glowczewski teria trabalhado outras modalidades culturais de espacialidade não centradas sobre uma simbólica do dentro/fora[36]. Para pensar uma outra espacialidade, Polack Sivadon recorrem à noção de mapa, em parte inspirados no trabalho conjunto de Deleuze e Guattari que exporemos no próximo capítulo. A uma tal espacialidade "esquizo" corresponde uma temporalidade não subordinada a uma futuração unitária[37].

35) Alphonse De Waelhens. *A psicose*, op. cit., p. 41. O grifo é meu.
36) Jean Claude Polack e Danielle Sivadon. *L'intime utopie: Travail analytique et processus psychotique*. Paris, PUF, 1991, p. 24ss.
37) Idem, p. 30. Num horizonte freudiano, uma intuição similar é desenvolvida por Chaim Samuel Katz, ao indicar a necessidade de pensar um inconsciente temporalizado (*Freud e as psicoses*. Rio de Janeiro, Xenon, 1994). Katz mostra como predominou no trajeto de Freud o modelo de um aparelho psíquico unitário, homogêneo e equilibrado, representacional, fundado numa teoria sincrônica e portanto espacializada da memória (os dois tempos do inconsciente), em detrimento de uma multiplicidade temporal e criadora que uma memória perceptual inconsciente (também presente em Freud, cf. *Manuscrito K*) deixaria entrever, numa via mais pulsional. A consequência desse predomínio foi decisiva, na medida em que tem restringido "a intelecção dos processos dos psiquismos "perceptuais" e/Ou psicóticos, de modo altamente insatisfatório para a compreensão das psicoses e para a transformação dos psicóticos." Como escreveu o mesmo autor, de maneira lapidar e numa fórmula feliz: "O psiquismo está para além dos mecanismos de recalque ou forclusão" (*Psicose*, C.S. Katz (org), op. cit., p. 10).
Richard Theisen Simanke, por sua vez, fez um rastreamento rigoroso da gênese de uma teoria da psicose em Freud (*A formação da teoria freudiana das psicoses*. Rio de Janeiro, Ed. 34 Letras 1994). Numa leitura cuidadosa, o autor põe em evidência os elementos constituintes da teorização da psicose ao longo do percurso freudiano (bem como seus remanejamentos progressivos em função das injunções próprias à teoria), desde a ideia da alucinação enquanto regressão (tópica temporal, formal), do delírio enquanto tentativa de cura e reatamento com a realidade, até conceito central de narcisismo, do Édipo e da castração, mostrando sobretudo a tentativa de Freud de especificar o mecanismo de defesa que opera nas afecções psicóticas, diferentemente da estratégia do recalque presente na neurose. Simanke mostra a consistência metapsicológica do conceito (ou problema) de psicose em Freud, afastando-o definitivamente de uma visão trivial ou psiquiátrica que lhe é atribuída a esse respeito.

Eu ressaltaria alguns resultados surpreendentes desse trabalho, mesmo que marginais em relação aos sóbrios propósitos do autor: 1) "O psicótico, nesse contexto, em vez de um indivíduo profundamente enclausurado em seu mundo interior, surge como inteiramente jogado no mundo externo, como se virado do avesso. Se sua experiência é incompreensível para outrem, é antes pelo que ele revela do que pelo que ele oculta, sem que seja necessário, contudo, cair numa concepção romântica – a da antipsiquiatria, por exemplo – que apresenta o louco como portador de alguma espécie de verdade superior" (p. 186); 2) "O psicótico freudiano é mais bem representado como uma espécie de sujeito virado do avesso, devido à perda de seus instrumentos de mediação (as representações) para a relação com o inundo, do que como uma mônada fechada em si mesma e completamente alheia à realidade exterior" [...] "Neste sentido, o retorno ao narcisismo primário, mais que uma imersão na realidade interna, corresponderia a uma regressão a um estágio de perfeita equivalência entre o ego e o objeto, entre o mundo interno e a realidade" (p. 237; compare-se esses dois itens com a seguinte frase de Deleuze – teria ele, afinal, compreendido tão bem Freud, ou pelo menos os psicóticos?: "O que é mais subjetivo do que um delírio, um sonho, uma alucinação? Mas o que há também de mais próximo de uma materialidade feita de onda luminosa e de interação molecular?" (*Imagem-Movimento*. São Paulo, Brasiliense, 1983, p. 102); 3) na definição da psicose como ruptura com a realidade, *realidade* deve ser lido como *realidade psíquica*; 4) "não é lícito afirmar que existe na obra de Freud um mecanismo alternativo mais apropriado [do que a renegação (*Verleugnung*) para definir metapsicologicamente a psicose]. A *Verleugnung* foi o único mecanismo investigado sistematicamente em relação ao problema da origem das psicoses" (e não a forclusão [*Verwerfung*] privilegiada por Lacan) (p. 229).

Apesar das diferenças óbvias de propósito e método, pelo menos num ponto central os dois estudos sobre Freud mencionados acima coincidem. Trata-se de uma tese nuclear em Katz, nada alheia ao nosso tema, e que Simanke corrobora do seguinte modo: "Em suma, a análise psíquica, para encontrar seu caminho rumo ao núcleo traumático, deve atravessar este verdadeiro labirinto semântico, em que a ordenação cronológica das representações é continuamente modificada pelas relações lógicas que estas estabelecem entre si, anunciando o *predomínio das relações de sentido sobre a temporalidade, que acabaria por banir esta última dos domínios do inconsciente*" (p. 29, grifo meu). De todo modo, ao cabo desse rápido rastreamento pela literatura especializada, ao menos fica mais contextualizado o esforço empreendido por alguns autores quando tentam desfazer a pressuposta equivalência entre temporalidade e ordenação cronológica das representações, abrindo a possibilidade de pensar uma dimensão temporal positiva do inconsciente.

SUBJETIVIDADE ESQUIZO

Alguém nos perguntou se nunca tínhamos visto um esquizofrênico, não, não, nunca vimos um[1].

Nas primeiras páginas de *O anti-Édipo* tem-se uma bela descrição do passeio do esquizofrênico, contraposto à imobilidade do neurótico em seu divã; no primeiro há um pouco de ar livre e sobretudo uma relação com o exterior, com o fora. Um exemplo é o passeio de Lenz descrito por Büchner, sua recusa em situar-se em relação ao pai, mãe, Deus, sociedade, e o privilégio atribuído às pedras, metais, água, plantas, sua insistência em colocar-se antes da bifurcação homem-natureza. E a priorização do processo na mais pura exterioridade, onde o homem não é mais rei da criação, porém "aquele que é tocado pela vida profunda de todas as formas ou de todos os gêneros, que é encarregado das estrelas e dos animais, e que não cessa de ligar uma máquina-órgão em uma máquina-energia, uma árvore no seu corpo, um seio na boca, o sol no cu"[2]. A alusão ao presidente Schreber é clara, bem como à maquinação que empreendem os esquizofrênicos, entre fluxos diversos, instâncias heterogêneas, direções disjuntas, numa produção libidinal que é acoplamento sexual e social ao mesmo tempo. A esquizofrenia como processo é isso: fluxos que escapam aos códigos, que os embaralham, que correm por toda parte, que deslizam sobre o corpo do socius, que atravessam territorialidades constituídas. Fluxos descodificados e desterritorializados é o que menos se tolera – o que uma sociedade mais teme é o dilúvio, diz Deleuze[3].

Esquizo e esquizofrênico

É o que faz o esquizofrênico – ele leva seus fluxos para o deserto. No entanto, não há aqui qualquer elogio da loucura. É preciso ter em mente, ao ler *O anti-Édipo*, uma diferença essencial. Uma coisa é o esquizofrênico como tipo psicossocial, essa entidade produzida, hospitalar, clínica, artificial. Outra coisa é o esquizofrênico

---

1) Gilles Deleuze e Félix Guattari. *O anti-Édipo*. Rio de Janeiro, Imago, 1976, p. 482 (a partir de agora *AE*).
2) *AE*, p. 19
3) Transcrição de aula de G. Deleuze de 16/11/71, internet, site http:/www.irnaginet.fr/deleuze/

tomado como personagem conceitual, portador dos fluxos desterrritorializados e descodificados, processualidade pura. Como o diz Lawrence do amor, o processo tender a seu acabamento, "não a alguma horrível intensificação, a alguma horrível extremidade onde a alma e o corpo acabem por perecer"[4]. O processo não deve tomar-se por meta, nem confundir-se com sua própria continuação ao infinito, nem gira vazio, caso contrário ele sofre uma parada – é o que acontece com a figura psicossocial do esquizofrênico. Assim, tudo muda conforme se chame de esquizofrênico àquele que está às voltas com o processo de descodificação e desterritorialização reservaríamos para isso o termo esquizo) ou, ao contrário, àquele que interrompeu o processo em virtude de sua infinitização, e que a figura do doente hospitalar encarna de modo caricato. Se ao longo de *O anti-Édipo* esses dois sentidos, por contrastantes que sejam, se encavalam, isso se deve, sem dúvida, à ambiguidade do capitalismo relação ao processo esquizofrênico. Se por um lado o capitalismo é esquizofrênico sentido em que se baseia na descodificação de todos os fluxos, por outro ele depende, para manter-se, da conjugação desses fluxos descodificados através de uma axiomatização generalizada – não por acaso ele esquizofreniza e, ao mesmo tempo, se vê obrigado a enclausurar nos hospitais os esquizofrênicos, operando uma reterritorialização brutal daqueles que recusam qualquer codificação. Ainda voltarei a esse paradoxo.

O corpo-sem-órgãos

A descodificação generalizada empreendida no processo esquizofrênico remete ao anseio por um "corpo sem órgãos" (Artaud), um corpo sem imagem, um estado fluídico em que precisamente qualquer produção seria abolida, bem como toda organização, órgãos, organismo, mas onde, como sobre um ovo cósmico, "pululam vermes, bacilos, figuras liliputianas, animálculos e homúnculos, com sua organização e suas máquinas, minúsculos barbantes, cordames, dentes, unhas, alavancas e poli catapultas"[5]. É a anti-produção, o improdutivo, o desmanchador, o instinto de morte. Não a pulsão de morte no sentido da inclinação para um grau zero de tensão, em bus de um nada original, mas a fluência deslizando sobre um corpo pleno, desligamento do que faz ligadura ou órgão... E o inengendramento. Por mais que se queira ver divino de Schreber e nas suas subdivisões representantes de um personagem familiar ele se encarrega de cruzá-los, reinjetar variáveis, variações e disjunções que acabam implodindo o molde proposto. A genealogia resultante é inteiramente insólita: conexões habituais se desfazem e todos os códigos se embaralham na superfície corpo sem órgãos, numa fluidez indomável.

Mil platôs desenvolve outros aspectos do corpo sem órgãos, insistindo no seu aspe intensivo, inextenso, de multiplicidade de fusão, sua relação com o ovo que se leva consigo (eixos, vetores, gradientes, liminares), o meio que se carrega. "O CsO não esta 'antes' do organismo, ele lhe é adjacente, e não cessa de se fazer

---

4) D.H. Lawrence. *La Verge d'Aaron*. Paris, Gallimard, p. 199, cit. in *AE*, p. 19.
5) *AE*, p, 356.

[...] Não é a criança 'antes' do adulto, nem a mãe 'antes' da criança: ele é a estrita contemporaneidade do adulto, da criança e do adulto". E sobretudo não está às voltas com um corpo estilhaçado, despedaçado, numa relação com uma unidade perdida, já que se trata de uma multiplicidade[6].

Das máquinas

Ao corpo sem órgãos, superfície deslizante e opaca, contrapõem-se as máquinas desejantes e as ligações que elas operam entre fluxos, suas "maquinações". A relação entre o corpo sem órgãos e as máquinas desejantes comporta variações, e obedece *grosso modo* às seguintes figuras.

Por um lado, a repulsão das máquinas desejantes por parte do corpo sem órgãos na medida em que este já não as pode suportar, produzindo uma "máquina paranoica". Por outro, a atração sobre si, sobre um corpo pleno como superfície de inscrição encantada de onde parecem provir todas as máquinas desejantes que para aí são atraídas, autoengendramento, "máquina miraculante". E depois ainda, uma terceira figura, reconciliação entre os dois movimentos de repulsão e atração, que resulta em estados de intensidade, intensidades puras, sentimentos de passagens, emoção primária, o Sinto mais profundo do que a alucinação e o delírio. Não se trata de representações, mas de uma emoção vivida, faixas de intensidade, potenciais, limiares, gradientes do corpo sem órgãos, experienciados de modo dilacerante, "demasiado comovente, que torna o esquizo no ser mais próximo da matéria" – "máquina celibatária".

Pode ocorrer, porém, que o corpo sem órgãos, numa espécie de "retorno do recalcado", em vez de dar-se um corpo glorioso, num êxtase deslumbrante, autoerótico, acabe como um corpo sem órgãos morto, um "trapo autista" – justo ele, o esquizo, que "se instalava nesse ponto insuportável onde o espírito toca a matéria e vive cada intensidade dela"[7].

Contudo, quando o movimento vital não é interrompido, consiste de um corpo sem órgãos formando círculos de convergência em torno das máquinas desejantes, e o sujeito, adjacente a elas, passa por todos os estados do círculo e de um círculo a outro, sempre na borda, descentrado, sem identidade fixa, O sujeito como resultante, residual, adjacente, que exclama "então sou eu": síntese conjuntiva. Não mais máquina paranoica, em que o corpo sem órgãos repele as máquinas desejantes, não mais máquina miraculante, em que o corpo sem órgãos atrai sobre si as máquinas desejantes, mas a máquina celibatária, que consiste numa aliança entre as máquinas desejantes e o corpo sem órgãos, com seu êxtase próprio. Um exemplo é Nietzsche tal como o leu Klossowski, e seus estados intensivos, sua identidade fortuita e oscilante. "Não existe o eu-Nietzsche, professor de filologia, que perde de repente a razão, e que se identificaria a estranhos personagens; existe o sujeito-nietzscheano que passa por uma série de estados, e que identifica os nomes da história a esses estados: *todos os nomes da história, sou eu...* O sujeito se estende sobre a circunferência do

---

6) G. Deleuze e F. Guattari. *Mil platôs*, v. III. pp. 27-28.
7) *AE*, p. 36.

círculo de cujo centro o eu desertou. No centro há a máquina do desejo, a máquina celibatária do eterno retorno. [...] Não se identificar com pessoas, mas identificar os nomes da história a zonas de intensidade sobre o corpo sem órgãos; e cada vez o sujeito grita: 'Sou então, sou eu!' Nunca se fez tanta história como o esquizo, e da maneira que ele fez. Ele consome de uma só vez a história universal."[8].

De que modo o esquizo faz história? Tornando-a imediatamente geografia, percorrendo regiões intensivas, O corpo sem órgãos abole a sucessão histórica pois a consome e revela. Em vez de indivíduos sucedendo-se numa linha do tempo, o indivíduo circula sobre um mapa intensivo e se constitui na adjacência de circulação. O esquizo como sujeito transposicional: ele se abre para a diluição identidade histórica em favor da geografia intensiva, ali onde a linha do tempo quebra, projetando-se sobre um mapa de estados intensivos. O sujeito transposicional transversaliza a história – ele é transhistórico.

Inconsciente órfão

A crítica que O anti-Édipo lança contra a teoria hegemônica da esquizofrenia centra no privilégio atribuído por ela ao eu. Os conceitos de dissociação (Kraepeli de autismo (Bleuler) e de espaço-tempo ou ser-no-mundo (Binswanger) pecam por referir a perturbação a um eu do qual o esquizo, no fundo, nada quer saber, e que insistem em lhe enxertar. Que isso se insinue através do conceito intermediário imagem do corpo ("último avatar da alma, onde se confundem as exigências espiritualismo e do positivismo"), não impede que se prolongue a mesma exigência unitária, solidária do triângulo edipiano, quer seja essa unidade uma totalidade perdida ou por vir. Seria preciso, insistem os autores, em vez disso, reafirmar o desejo como multiplicidade substantiva, e a totalidade como resultante *ao lado* das partes, pois estamos "na idade dos objetos parciais, dos tijolos e dos restos"[9], em que são absolvidos os universos despedaçados. Inocência da loucura, em que é a ausência de ligação que liga[10], em relações aleatórias. O corpo erógeno é concebido não como organismo despedaçado, mas como "emissão de singularidades pré-individuais e pré-pessoa uma pura multiplicidade dispersada e anárquica, sem unidade nem totalidade, e cujos elementos estão soldados, colados pela distinção real ou pela própria ausência laço"[11]. Por mais que essa ideia já estivesse presente nos dois livros anteriores Deleuze, foi preciso esperar O anti-Édipo para que o rebatimento dessa população imanente sobre uma instância transcendente (Édipo) recebesse a análise mais crítica abrangente. Para se apreciar a justeza do alvo, relembremos a insistência de De Waehlens em recusar ao psicótico a possibilidade de instaurar algum "alhures" de sua imanência caótica e fervilhante que pudesse "servir de significante para a unidade que ele ainda terá que conquistar".

8) *AE*, p. 38.
9) *AE*, p. 61.
10) A ideia de Leclaire, sobre "um sistema cujos elementos são ligados entre si justamente pela ausência de toda ligação.., um conjunto de puras singularidades", in La realité du désir. *Sexualité humaine*. Aubier, cit. in 4E, pp. 411 e 499-500.
11) *AE*, p. 411.

Atentemos para um aspecto que distancia a perspectiva de Deleuze e Guattari daquelas herdadas da psiquiatria ou da psicanálise: não há uma evolução das pulsões em direção a uma totalidade integradora, mas tampouco há uma totalidade primitiva da qual derivariam[12]. A crítica a Melanie Klein, por exemplo, recai sobre a maneira pela qual uma descoberta extraordinária como a dos objetos parciais ("esse mundo de explosões, de rotações, de vibrações") é reconduzida a uma fantasmática – concepção idealista –, a uma totalidade de origem ou de destinação – o Objeto completo, totalidades de integração concernentes ao ego, pessoas globais que os objetos parciais representam ou de que seriam extraídos. E onde se insinua o familialismo feroz ao qual toda a sexualidade é finalmente atrelada. "Uma criança não brinca apenas de papai-mamãe. Brinca também de feiticeiro, de *cowboy*, de polícia e ladrão, de trem e de carrinhos. O trem não é forçosamente papai, nem a estação, mamãe. O problema não está no caráter sexual das máquinas desejantes, mas no caráter familiar dessa sexualidade.[13]" É claro o propósito dos autores: não se trata de negar que a sexualidade esteja por toda parte, mas sim que ela comece e termine no dispositivo parental, que ela derive e se refira à Família, que ela se esgote no seu triângulo maçante. Nesse sentido, *O anti-Édipo* é um prolongamento da conclusão da *História da loucura*, em que Michel Foucault denunciava a continuidade entre a psicanálise e a psiquiatria do século XIX no que concerne à centralidade do discurso familiar e sua moralidade burguesa.

Embora não caiba esmiuçar aqui essa crítica à família como mediação universal, vale lembrar o que possibilita tal crítica, a saber, a ideia positiva de um *inconsciente órfão*, isto é, não derivado, sem origem, sem linhagem, autoprodutor, autoengendrante. Ele é, para dizê-lo do modo mais brutal, sem relação a Édipo, *anedipiano*. Ao desvincular o inconsciente de Édipo, os autores abrem mão da ideia mesma de uma progressão, de uma regressão, de uma restauração, de um *por depois* etc. De fato, *o inconsciente anedipiano* pressupõe uma temporalidade não orientada, não marcada por um ponto de origem ou de chegada, nem sequer por uma estrutura abstrata, atemporal. "Entretanto, é o que faz a psicanálise, fechando-se em Édipo e determinando progressões e regressões em função de Édipo, ou mesmo em relação a ele: assim a ideia de regressão pré-edipiana pela qual se tenta às vezes caracterizar a psicose.[14]" Ou ainda, quanto às fabulosas genealogias que a psicanálise inventa a respeito do Pai, de sua sedimentação trans-histórica: "O inconsciente não segue os caminhos de uma geração, progredindo ou regredindo de um corpo a outro, teu pai, o pai de teu pai etc.[15]"

Essa recusa encarniçada de um Édipo-organizador pressupõe e libera uma estranha figura temporal. Basta atentarmos para o caráter circular dessa orfandade do inconsciente: "o único sujeito da reprodução é o próprio inconsciente que se mantém na forma circular da produção.[16]" A circularidade produtiva do inconsciente nada tem a ver com a repetição do Mesmo: é o círculo do Outro, é o círculo descentrado

12) *AE*, p. 63.
13) *AE*, p. 65.
14) *AE*, p167.
15) *AE*, p. 141.
16) *AE*, p. 141.

à margem do qual o sujeito emerge como residual, transposicional[17]. Em vez do triângulo, do qual o sujeito seria o vértice, o círculo descentrado em relação ao qual o sujeito é adjacente. "Não há um eu no centro, como também não há pessoas repartidas sobre a circunferência. Nada além de uma série de singularidades na rede disjuntiva, estados intensivos no tecido conjuntivo, e um sujeito transposicional sobre todo círculo, passando por todos os estados, triunfando sobre uns como sobre seus inimigos, saboreando os outros como seus aliados, recolhendo em toda parte o prêmio fraudulento de seus avatares [...] A síntese conjuntiva pode aí exprimir-se: então sou eu o rei! então é a mim que cabe o reino! Mas este eu é somente o sujeito residual percorre o círculo e se conclui de suas oscilações.[18]"

* * *

Deleuze e Guattari criticam a atribuição de uma natureza específica à psicose. Mesmo a sutileza e perspicácia de um fenomenólogo não bastam para convencê-lo contrário, pois trata-se de remeter a esquizofrenia às suas condições de fabricação. É preciso, pois, subir a montante a partir do esquizofrênico artificializado, autista e reterritorializado (no hospital, pela sociedade e pela psiquiatria) para a esquizofrenia enquanto processo, onde conflui a Natureza concebida como processo de produção o Capitalismo como processo de desterritorialização e descodificação dos fluxos.

Se a descodificação e a desterritorialização caracterizam tanto o capitalismo cor a esquizofrenia, o que os diferencia fundamentalmente? O capitalismo descodifica aquilo que as outras sociedades sempre codificaram ou sobrecodificaram, por isso ele o limite de qualquer sociedade. Mas ao mesmo tempo ele compensa essa descodificação que ele promove através de uma axiomática rigorosa que "mantém a energia dos fluxos num estado ligado sobre o corpo do capital como socius desterritorializado, mas que é ainda mais implacável do que qualquer outro socius.". Capitalismo é pois o limite *relativo* de qualquer sociedade, ao passo que a esquizofrenia seria o limite *absoluto*, pois "faz passarem os fluxos livremente sobre o corpo se órgãos dessocializado", e não mais sobre o corpo do capital. E nesse sentido que esquizofrenia é a tendência do capitalismo que ele só pode inibir, repelir, deslocam esse limite, substituindo-o pelos próprios limites relativos imanentes. Como diz Deleuze e Guattari, o que ele descodifica com uma mão, axiomatiza com a outra. Mas o que ele procura fazer é ligar as cargas e energias da esquizofrenia numa axiomática mundial, impondo sempre novos limites interiores ao poder revolucionário dos nova fluxos descodificados.

A oposição central, em termos mais gerais e políticos, não está entre capitalistas operários, mas entre "fluxos descodificados, tal como entram numa axiomática de classe sobre o corpo pleno do capital, e os fluxos descodificados que se libertam não só dessa axiomática como também do sígnificante despótico, que atravessam o muro e o muro do muro, e se põem a correr sobre o corpo pleno sem órgãos; a oposição está entre a classe e os fora-de-classe, entre os servos da máquina e os

---

17) Sobre essa ideia de círculo, ou círculo do Outro, ver no próximo bloco o capítulo "Imagens de tempo em Deleuze".
18) *AE*, p. 119.

que a fazem saltar ou estoiram com suas peças, entre o regime da máquina social e o das máquinas desejantes, entre os limites interiores relativos e o limite exterior absoluto. Ou, se se quiser: entre os capitalistas e os esquizos, na sua intimidade ao nível da descodificação e na sua hostilidade fundamental ao nível da axiomática."

Então, a figura que se insinua em *O anti-Édipo* é a de uma libido que se retira do dispositivo capitalista, a de um desejo que se dispõe de outra maneira, como diz Lyotard, segundo uma outra figura, mais informe e ramificada. "Que pode o capitalismo contra esta desafecção que cresce em seu interior..."[19]? O esquizofrênico está no limite do capitalismo, "deste ele é a tendência desenvolvida, o subproduto, o proletário e o anjo exterminador"[20].

Deriva e disjunção

A crítica do Um, da Totalidade, a reafirmação da Multiplicidade, o privilégio das relações sobre as partes, temas recorrentes em Deleuze, podem retornar uma vez mais na análise do processo de produção no esquizofrênico, aquele que não unifica nem totaliza, garantindo as comunicações aberrantes entre vasos ditos não comunicantes. As noções de totalidade e de unidade, por exemplo, são recusadas na medida em que funcionam sempre como uma ausência que falta. O futuro costuma ser concebido como a completude (possível ou impossível) em relação à qual se situa um presente mais ou menos fragmentário. Contra essa exigência, e para escapar à sua dialética, anos mais tarde os autores assim definiam a contribuição de uma teoria da multiplicidade: chegar a "pensar o múltiplo em estado puro, para deixar de fazer dele o fragmento numérico de uma Unidade ou Totalidade *perdidas* ou, ao contrário, o elemento orgânico de uma Unidade ou Totalidade *por vir*"[21]. Mas já em *O anti-Édipo* a direção está tomada: "Somente a categoria da *multiplicidade*, empregada como substantivo e superando tanto o múltiplo quanto o Um [...] é capaz de dar conta da produção desejante: a produção desejante é multiplicidade pura, isto é, afirmação irredutível à unidade. [...] Não acreditamos mais numa totalidade *original*, nem numa totalidade *de destinação*"[22]. Do ponto de vista da subjetividade isso significa que qualquer avaliação do pré-edipiano referido à totalização futura está descartada. Ou seja, paralelamente à máquina edípica, o que aqui se contesta é o atrelamento a uma temporalidade determinada, a saber, a futuração-unitária que o Édipo pressupõe. O fragmentário não deveria submeter-se a essa transcendência do futuro. Num prolongamento provocativo os autores acrescentam: não é que estejamos doentes de esquizofrenia, mas do rebatimento de seu processo sobre Édipo, a castração... Curar-se da cura edipianizante, esquizofrenizar para completar o processo.

---

19) J.F. Lyotard. Capitalismo energúmeno. In *Capitalismo e esquizofrenia, dossier Anti-Édipo*. Lisboa, Assírio Alvim, 1976, p. 128.
20) Idem, p. 53.
21) *Mil platôs*, v. 1, p. 46, grifo meu.
22) *AE*, p. 61, grifo meu.

Num sentido similar, os autores insistem no uso imanente da disjunção afirmada. Por exemplo, o esquizofrênico não é *ou bem* isto *ou bem* aquilo (ou bem homem bem mulher, filho/pai, humano/animal...), mas tampouco é ele isto e aquilo, numa síntese apaziguada dos contraditórios. Ele é isto ou aquilo, no sentido de que preserva *a diferença* entre isto e aquilo, *afirmando-a e sobrevoando essa distância invisível*. Ele se encontra na disjunção, não a suprime: nem bissexuado, nem intersexual trans-sexuado; nem vivo nem morto, transvimorto; nem pai nem filho, transpaifilho. Disjunções inclusivas e ilimitativas, feitas por um sujeito transposicional. "O esquizo não tem princípios: ele só é alguma coisa sendo outra coisa"[23]. O sujeito (Schreber, exemplo) é ele mesmo essa distância que ele percorre entre as disjunções que afirma e inclui. E nisso não há originário e derivado, senão deriva generalizada[24]. Reencontramos no esquizofrênico um deus que investe todas as ramificações *ao mesmo tempo*, ainda que isso não signifique uma simultaneidade chapada e atemporal, ma tempo como velocidade do sobrevoo, como espaçamento diferenciante. "Eu sou Apis, eu sou um egípcio, um índio pele-vermelha, um negro, um chinês, um japonês, estrangeiro, um desconhecido, eu sou o pássaro do mar e o que sobrevoa a terra fira eu sou a árvore de Tolstói com suas raízes.", como diz Nijinski[25]. Ou, ainda ele, quando escreve: Eu sou a carta e a pena e o papel. Sobre o corpo sem órgãos, o sujeito passa por intensidades, opera devires, oscilações, migrações e deslocamentos, numa "deriva que remonta e desce o tempo – países, raças, famílias, denominações parentais, denominações divinas, denominações históricas"[26], e que nada têm a ver com identificaçõcs. O esquizofrênico libera uma matéria genealógica bruta, onde se inscrevem ramificações, e assim explode a genealogia edipiana: "O genealogista-louco quadricula o corpo sem órgãos com uma rede disjuntiva."[27]. Anterior ao delírio ou à alucinação às identificações que eles pressupõem, está, como o dissemos, a deriva intensiva pela qual se atravessam os limiares da história, num sobrevoo das distâncias indecomponíveis no deserto do tempo, concomitante ao passeio no exterior geográfico empreendido pelo esquizo.

O que aí emerge é um tempo da coexistência, dos emaranhamentos. Mesmo escolhas amorosas exprimem conexões, coexistências, espaçamentos, ligando sociedade em que acontecem "a outras sociedades, antigas ou contemporânea longínquas ou desaparecidas, mortas ou por nascer, Áfricas e Orientes, sempre pelo fundo subterrâneo da libido"[28]. E o que está no fundo da loucura, como sua condição matéria-prima (como para os primitivos o "implexo germinal" no corpo pleno da terra essa placenta intensiva onde todas as filiações, regras de parentesco e de aliança reencontram, ovo cósmico, memória biocósmica, plasma germinativo, Terra inengendrada). Nessa coexistência temporal todo *depois* se vê colocado em xeque (que "o adulto é um por-depois da criança" etc.) e só o ponto de vista do ciclo "categórico e absoluto"[29], só o movimento cíclico é órfão, assim como o inconsciente é órfão, autoengendrado, inengendrado. Mais do que qualquer outro,

23) *AE*, p. 116.
24) As disjunções são a forma da genealogia desejante. In *AE*, p. 29.
25) Nijinsky, *Journal*, cit. in AE p. 104.
26) *AE*, p. 113.
27) *AE*, p. 104.
28) *AE*, p. 447.
29) *AE*, p. 350.

é o esquizofrênico quem está próximo do "coração palpitante da realidade", é ele quem mais "faz história", contrariando frontalmente a teoria da esquizofrenia como dissociação, autismo, ser no mundo próprio, ou ainda perda da realidade[30]. É o que permite a Deleuze e Guattari "acreditarem" nele.

O processo e o desmoronamento

Talvez já possamos retomar a pergunta que assedia o leitor deste livro extravagante, e que os autores mesmo chegam a formular: por que usar o termo esquizo para designar tanto o processo quanto sua interrupção, a abertura eventual e o desmoronamento possível, "e todas as transições, as intrincações de um ao outro?". Seria por um desejo de borrar uma fronteira clínica, fazer do louco um herói, poeta ou revolucionário? Ora, as menções ao esquizo compreendido como entidade clínica focam sobretudo a dimensão de colapso, do girar em falso, no vazio, a exasperação horrorosa ou comovente a que estão entregues os esquizofrênicos, atirados contra a parede "com uma violência extrema. Então se imobilizam, calam-se e se encolhem sobre o corpo sem órgãos, ainda uma territorialidade, mas totalmente desértica dessa vez, sobre a qual toda a produção desejante se detém, coagulada, finge deter-se: psicose. Esses corpos catatônicos caíram no rio como chumbos, imensos hipopótamos fixos que não retornarão à superfície. Com todas as suas forças, eles se confiaram ao recalcamento originário, para escapar ao sistema repressão-recalcamento que fabrica os neuróticos. Mas uma repressão mais nua se abate sobre eles, que os identifica ao esquizo de hospital, o grande autista"[31]. Com o que ressalta o caráter provocativo da afirmação: "Alguém nos perguntou se nunca tínhamos visto um esquizofrênico, não, não, nunca vimos um"[32].

Para os que ainda confundem o esquizofrênico e o revolucionário, é preciso acrescentar que entre eles se interpõe a mesma distância que separa o homem que foge daquele que sabe fazer fugir tudo aquilo de que foge[33]. Numa formulação mais recente, e num contexto ideológico menos marcado, Deleuze retoma a mesma ideia para falar da saúde na literatura: "A neurose, a psicose não são passagens de vida, mas estados nos quais se cai quando o processo é interrompido, impedido, colmatado. A doença não é processo, mas parada do processo, como no 'caso Nietzsche'"[34]. De qualquer modo, *Mil platôs* veio desfazer os mal-entendidos que *O anti-Édipo* ainda deixava no ar. Sem abrir mão das teses maiores, conectando-as todavia ainda mais à teoria da multiplicidade, Deleuze e Guattari não poupam as advertências: "Desfazer o organismo nunca foi matar-se, mas abrir o corpo a conexões", ou "Não se atinge o CsO [corpo sem órgãos], e seu plano de consistência, desestratificando de maneira selvagem." E ao mesmo tempo, multiplicam as regras de prudência e

---

30) Cf. a respeito a leitura de Freud proposta por Simanke, e comentada nas últimas páginas do capítulo precedente.
31) *AE*, p. 175.
32) *AE*, p. 482. Deleuze diz, numa entrevista, que é esta sua frase preferida nesse livro.
33) *AE*, p. 433.
34) G. Deleuze. *Crítica e clínica*, pp. 13-14.

cautela, as precauções recomendando a que ponto é preciso conservar um tanto de organismo, de significância de interpretação, "rações de subjetividade"[35].

Se o esquizofrênico goza de um estatuto privilegiado no pensamento dos autores muito mais do que o neurótico ou o perverso, insistamos nisso, é porque é ele quem chega mais perto do *processo*, entretém com ele a mais íntima relação, com todos os perigos implicados nessa intimidade. Se o *fluxo* de loucura (isto é, o processo desemboca por vezes na *loucura* (parada do processo), é porque esta é chamada testemunhar sozinha pela desterritorialização como processo universal. Daí a recomendação de "liberar em todos os fluxos o movimento esquizóide de sua desterritorialização, de tal maneira que esse caráter não possa mais qualificar um resíduo particular como fluxo de loucura"[36]. De qualquer modo, são várias as maneira de interromper o processo: "Neurose, psicose e também perversão, suas relações dependem da situação de cada um quanto ao processo e da maneira pela qual cada um representa um modo de interrupção, uma terra residual à qual nos agarramos ainda para não sermos levados pelos fluxos desterritorializados do desejo. Territorialidade neurótica de Édipo, territorialidades perversas do artifício, territorialidade psicótica do corpo sem órgãos: ou o processo é preso na armadilha e entra no triângulo, ou se toma a si mesmo como fim, ou prossegue no vácuo e põe no lugar do seu acabamento uma horrível exasperação. Cada uma dessas formas tem por fundo a esquizofrenia, a esquizofrenia como processo é o único universal.[37]". Donde a regra prática da esquizoanálise: "É preciso em cada caso repassar as velhas terras [...] Terras familiares edipianas da neurose, terras artificiais da perversão, terras asilares da psicose, como sobre elas reconquistar cada vez o processo, retomar constantemente a viagem?[38]".

Resta a questão: por que o esquizofrênico se vê forçado a interromper o processo (ou infinitizá-lo) e encolher-se sobre um corpo sem órgãos tornado surdo, cego e morto? Não há uma resposta clara a essa pergunta, recolocada diversas vezes no primeiro tomo, a não ser ora uma consideração geral de que a doença é resposta a uma edipianização que o esquizofrênico não pode suportar, e que lhe vem, antes mesmo da psicanálise, do próprio social, na forma de uma repressão generalizada, ora que a doença (isto é, o "autismo" e a "perda de realidade") equivale a uma reação contra o critério edipiano pelo qual nele se assinala uma falta (ele não sofre de um ego dividido ou de um Édipo despedaçado, mas de ser forçado a voltar a tudo isso que ele abandonou). "Não é o sono da razão que engendra monstros, mas antes a racionalidade vigilante e insone."[39]

---

35) *Mil platôs*, op. cit., p. 23.
36) *AE*, p. 407. Em contraste com a visão "pessimista" de Foucault em seu texto "La Folie, l'absence d'oeuvre", sobre um tempo em que a loucura deixará de ser um exterior, uma estranheza, reunindo-se à "serenidade do positivo", Deleuze e Guattari torcem o sentido dessa profecia para dar-lhe uma positividade desejável, onde se vislumbra um desenclausuramento. Ver, a respeito, "Literatura e Loucura", na parte III deste volume.
37) *AE*, p. 176.
38) *AE*, p. 403.
39) *AE*, p. 146.

Tempo e desejo

Nada disso é estranho à problemática temporal que nos ocupa. Como vimos, a definição da psicose como pré-edipiana ou exoedipiana é contestada pelos autores, em favor de seu caráter anedipiano[40]. A linha do tempo e suas vicissitudes cede o passo à geografia dos estados de desejo. Está em jogo, sempre, um desejo não biográfico, não memorial, atual[41]. Fiquemos num único exemplo: a psicanálise condiciona o investimento social da libido à sua dessexualização. Todo investimento libidinal do social pode então aparecer como patológico, fixação no narcisismo, regressão a Édipo ou aos estádios pré-edipianos[42]. Se, contrariamente a isso, os fluxos se conectam diretamente ao *socius*, e igualmente a muitas sociedades, antigas e atuais, mortas ou ainda não nascidas, e os personagens investidos não figuram nada, apenas designam zonas de intensidade libidinal sobre o corpo sem órgãos, fazendo vibrar a rede desse corpo intensivo, então tudo muda de figura, e os próprios amores e relações sexuais passam a ser índices desse exterior. Investimentos sexuais-sociais em nada dependentes de Édipo: nem defesas contra o incesto, nem seus substitutos. A libido é órfã... Contesta-se aí o postulado de base, de que tudo isso até é concebível, mas por depois, supondo-se que o começo está em Édipo, ego, pai, mãe, referindo-se os estádios pré-edipianos, estruturalmente ou segundo sua direção, à organização edipiana por vir ou abortada. Deleuze e Guattari insistem em que os fatores sociais, molares ou moleculares, são sempre atuais, isto é, em ato, e se nesse contexto algo é virtual, por vir sob determinadas condições, é precisamente Édipo. Édipo virtual, Édipo reacional. Primários são os investimentos libidinais sociais-desejantes.

Trata-se, sempre, de devolver ao desejo sua abertura sem meta e sem causa. Aliás, é o que permite aos autores dizerem que os grupos-sujeitos, contrariamente aos grupos sujeitados, têm como única causa uma ruptura de causalidade[43]. Mais importante do que a cadeia das causas pré-consciente, é a esquiza "cuja única causa é o desejo, quer dizer, a ruptura da causalidade que força a reescrever a história imediatamente real e produz esse momento estranhamente polívoco em que tudo é possível". "Certamente, a esquiza foi preparada por um trabalho subterrâneo das causas, das metas e dos interesses [...] pode-se sempre dizer por depois que a história nunca deixou de ser regida pelas mesmas leis de conjunto e de grandes números. Resta que a esquiza não veio a existir senão por um desejo sem meta e sem causa que a traçava e a esposava"[44]. Reencontramos no tema da esquiza o rastro do Intempestivo, tão presente no pensamento de Deleuze, desde *Nietzsche e a filosofia* até sua última obra conjunta com Guattari.

---

40) *AE*, p. 168.
41) *AE*, p. 498.
42) Freud. *Cinq psychanalyses*, p. 307, cit. in *AE*, p. 447.
43) *AE*, p. 479.
44) *AE*, p. 480.

Cartografias

Chegados a esse ponto, caberia perguntar se *O anti-Édipo*, na esteira dos livro anteriores de Deleuze, com esse leque temático brevemente evocado aqui, não desmancha de vez a tripartição diacrônica tão pregnante (passado/presente/futuro com sua historicidade orientada ou suas eventuais inversões, bem como os vícios cartográficos daí decorrentes. Não se libera assim uma subjetividade esquizo, alheia tanto a essa temporalidade normativa como a seus encadeamentos constrangedores em proveito de outra topologia temporal? Ao contestar o predomínio da estrutura, *O anti-Édipo* redescobre seu avesso, a produção real do desejo, "inorganização real do elementos moleculares", multiplicidade de singularidades pré-pessoais, positivas "corpo sem órgãos"[45]. *Mil platôs* afina o estatuto dessa multiplicidade como campo de imanência, e a define como germe intenso, nem projetivo nem regressivo, "involução criadora e sempre contemporânea"[46], espécie de placenta que se carrega par perpetuamente desligar-se do próprio passado. Meio que não cessa de fazer-se, tal como o postulava Simondon, que se leva consigo e que se experimenta incessantemente – duplo virtual do qual se nutre todo atual.

O tema do meio, mais geográfico do que histórico, volta no último livro de Deleuze: os trajetos das crianças atravessam meios (dos quais os pais são como que abridores ou fechadores de portas), mediante os quais o inconsciente traça mapas. Contra a concepção memorial, comemorativa ou monumental do inconsciente, incidindo sobre pessoas e objetos, privilegia-se a superposição de mapas em remanejamento incessante. Não se busca a origem, mas os deslocamentos, as redistribuições de impasse, de limiares, de devires. Não há afundamento arquelógico na memória, mas deslizamento cartográfico na superfície: criação de caminhos sem memória. A ponto de parecer que essa movência intensiva evacuou a própria ideia de gênese. É o que diz com propriedade J. L. Nancy sobre sua dificuldade em compreender a preocupação de Deleuze com a gênese, se dela Deleuze evacua a noção de início e fim: "a 'gênese' deleuziana me parece ser antes um devir, que se move no meio das coisas, não na sua origem ou no seu fim"[47].

* * *

Podemos concluir esse passeio rapsódico por *O anti-Édipo* e alguns de seus prolongamentos ressaltando que operam aí várias matrizes temporais presentes no percurso de Deleuze, desde o par Virtual/Atual até o Círculo do Outro, passando pela Memória ontológica e pelo Intempestivo[48], ainda que nesse livro estejam recobertos por termos mais genéricos tais como desejo, processo ou esquiza. Termos, aliás, que continuariam presos ao seu sentido negativo ou dialético caso não fossem "liberados" das figuras temporais restritivas ou por demais orientadas em que costumam estar

---

45) *AE*, p. 392.
46) *Mil platôs*, v. 1, op. cit., p. 28.
47) J. L. Nancy. In *Gilles Deleuze, une vie philosophique*, op. cit., p. 117.
48) Ver Parte VI.

trancadas, e cujo símbolo psíquico, antropológico ou histórico mais geral, no contexto desse livro, é Édipo, assim como em *Mil platôs* será a Forma-Estado.

Em suma, apesar do uso irregular e pouco explícito que faz *O anti-Édipo* de conceitos de tempo, e cujos indícios apenas afloramos nessas notas, pode-se dizer que estão aí reunidos aspectos relevantes para a concepção de um tempo múltiplo e rizomático, capaz de configurar uma subjetividade que respondesse à exigência postulada por toda a obra de Deleuze, e cuja expressão poética foi enunciada por Henry Miller da seguinte maneira: "O mundo dos fantasmas é o que não acabamos de conquistar. É um mundo do passado, não do futuro. Ir adiante agarrando-se ao passado é arrastar consigo as correntes do forçado [...] Não há um de nós que não seja culpado de um crime: aquele, enorme, de não viver plenamente a vida"[49].

---

49) Henry Miller. *Sexus*, pp. 450-52 (ed. fr.), cit. in *AE*, p. 424.

PARTE VI
VARIAÇÕES TEÓRICAS

IMAGENS DE TEMPO EM DELEUZE

As teses maiores de Deleuze sobre o tempo reaparecem de maneira dramatizada em seus livros de cinema, em que conquistaram uma operacionalidade estética que as ilumina em seu conjunto. Tomemos a ideia mais enigmática que organiza esses livros, o tema da emancipação do tempo. *The time is out of joint*, exclama Hamlet. O tempo está fora dos gonzos! O que significa o tempo saído dos eixos, devolvido a si mesmo, o tempo puro? Deleuze alude a um tempo liberado da tirania do presente que antes o envergava, e disponível, doravante, às mais excêntricas aventuras. Bruno Schulz diz, em outro contexto, que o tempo é um elemento desordenado que só se mantém em disciplina graças a um incessante cultivo, a um cuidado, a um controle, a uma correção dos seus excessos. "Privado dessa assistência, ele fica imediatamente propenso a transgressões, a uma aberração selvagem, a travessuras irresponsáveis, a uma palhaçada amorfa.[1]" Schulz lembra que carregamos uma carga extranumerária que não cabe no trem dos eventos e no tempo de dois trilhos que o suporta. Para esse contrabando precioso chamado por ele de Acontecimento, existem as tais faixas laterais do tempo, desvios cegos, onde ficam "suspensos no ar, errantes, sem lar", num entremea do multilinear, sem "antes" nem "depois", nem "simultaneamente", nem "por conseguinte", o mais remoto murmúrio e o mais longínquo futuro comunicando num início virginal. Assim, no tempo contínuo dos presentes encadeados (Cronos) insinua-se constantemente o tempo do Acontecimento (Aion), na sua lógica não dialética, impessoal, impassível, incorpórea: "a pura reserva", virtualidade pura que não para de sobrevir.

A esse propósito Deleuze salienta um procedimento cinematográfico que consiste em desvincular as pontas de presente de sua própria atualidade, subordinando esse presente a um fluxo que o atravessa e o transborda, no qual justamente não há mais passado, presente, futuro, enrolados que estão no acontecimento "simultâneo, inexplicável". No Acontecimento coexistem as pontas de presente desatualizadas, ou ainda um mesmo acontecimento se distribui em mundos distintos segundo tempos diferentes, de modo que o que para um é passado, para outro é presente, para um terceiro é futuro – mas é o mesmo acontecimento (*O ano passado em Marienbad*). Tempo sideral ou sistema da relatividade, diz Deleuze, porque inclui uma cosmologia pluralista, em que um mesmo acontecimento se distribui em versões incompatíveis numa pluralidade de mundos. Eis não um deus que escolhe o melhor dos mundos possíveis, mas um Processo que passa por todos eles, afirmando-os 'simultaneamente'. E um sistema de variação: dado um acontecimento, não rebatê-lo sobre um presente

1) Bruno Schulz. *O sanatório*, H. Siewierski (trad.). Rio de Janeiro, Imago, 1994, p. 172.

que o atualiza, mas fazê-lo variar em diversos presentes pertencentes a distintos mundos, embora num certo sentido, mais genérico, eles pertençam a um mesmo mundo estilhaçado. Ou, dado um presente, não esgotá-lo em si mesmo, porém encontrar nele o acontecimento pelo qual ele se comunica com outros presentes em outros mundos, mergulhar a montante no acontecimento comum em que estão implicados todos Emaranhado Virtual.

Supõe-se aí uma gigantesca Memória ontológica, constituída por lençóis ou jazidas de passado, espécies de estratos, que se comunicam entre si para afunilar-se, exercer pressão sobre uma ponta de presente. Alguns personagens de Resnais, por exemplo passando de um estrato a outro, passeando entre os níveis, atravessando idades mundo, transversalizando o Tempo ou recriando a cada vez as distâncias e proximidades entre os diversos pontos singulares de suas vidas. Para ficar numa imagem cômoda, o tempo como um lenço: a cada vez que assoamos o nariz, nós o enfiamos no bolso amarrotando-o de maneira distinta, de forma que dois pontos do lenço que antes estavam distantes e não se tocavam (como dois momentos da vida longínquos segundo uma linha do tempo) agora tornam-se contíguos, ou mesmo coincidem, ou ao contrário, dois pontos a princípio vizinhos agora se afastam irremediavelmente. Como se tempo fosse uma grande massa de argila, que a cada modelagem rearranja as distâncias entre os pontos nela assinalados. Curiosa topologia em que assistimos a uma transformação incessante, modulação, que reinventa e faz variar as relações entre vários lençóis e seus pontos cintilantes, cada rearranjo criando algo novo, memória plástica, sempre refeita, sempre por vir. Massa do tempo modelável, ou melhor, modulável, e sobre a qual Deleuze chega até a exclamar, como um Cristóvão Colombo é a Terra, meio vital lamacento! Quando o cinema se embrenha nessa ordem coexistência virtual ele inventa seus lençóis paradoxais, hipnóticos, alucinatórios, indecidíveis. Nesse filão bergsoniano, a memória deixa de ser uma faculdade interior ao homem, é o homem que habita o interior de uma vasta Memória, Memória-Mundo, gigantesco cone invertido, multiplicidade virtual da qual somos um grau determina de distensão ou contração. Mesmo o filósofo e o porco, como numa metempsicose, retomam o mesmo cone, a mesma vida em níveis distintos, graceja Deleuze.

O tempo passa a ser concebido não mais como linha, porém como emaranhado, não como rio, mas como terra, não fluxo, e sim massa, não sucessão, porém coexistência não um círculo, mas turbilhão, não ordem – variação infinita. Em vez de remetê-lo uma consciência do tempo, caberia antes aproximá-lo da alucinação. Enlouquecimento desse tempo fora dos eixos, não sem relação com a temporalidade daqueles que, foi dos eixos, são designados como loucos.

Tempo e loucura

Sempre que fala do tempo, Deleuze evoca um desregramento: tempo descentrado, aberrante, selvagem, paradoxal, flutuante, ou mesmo afundado. Não parece abusivo considerar que o enlouquecimento do tempo tal como Deleuze o trabalha comunica diretamente com a temporalidade da loucura dita "clínica". Enquanto isso, em contrapartida, boa parte da literatura sobre as psicoses se vê inteiramente desarmada diante das múltiplas figuras temporais que proliferam a olhos vistos na clínica, e que as teorias "psi" têm dificuldade em abarcar, tendo em vista uma normatividade temporal da qual são habitualmente prisioneiras. É muito raro que se pense a temporalidade da psicose por um viés outro que não sob o modo privativo. Mesmo na abordagem fenomenológica ou existencial das psicoses, desde Minkowski até Maldiney, passando por Binswanger ou Jaspers, apesar do inegável interesse descritivo que apresentam, nelas a multiplicidade constatada acaba sendo referida a uma modalidade pressuposta como ideal, priorizando-se por exemplo certas estruturas de estar-no-mundo, a transcendência, a antecipação, o projeto, a partir de um presente originário etc. Mas também no interior da literatura estritamente psicanalítica, com raras excessões, a não unicidade da experiência temporal psicótica é subsumida à sua futuração malograda, na forma das representações atemporais. De modo que há uma imanência caótica que é recusada em nome de um alhures significante precisamente não assumível pelo psicótico. Enfim, toda uma apologia da historicização, cujo ponto de apoio é o eu historiador, como diria Piera Aulagnier. Assim, de algum modo temporalidade acaba sendo identificada à historicização. Com tudo o que essa perspectiva possa apresentar de interessante, ou útil, e até de necessária na clínica, ela tem o inconveniente de dificultar o acolhimento dos devires na psicose. A reflexão de Deleuze e Guattari, ao contrapor os devires à história, poderia ajudar a repensar essa heterogeneidade temporal da psicose que tanto desafia o tempo da razão, mesmo psicanalítica.

Deleuze o diz claramente: a História é um marcador temporal do Poder[2]. As pessoas sonham em começar ou recomeçar do zero, e também temem onde vão chegar, ou cair. Sempre buscamos a origem ou o desfecho de uma vida, num vício cartográfico, mas desdenhamos o meio, que é uma antimemória. E aí que se atinge a maior velocidade, onde os mais diferentes tempos comunicam e se cruzam, onde está o movimento, o devir, o turbilhão, diz Deleuze literalmente[3]. E a pergunta que se impõe é simples: de que figura temporal dispomos para pensar um tal meio turbilhonar, uma tal multiplicidade virtual? De qualquer modo, não deveria deixar de intrigar-nos o fato de que certos fenômenos de perturbação psíquica expõem, mais do que quaisquer outros, a virtualidade pura *na condição de* virtualidade, precisamente descolada de qualquer atualização centrada ou orientada. As incongruências temporais que aparecem em determinadas configurações subjetivas, e que também marcaram o cinema desde o seu início, percutem, como se vê, na própria matéria filosófica.

O filósofo e o esquizofrênico

Mas de que serviria aproximar os tempos de Deleuze e a temporalidade da loucura? Não, decerto, para sugerir que o filósofo estaria de posse de uma teoria do tempo que o domínio psi tem tido dificuldade em elaborar – pretensão que viria contrariar a ideia mesma que se faz Deleuze da relação entre a filosofia e a não filosofia, já que não cabe à filosofia legislar sobre outros domínios, nem cabe a esses domínios aplicar

---

2) G. Deleuze. *Superpositions* (com Carmelo Bene). Paris, Minuit, 1980, p. 103.
3) Idem, p. 95-6.

conceitos filosóficos, visto que cada disciplina constrói seus instrumentos "com seus próprios meios".

Seria preciso partir da relação de Deleuze com a esquizofrenia, ou melhor, relação intrínseca que entretém o filósofo *e o esquizofrênico que o habita*, e esquizofrênico "que vive intensamente no pensador e o força a pensar"[4], desencadeando um "acontecimento forte demais", de natureza distinta, contudo, do "estado vivido por demais difícil de suportar"[5] que acomete o esquizofrênico-entidade clínica, o tipo psicossocial. Que perturbações temporais produz, pois, *o esquizofrênico no interior do filósofo*? Ou seja, que tempos engendra nele esse personagem conceitual? Que pensamento do tempo é o filósofo impelido a forjar, a partir daí, e que imagens de tempo "enlouquecidas" é ele tentado a liberar? E, por fim, como sua filosofia se assediada, de ponta a ponta, por essas imagens?

Para dizê-lo do modo mais simples: várias imagens de tempo coletadas no bloco anterior a partir de uma problemática da loucura, por mais que destoem das imagens tempo colhidas em Deleuze tal como as referimos aqui brevemente, podem entrar com elas num jogo livre, feito de distância e proximidade, contrastes e interferência encavalamentos, superposições, transvariações, remissões, raptos e dons. A potência de indagação que se depreende desse acorde discordante, tanto em relação aos tempos da filosofia com suas racionalidades próprias, quanto aos tempos da loucura com suas desrazões, não deveria ser subestimada.

Tempo e pensamento

O cinema teria servido a Deleuze para revelar algumas dessas condutas do tempo, dando delas imagens diversas, evolutivas, circulares, espiraladas, declinantes quebradas, salvadoras, desembestadas, ilocalizadas, multivetoriais. Tempo com bifurcação, defasagem, jorramento, oscilação, cisão, modulação etc. É plausível presumir que o interesse que lhes dedicou Deleuze venha de uma determinação mais radical que ele mesmo deixou entrever, ao salientar a ambição do cinema de penetrar, apreender e reproduzir o próprio pensamento. O pensamento e o tempo estariam assim desde logo, numa relação de copertinência indissolúvel. Com efeito, o que se depreende dos textos de Deleuze a respeito do tempo é que o próprio pensamento não poderia permanecer alheio ao projeto de liberar-se de uma certa ideia de tempo que o formatou ou do eixo que o encurva. Nesse sentido, a exclamação enigmática de Hamlet sobre tempo que sai dos eixos vai de par com a exigência de um pensamento fora dos eixos, isto é, de um pensamento que por fim deixasse de girar em torno do Mesmo.

Assim como critica a mesmice de uma imagem do pensamento dita dogmática, Deleuze fustiga uma imagem de tempo hegemônica. Ao reivindicar um pensamento sem imagem, para que possam advir outras imagens ao pensamento, Deleuze também reclama um tempo sem imagem para que se liberem outras imagens de tempo. A imagem do pensamento dita dogmática é bem conhecida: ela é explorada desde *Nietzsche e a filosofia* até *O que é a filosofia?* Mas qual seria a imagem de tempo

4) G. Deleuze. *O que é a filosofia?*. Rio de Janeiro, Ed. 34, p. 94.
5) Idem.

hegemônica recusada por Deleuze? Para irmos rápido, diremos: é a do tempo como círculo. Não se trata propriamente de um tempo circular, mas do círculo como uma estrutura profunda, em que o tempo se reconcilia consigo mesmo, em que começo e fim *rimam*, como diz Hölderlin. O que caracteriza o círculo é sua monocentragem em torno do Presente, de seu Movimento encadeado e orientado, bem como sua totalização subjacente. O círculo, com seu centro, metáfora do Mesmo. E ainda que o Presente se situe num passado remoto e nostálgico, ou num futuro escatológico, nem por isso deixa de continuar funcionando como eixo que encurva o tempo, em torno do qual ele gira, redesenhando o círculo do qual apenas pensávamos ter escapado. Trata-se aí, em última instância, ainda e sempre, do tempo da Representação.

Ao tempo como Círculo, Deleuze contrapõe o tempo como Rizoma. Não mais Identidade reencontrada, mas Multiplicidade aberta. A lógica da multiplicidade foi exposta e trabalhada, entre outros textos, na descrição do rizoma em *Mil platôs*. Num rizoma entra-se por qualquer lado, cada ponto se conecta com qualquer outro, ele é feito de direções móveis, sem início ou fim, mas apenas um meio, por onde ele cresce e transborda, sem remeter a uma unidade ou dela derivar, sem sujeito nem objeto. O que vem a ser o tempo, pois, quando ele passa a ser pensado como multiplicidade pura ou operando numa multiplicidade pura? O rizoma temporal não tem um sentido (o sentido da flecha do tempo, o bom sentido, o sentido do bom senso, que vai do mais diferenciado ao menos diferenciado), nem reencontra uma totalidade prévia que ele se encarregaria, abolindo-se, de explicitar no Conceito. Ele não possui um sentido e é alheio a qualquer teleologia.

Mas será essa a última palavra de Deleuze a respeito do tempo? Pois essa multiplicidade virtual é como que arada e remexida em todos os seus pontos, em toda sua extensão, não mais por um Círculo, que o autor recusa, mas pelo que se poderia chamar – e a expressão já está no *Timeu* de Platão – de um Círculo do Outro. Um círculo cujo centro é o Outro, esse outro que jamais pode ser centro precisamente porque é sempre outro: círculo descentrado. É a figura que melhor convém para a leitura original que faz Deleuze de Nietzsche: na repetição retorna apenas o não Mesmo, o Desigual, o Outro – Ser do Devir, Eterno Retorno da Diferença.

Pode-se chamar esse Outro de Futuro (a repetição régia é a do futuro, diz *Diferença e repetição*). Mas se há em Deleuze, como em Heidegger, um privilégio do futuro, ele não é deduzível de uma problemática da Finitude, e sim da Obra, que rejeita seus andaimes, Hábito, Memória, Agente. O futuro não é, para o homem, uma antecipação de seu próprio fim, de sua própria morte, a possibilidade extrema de seu ser, nada que se aparente a um ser-para-a-morte, já que não é a partir da ipseidade que ele pode ser pensado, mas de um fluxo protoôntico. Se na elaboração desse futuro por Deleuze o Aberto é uma referência importante, ela aí remete ao Fora, mais do que ao Ser. Digamos que o Aberto de Deleuze está mais para Blanchot do que para Heidegger. É sob o signo da Exterioridade, portanto, que o pensamento pode ganhar uma determinação de futuro.

O tempo da criação

Como já foi dito, a crítica de Deleuze a uma imagem do pensamento dita dogmática é feita em nome de um pensamento sem imagem. Ora, isso significa que o pensamento, sem um Modelo prévio do que seja pensar (por exemplo: pensar é buscar a verdade) abre-se a outras aventuras (por exemplo: pensar é criar). Tudo muda de um para outro. Deleuze diz que são dois planos de imanência diferentes, o clássico e o moderno, o vontade de verdade, por um lado, e o da criação, por outro[6]. E cada um deles inseparável de um certo conceito de tempo que o preenche. Não seria o caso de supor que uma filosofia da diferença, tal como a de Deleuze, deu-se por tarefa preencher esse plano de imanência moderno com um conceito de tempo próprio a um pensamento definido como criação, e não mais como vontade de verdade?

A teorização do tempo deleuziana, apesar de suas inúmeras obscuridades, teria p função, então, pensar um tempo consentâneo à força do novo. Se há aí uma fidelidade profunda ao projeto bergsoniano, ela só pode ser levada a bom termo quando, como Nietzsche, o tempo for alçado à sua potência última, ao fazer retornar..., a diferença. Só o eterno retorno seletivo, afetando o novo, igualando-se ao Desigual em si, só Tempo como Diferença pode inaugurar com o Futuro, descontínuo e disruptivo, uma relação de excesso, a exemplo da Obra ou do Além-do-homem, para o qual nem Zaratustra está maduro e que no entanto ele anuncia. O futuro como o incondicionado que o instante afirma – é o que Nietzsche teria chamado de Intempestivo e cuja importância Deleuze não cessa de ressaltar.

Se Michel Serres tem razão em atribuir à filosofia a função de "inventar as condições da invenção", é preciso acrescentar que, no contexto que nos ocupa, isso significaria também e sobretudo reinventar as condições da invenção de outros tempos que não o já consagrados pela história. Trata-se, no limite, de desfazer a solidariedade entre Tempo e História, com todas as implicações éticas, políticas e estratégicas de uma ta ambição. Ao pensar as multiplicidades substantivas e os processos que nela operam, a desentocando temporalidades as mais inusitadas no arco que vai do Intempestivo até o Acontecimento, não terá Deleuze dado voz àqueles que, como diz ele num eco benjaminiano, "a História não leva em conta"[7]? Não se trata, evidentemente, só do oprimidos ou das minorias, embora sempre se trate deles também, mas dos devires. minoritários de todos e de cada um: não exatamente o povo, mas "o povo que falta" o povo por vir.

---

6) G. Deleuze e F. Guattari. *O que é a filosofia?*, p. 73.
7) G. Deleuze. *Superpositons*, op. cit., p. 127.

RIZOMA TEMPORAL

Grande parte das vertigens contemporâneas devem-se a uma brusca alteração em nosso regime temporal. É inegável que estamos às voltas com cronopolíticas emergentes cuja lógica, incidência, amplitude e eficácia mal conseguimos entrever. A insistente tematização filosófica do tempo neste século que deixamos para trás, de Bergson a Heidegger passando por Benjamin, foi apenas um dos inúmeros prenúncios dessa situação, e do espanto e inquietação com que enfrentamos a temporalidade mutante do entorno tecnossocial.

Quais aberturas inauditas aí se inauguram? Que relação haveria entre essas cronopolíticas e as subjetividades que se anunciam? Em vez de tentar responder globalmente a questões de tamanha complexidade, talvez caiba indicar em que medida alguns tópicos de uma pesquisa em torno da problemática temporal em Deleuze poderiam subsidiar, não digo na resposta, mas ao menos no mapeamento da situação presente e de suas urgências.

As formas do tempo

Para os sóbrios propósitos desta abordagem, eu partiria de uma afirmação tão geral quanto provocativa: o tempo não existe. Isto é, não existe o tempo enquanto tal, ou uma essência do tempo, e sim operadores de tempo, tecnologias que produzem tal ou qual experiência do tempo, vivência do tempo, ideia do tempo, forma do tempo[1]. Tomemos a divisão mais simplista proposta por Pierre Levy sobre três tipos de sociedade, as sociedades primitivas baseadas na transmissão oral, as sociedades civilizadas baseadas na escrita, as sociedades contemporâneas baseadas na informática[2]. Três momentos da história humana, três modos de comunicação e transmissão, três modalidades temporais. O caráter esquemático dessa divisão é apenas provisório, como se verá adiante.

É sabido que nas culturas primitivas o modo de armazenamento das informações consiste na repetição oral. Qualquer proposição que não seja periodicamente retomada

---

1) "O tempo foi considerado, por um longo período, como uma categoria universal e unívoca, quando na realidade estamos sempre às voltas com apreensões particulares e multívocas. O tempo universal não passa de uma projeção hipotética dos modos de temporalização referentes a módulos de intensidade – os ritornelos – que operam simultaneamente nos registros biológicos, socioculturais, maquínicos, cósmicos etc." Félix Guattari. *Des subjectivités, pour le meilleur et pour le pire*. In Chimères. Paris, maio de 1990.
2) Pierre Lévy. *As tecnologias da inteligência*. Rio de Janeiro, Ed. 34, 1996, pp. 72-129.

e repetida em voz alta está condenada a desaparecer. A transmissão supõe portanto um incessante movimento de recomeço, de reiteração, que ressoa com os ciclos sociais cósmicos. Trata-se de um tempo circular, um eterno retorno, uma reatualização ritual de um imemorial. Tem-se aí, nessa forma cíclica, um devir indefinido, sem referência precisas e sobretudo sem flecha do tempo. Apesar de simplória, essa visão é cômoda para pensar a relação entre uma tecnologia de comunicação (a oralidade), uma modalidade narrativa (a reatualização ritual) e uma forma do tempo (cíclica).

O surgimento da escrita modifica completamente esse enquadre temporal. A ordem sequencial dos signos e a acumulação potencialmente infinita do corpus transmissível rompe o círculo da oralidade. A memória pessoal já não comporta tal carga virtualmente infinita, de modo que aquele limite inicial é ultrapassado em direção a uma memória coletiva inscrita. Assim, os calendários, datas, anais, arquivos, ao instaurarem referências fixas, permitem o nascimento da história direcionada. A forma narrativa perde sua eficácia, sua centralidade, e aquele devir indefinido que a caracterizava, sem ponto fixo, onde tudo volta, se abre agora para uma dicotomia, aquilo que permanece aquilo que passa, o presente e o passado, o ser e o devir. Também surge a possibilidade de se desenhar um declínio ou uma progressão, uma linha. A própria memória se separa do sujeito, e é estocada, ficando disponível para a coletividade, suscetível de se consultada, comparada etc. Com o surgimento da tecnologia da impressão, a própria ideia de um passado estocado, delimitado, visível em seu registro, destacado de presente, acumulável, colabora para a ideia de progresso, de linearidade. Em suma, aparição do alfabeto, da caligrafia e, por fim, da impressão, teriam auxiliado a tornar tempo cada vez mais linear e histórico.

Chegamos assim ao terceiro momento, o da sociedade informatizada. Na rede informática não há um acúmulo do passado, em forma de dados, mas seu remanejamento e atualização permanente, já que o sistema é constantemente enriquecido em tempo real, isto é, no tempo presente. Condensação no presente, na operação em andamento Mesmo a escrita de um texto não se configura mais como um embate entre um autor uma tela em branco, mas como o acesso a arquivos, a colagem, a modificação, montagem, um remanejamento incessante do mais remoto, que perde sua data e sua marca, irrigando o presente e em coalescência com ele. Ora, assiste-se assim a um desfazimento da perspectiva cronológica, e à emergência de uma nova modalidade temporal. Não tempo circular da oralidade, nem tempo linear da escrita, mas tempo pontual da informática. E razoável pensar que o hipertexto implica uma maneira específica de experienciar o tempo, assim como a transmissão oral dos primitivos ia de par com um tempo cíclico, e a escrita favorecia um tempo linear.

Que tipo de tempo se anuncia, pois, com as novas tecnologias, e com a lógica do hipertexto? E uma pergunta que poderia ser formulada da seguinte maneira: como pensar o tempo à imagem e semelhança de um hipertexto? Ou ainda, para referi-lo ao que é essencial na própria ideia de hipertexto: Como pensar o tempo à luz da multiplicidade? Como pensar o tempo *como uma multiplicidade*? Como pensar o tempo como uma rede, e não mais como um círculo ou como uma linha? Ousemos mencionar o conceito que está no horizonte de todas essas variações: Como pensar o tempo como um *rizoma*?

Não é sem esforço que um tal rizoma temporal se oferece à nossa imaginação, já que contraria as figuras que comandam a representação habitual do tempo: o ponto, a linha, o círculo, a espiral, ou mesmo a fonte jorrando, bem como os tempos correspondentes, a saber, um tempo homogêneo, cumulativo, arqueado, originário ou mesmo autêntico. Em vez de uma linha do tempo, essa multiplicidade evoca um emaranhado do tempo, em vez de um fluxo do tempo, faz pensar numa massa de tempo, em vez de um rio correndo, lembra antes a Terra, cujos estratos coexistentes estão em constante remanejamento.

A desordem do tempo

Dos vários autores contemporâneos que colocam em xeque a representação linear do tempo, um dos que o enunciou de maneira mais sugestiva foi Michel Serres. Diz ele: o tempo é paradoxal, ele se dobra, se torce, é uma variedade que seria preciso comparar a uma chama num braseiro, aqui cortada, ali vertical, móvel, inesperada. Como o tempo da meteorologia, concomitantemente previsível e imprevisível, com flutuações, atratores estranhos... O tempo tem pontos de parada, rupturas, poços, chaminés de aceleração fulminante, rasgamentos, lacunas, tudo numa composição aleatória, numa espécie de desordem, ao menos visível. O tempo passa e não passa, filtra, percola (como quando se passa um líquido por uma substância), com contracorrentes e turbulências. Nem métrico nem geométrico: topológico. O tempo deveria ser pensado como um lenço amassado, e não como um lenço passado. O próprio desenvolvimento da História assemelha-se ao que descreve a teoria do caos. Fatos que na linha do tempo seriam distantes, estão intimamente ligados, eventos que numa suposta linha do tempo estão muito próximos, são muito distantes. Assim, Lucrécio e a moderna teoria dos fluidos são vizinhos, embora distem 2000 anos. O carro, por sua vez, é um agregado disparatado de soluções científicas e técnicas de épocas diferentes, e que pode ser datado peça por peça. Tal peça foi inventada no início do século, tal outra há dez anos e o ciclo de Carnot há duzentos anos. Sem contar a roda, que remonta ao neolítico, O conjunto só é contemporâneo pela montagem, o desenho, a publicidade que o faz passar por novo. Enfim, toda a noção de novidade aí deve ser repensada, bem como a ideia de revolvido, de passado. É preciso admitir que dificilmente somos copresentes ao nosso presente, que somos muito mais arcaicos do que nos representamos, que o arcaísmo não é uma deficiência, e que ser contemporâneo de si mesmo já é algo extremamente complexo.

Assim, a conclusão de Serres é que "qualquer acontecimento da história é multitemporal, remete ao revolvido, ao contemporâneo e ao futuro *simultaneamente*. Tal ou qual objeto, esta ou aquela circunstância, são pois policrônicas, multitemporais, fazem ver um tempo amarrotado, multiplamente dobrado"[3]. Como então forjar uma teoria caótica do tempo, se pergunta o filósofo?

---

3) Michel Serres. *Eclaircissements*. Paris, Flammarion, 1992, p. 92.

Tempo e multiplicidade

No campo estético, uma das experiências interessantes dessa almejada multiplicidade temporal vem do cinema interativo. Graham Weinbren propôs uma versão de *O homem dos lobos* e outra da *Sonata Kreutzer* de Tolstói, contrapondo modelo narrativo que ele chama de freudiano ao aristotélico, O autor salienta se objetivo: liberar-se do filme fixo e de seu tempo encadeado, para atingir uma narrativa multilinear, rizomática, mesclando várias correntes narrativas. Não há uma imagem central, as imagens ganham sentido ao se entrecruzarem, e o espectador navega segundo a lógica de um fluxo aberto, numa massa de tempo indeterminada, variável, turbulenta, sem epílogo. Isso tudo é perfeitamente sintônico com certas tendências da narrativa contemporânea em outros domínios. São indícios esparsos, embora incontornáveis; de que está em curso, como foi dito no início, uma mutação temporal de grande proporções cuja problematização ainda está por vir. Talvez estejamos em vias de desfazer o que B. Groethuysen chamou de "a superstição do tempo".

Michel Serres formulou da seguinte maneira esse desafio, ao comentar os fragmento de Pascal: por muito tempo as variedades espaço-temporais exigiram uma re-colagem global, atribuição tradicional de um Deus. Não seriam as várias filosofias do tempo tentativas de juntar os cacos do tempo? No limite, a hipótese de "um espaço único onde tudo parece mergulhado, os objetos bem como os observadores, não seria justamente senão um resto da teologia?[4]". Ao conceber a vida como multitemporal, policrônica, turbilhonar, sincronia de vários tempos em direções diversas (ordemdesordem, desordemordem, ordemordem), Serres salienta que não se pode atribui uma direção unívoca ao conjunto (sou ao mesmo tempo o que se degrada, fonte de novidade, eterno: rapsódico). Daí a pergunta: como é possível ainda falar num tempo de todos os sistemas, num sentido da história? E Serres conclui, sobre a complexidade do tempo da história, que talvez nem sequer se tenha começado a pensá-la. De qualquer modo, o autor reafirma seu objetivo, paralelo, a nosso ver, com o de Deleuze e desafio que se coloca no mundo contemporâneo: pensar o tempo como multiplicidade pura, a fim de conceber a história fora de qualquer teleologia[5].

---

4) M. Serres. *Hermès V, Le passage du Nord-Ouest*. Paris, Minuit, 982, p. 72
5) "Tento agora repensar o tempo como uma multiplicidade pura. Assim, talvez, possa nascer a história"; "O que se chama dialética é um ardil um pouco grosseiro da linha reta, é uma lógica de invariantes bem colocados". In M. Serres. *Genèse*. Paris, Grassei, 1982, p. 21.

TEMPO PÓS-MODERNO

Deleuze é um filósofo que os americanos gostam de chamar de pós-estruturalista, juntamente com Foucault, Derrida, Lyotard etc. Daí a considerá-lo pós-moderno é um passo, tanto mais frequente quanto é cada vez mais usual confundir-se pós--estruturalismo e pós-modernismo. Ora, há aí um mal-entendido de base. Andreas Huyssen notou com muita justeza que, diferentemente dos pós-modernos, os pós-estruturalistas incorporaram o que há de mais clássico na modernidade, prolongando, por exemplo, as vanguardas do início do século, seja pelo uso de alguns autores como Nietzsche, Artaud, Mallarmé, Bataille[1], seja, como notou Jameson, por uma certa concepção revolucionária de arte, muito distante da relação conciliada que o pós-moderno estabelece entre arte, cultura, produção de massa. Por esse prisma, então, não há como chamar de pós-modernos os pós-estruturalistas. E no entanto, a contaminação é inevitável, já que alguns dos conceitos que mais circulam no discurso pós-moderno vêm desses mesmos pós-estruturalistas. Para ficar no exemplo de Deleuze, tome-se a noção de *diferença*, de *intensidade*, de *simulacro, defluxos*, e pelo menos do ponto de vista terminológico Deleuze faria parte, em cheio, do pós--moderno. Não obstante, ele sempre se manteve inteiramente à margem do debate em torno do assunto, com reticências sérias em relação a essa etiqueta, a alguns de seus expoentes, em todo caso a algumas ideias que nele são dominantes, e certamente à moda que vige em torno do assunto. Alguns conceitos caros a sua filosofia ele até foi obrigado a deixar de lado, depois que foram apropriados pela onda pós-moderna, como é o caso do *simulacro*, que ainda em 1968 ele ajudou a resgatar e do qual mais tarde Baudrillard fez o uso e o abuso que todos conhecemos, justificando, através dele, uma espécie de desrealização do real, do social, do político, o que jamais esteve presente no pensamento de Deleuze, e que ele combateu até o último de seus escritos.

Enfim, isso tudo para sugerir que embora a tematização do tempo feita por Deleuze cruze com certas reflexões sobre a chamada pós-modernidade, numa perspectiva mais abrangente sua filosofia diverge delas radicalmente.

O tempo contemporâneo

É consensual a ideia de que vivenciamos hoje uma mutação vertiginosa no regime temporal que preside nossas vidas. Mutação tão desorientadora que se alterou inteiramente nossa relação com o passado, nossa ideia de futuro, nossa experiência

1) Andreas Huyssen. *Memórias do Modernismo*. Rio de Janeiro, Ed. UFRJ, 1997.

presente, a própria tripartição em passado, presente e futuro, nossa vivência do instante, nossa fantasia de eternidade. Em suma, para dizê-lo com os termos mais antigos e m contemporâneos, nossa navegação no tempo ganhou aspectos inusitados. Já m navegamos num rio do tempo, que vai de uma origem a um fim, mas fluímos num redemoinho turbulento, indeterminado, caótico. A direção do tempo se dilui a olhos vistos. Também a espessura do tempo se evapora, nem mais parecemos habitar o tempo, e sim a velocidade instantânea, ou a fosforescência das imagens, ou os bits informação. Qualquer reflexão sobre a chamada pós-modernidade gira em torno des mutação, que alguns apresentam de maneira mais apocalíptica ou saudosista, outros com voluptuosa euforia, outros ainda com cinismo ou sarcasmo.

Frederic Jameson é taxativo: a experiência pós-moderna teria abandonado a grande temática do tempo e da temporalidade, os mistérios da duração e da memória, mesma a história. Habitamos mais a sincronia do que a diacronia, mais a simultaneidade universal do que a sucessão diacrônica, portanto nossa vida cotidiana, nossa experiência psíquica e nossa linguagem cultural estariam dominadas pelas categoria espaciais, contrariamente ao período precedente, o modernista, em que predominavam as categorias temporais. Basta pensar em Proust, Bergson e Freud, por um lado, no contraste com o atual império da imagem e da informação, e seus efeitos de espacialização e destemporalização, por outro[2].

A esse respeito é reveladora a análise que faz Jameson da ideia de passado, na esteira de Guy Debord, o teórico radical da sociedade do espetáculo. O passado hoje se teria tornado um conjunto de espetáculos em ruínas, uma vasta coleção de imagens vazias, de simulacros sem referente. O passado já não aparece como uma dimensão retrospectiva apta a reorientar nosso presente vital, nosso projeto coletivo. Claro que esse desvanecimento do passado substantivo não exclui uma reação compensatória uma espécie de culto nostálgico e fascinado do passado, com todas as citações, os ecletismos, as combinatórias aleatórias de componentes os mais diversos, a moda *rétro*, o filme nostálgico, a foto sépia etc. A própria tentativa de recuperar um passado perdido, com seu índice de fascinação hipnótica, acaba virando a lei férrea daquilo que é o mais efêmero, a moda. O futuro utópico acaba se alojando no passado, suprem desvirtuação do tempo[3]. Jameson nota o paradoxo: a linguagem artística da nostalgia pós-moderna, esse surto de memória, essa museomania, por mais que se fixe no passado está inteiramente desprovida de qualquer historicidade genuína, já que não está interessada no conteúdo histórico desse passado, mas na conotação caricata e imaginária de antiguidade, numa mera visitação dos estilos do passado, em meio a um distanciamento temporal em que os signos revisitados são esvaziados de sua carga original, disruptiva ou crítica, passando a figurar como mero ornamento, como o letreiro antigo em filmes contemporâneos.

---

2) F. Jameson. *Pós-modernismo – A lógica cultural do capitalismo tardio*, op. cit.
3) J. A. Hansen. Pós-Moderno & Cultura. In *Pós-moderno: semiótica, cultura, psicanálise, literatura, artes plásticas*, S. Chalhub (org.), op. cit., p. 63.

Tempo e história

O que está em jogo mais profundamente, em toda essa discussão de Jameson sobre o fim ou a recuperação do passado é, obviamente, a crise da historicidade. Incapazes de nos representarmos o passado histórico, navegamos entre as ideias e os clichês sobre o passado, e vazios de passado. O interesse dessa tese é inegável. E no entanto, uma certa pressuposição de base aí presente mereceria ser trazida à tona e problematizada. A saber, a ideia de que a abolição do passado, do tempo e da história são uma só e mesma coisa. Mais profundamente, de que tempo e história são coextensivos. Ou, dito de outro modo, de que o único tempo possível e pensável é o tempo da história, com sua continuidade e unidade supostas: uma vez abolido o tempo da história, o próprio tempo se esfacela e se desfaz.

É óbvia a dificuldade de conceber tempos diferentes daqueles ditados pela história e seus vencedores, de entrever outros tempos que não os dados por uma unicidade futura, ou por uma cronologia cuja linearidade, como já mostrava Bergson com tamanha insistência, era já espacialização. Apesar dessa dificuldade, no entanto, é preciso perguntar o que aconteceria caso pensássemos o tempo desvinculado da forma hegemônica da história e de sua pressuposta unidade e continuidade temporal. O paradoxo está, naturalmente, em que o desafio de colocar o tempo sob o signo da multiplicidade, desvinculado da forma histórica dominante, responde precisamente a uma exigência do contexto histórico atual, pois nos vem da própria configuração contemporânea e, sobretudo, de seus diversos tempos emergentes, tão heterogêneos ao tempo cadenciado, encadeado, cumulativo e relativamente homogêneo que uma determinada concepção de história nos legou.

Quais são, portanto, esses tempos mais flutuantes, fluxionários, volteados, não pulsados, turbilhonares, desencadeados, paradoxais, bifurcantes, cindidos, seja no domínio subjetivo ou material, seja no campo estético, nos movimentos coletivos, nas agitações micro e macropolíticas, nos processos molares e moleculares, nas linhas de fuga subversivas ou suicidas, nas máquinas de guerra que desafiam o Estado e sua cronologia? Quais seriam esses outros tempos, essas outras ideias de tempo que a filosofia capta e propõe, essas outras imagens de tempo que o cinema apreende ou produz, que a tecnologia libera, que os colapsos subjetivos dão a ver, que nossas máquinas de amar, sentir, perceber, sonhar, imaginar criam incessantemente, e que nem de longe poderiam entrar sob a rubrica disciplinada de um tempo da história e de seu sentido excessivamente orientado?

A seta do tempo

Cada vez mais se impõe a evidência inegável: o tempo linear, sucessivo, cumulativo, direcionado, progressivo, homogêneo, encadeado, cronológico, é apenas uma das formas possíveis do tempo, forma dominante na modernidade ou na história que ela forjou, e que a pós-modernidade precisamente está em vias de implodir, na medida em que vira do avesso a ideia do tempo, ao colocar em xeque a própria flecha do tempo. Alguns dirão que isso já foi feito há tempos, seja na filosofia, nas artes ou mesmo na psicanálise. Fiquemos nesse último domínio, a título ilustrativo. É conhecido o esquema temporal que Laplanche desenhou para a psicanálise. Diferentemente do determinismo causalista segundo o qual o passado gera o presente que gera o futuro, Freud teria feito a flecha do tempo sofrer uma curiosa inflexão. Não mais passadopresentefuturo, mas presentepassadofuturo. Em parte sob inspiração fenomenológica, Lacan teria imposto a esse esquema sua modulação singular. O presente não é mais aspirado pelo passado, mas pelo futuro, com o que teríamos presentefuturopassado. Não cabe entrar aqui no mérito da discussão de Laplanche, nem na sua insistência em preservar a matriz freudiana, que ele reinterpreta com sua teoria da sedução generalizada, recusando tanto o determinismo causalista baseado na sequência passadopresentefuturo quanto a perspectiva hermenêutica, a do presentefuturopassado. O que nos interessa é essa necessidade em que se viu a psicanálise, mesmo que parcialmente inspirada por diferentes correntes filosófica circundantes, de pôr em questão a flecha habitual do tempo, torcendo-lhe a direção seja priorizando a navegação no rio do tempo a montante, isto é, em direção ao passa do capaz de reabrir o futuro, seja descendo o rio a jusante para recompor sua nascente priorizando o futuro na recomposição do presente. Com toda a perturbação que introduziram na ordem do tempo – e refiro-me a ambas as posições da psicanálise, com todas suas diferenças–, não puderam, nas suas formulações majoritárias, abrir mão de alguma seta do tempo, nem da tripartição diacrônica, nem da priorização de um sentido do tempo, muito menos da estrutura do antes/depois que as funda. E não vai nessa constatação nenhum demérito ou crítica, é apenas um assinalamento.

Parece-me, no entanto, que o fato de que a própria tripartição diacrônica – divisão do tempo em passado, presente, futuro – vai perdendo sua pregnância histórica nos coloca diante de novas exigências que não deveriam ser escamoteadas. Se o aplainamento do tempo é o que há de mais gritante hoje em dia, que nos aflige por lançar-nos numa unidimensionalidade de tédio e fadiga – e não faltam críticas de todas as partes ao desmoronamento da perspectiva temporal, com seus perigos já assinalados, tais como a deshistoricização aí embutida, o congelamento cínico no presente contínuo, um presente em que afinal nada acontece a não ser a reiterada não existência de eventos, ou ainda essa cultura espetacular e narcísica que recicla todos os tempos e os hibridiza como indiferenciação, obedecendo ao ditame elementar do próprio mercado fundado no valor de troca[4] e não no valor de uso, no equivalente geral de tempo – é preciso dizer que isso não é tudo.

Jubilação e lamúria

Seria preciso ir além da expressão um tanto nostálgica. *Ah, perdemos o tempo!*, e perscrutar também seu avesso. Deveríamos poder ouvi-la como *Ah, perdemos um determinado tempo!*, e isso não é lamuriento, nem propriamente jubiloso, porém antes exploratório. Isto é, Ah, *perdemos uma certa experiência do tempo*, uma certa ideia do tempo, uma certa tripartição do tempo em passado, presente e futuro articulados de certa maneira, encadeados segundo um movimento centrado. E um fato que o eixo

4) Idem, pp. 70, 79.

ou o topo do tempo varia ao longo da história: pode estar localizado mais no passado, como na antiguidade que valorizava a origem, ou no futuro, como na modernidade que valoriza o progresso; pode reivindicar um tipo de futuração singular, como na filosofia da finitude, ou conceber o presente como revelação da eternidade, como em outras configurações culturais etc.[5]. Alguns autores, como já mencionei, insistem no fato de que o culto do passado característico das últimas décadas, esse surto da memória, seria apenas uma compensação pela aceleração técnica atual, espécie de resistência à sincronicidade dominante. Mas, na verdade, é preciso admitir com Huyssen que vivemos, mais radicalmente, uma verdadeira transformação da estrutura da temporalidade moderna em si[6]. O que se anuncia não é apenas uma sincronicidade universal, mas, no interior dela, a gestação de novas condutas temporais capazes de alterar profundamente o estatuto das dimensões do tempo.

Não estamos diante de uma mera alteração no sentido da flecha do tempo, mas de uma explosão *da* flecha do tempo. O que está hoje em pauta, na questão do tempo, e daí nossa grande perturbação, é a abolição da ideia mesmo de uma flecha, de uma direção, de um sentido do tempo, em favor de uma multiplicidade de flechas (mas aí já seria preciso inventar outro nome), de uma multiplicidade de direções (mas aí já seria preciso usar uma outra palavra) e de uma multiplicidade de sentidos (mas aí já seria preciso inventar outros termos). É o que se poderia ler em Deleuze a partir da ideia de um rizoma temporal, em que não se trata de uma linha do tempo, nem de um círculo do tempo, mas tampouco de uma flecha invertida, ou quebrada, mas de uma rede temporal, que implica uma navegação multitemporal num fluxo aberto, assim como se navega hoje num hipertexto. É o tempo e o pensamento borgesianos – o tempo como uma rede de fluxos intercruzados.

Cartografia e historicidade

Jameson refere-se ao *hiperespaço* do capitalismo mundial, que nos força a adquirir novas ferramentas perceptivas, a ampliar nossa sensibilidade e a de nosso corpo a dimensões até há pouco inimagináveis, numa espécie de sublime tecnossocial (ele apenas lamenta nossa incapacidade de nos situarmos no interior dessa totalidade, de fazer dela o mapa, e defende uma estética dos mapas cognitivos). Já se fala hoje de *hipertempo*, diante do qual estaríamos numa relação similar ao do sublime referido por Jameson, impelidos a uma outra percepção do tempo. O cinema, por exemplo, inventou novas relações com esse excesso de tempo, mas no modo de uma navegação, mais intensiva do que cognitiva, mais preocupada em captar a emergência de novas temporalidades ou mesmo produzi-las, do que em situar-se em relação a um tempo total que se pretenderia representar, um tempo que o próprio capital se encarrega concomitantemente de globalizar e de molecularizar, de unificar e de fragmentar –

---

5) Krysztof Pomian. Tempo/Temporalidade. In *Enciclopedia Einaudi*, v. 29. Lisboa, Imprensa Nacional / Casa da Moeda, 1993.
6) A. Huyssen. *Memorias do Modernismo*, op. cit. Ver também Escapar de la amnesia: el museo como medio de masas. In *El paseante*, n. 23-25. Madrid, Ed. Siruela, 1995.

um Todo do tempo que, de qualquer modo, o pensamento moderno justamente fez questão de abolir[7].

Como diz Huyssen, o tempo contemporâneo está longe de ser homogêneo; mesmo a entropia de um presente crescentemente contraído vai de par com um presente cada vez mais conectado a resíduos heterogêneos, e o novo não é mais o eterno retorno mesmo, já que constantemente se produzem outras temporalidades através de novas tecnologias. Nesse sentido, o mapa cognitivo que visa à representação do todo, por um lado, como o sugere Jameson, e a cartografia intensiva e exploratória que se poder extrair de Deleuze, por outro, apontam para direções distintas.

Para além da tese um pouco já gasta sobre o fim da grande temática do tempo na atualidade, do esmaecimento da memória, do presente sem espessura, da abolição do futuro, da crise da historicidade, eu veria no borgesianismo de Deleuze não só um aspecto central do tempo contemporâneo, mas uma modalidade cartográfica para múltiplas temporalidades emergentes.

---

7) Cf. o tema do Todo do tempo em G. Deleuze, *Cinema I e Cinema II*.

O ANJO DA MORTE

Era uma vez... o anjo da morte. Sua missão, segundo Jean Paul Richter, era destacar da árvore da vida o coração esgotado do homem e levá-lo ainda quente rumo às alturas do Éden[1]. O autor refere-se a uma época em que os campos de batalha banhavam em sangue e lágrimas. O anjo da morte era obrigado a retirar dali tantas almas trêmulas que certa feita ele mesmo, emocionado, caiu em lágrimas. E exprimiu o desejo de morrer ao menos uma vez na pele de um homem para conhecer de perto o que é sua última dor, a fim de acalmá-la melhor no decorrer de sua missão. Diante de um desejo tão misericordioso, os anjos todos prometeram que no momento de seu falecimento "humano", a fim de que tivesse certeza de estar efetivamente atravessando o instante da morte, eles o avisariam com um céu resplandescente.

O anjo da morte pousou então sobre o campo de batalha, e aproximou-se do último jovem cujo peito ainda arfava. Ao lado do belo herói soavam os gemidos indistintos de sua noiva, como num longínquo grito de guerra. O anjo deitou-se sobre o guerreiro agonizante, aspirou num beijo ardente a alma machucada para fora do peito aberto, e atirou-se como um raio no invólucro vazio.

Seus olhos foram submergidos pelo turbilhão do novo espírito terrestre, seus pensamentos que em geral voavam tão rápido, agora patinavam preguiçosamente através das brumas do cérebro. As cores dos objetos se desfaziam como que em manchas corrosivas e dolorosas. Todas as sensações se apresentavam ao seu Eu mais sombrias, mais impetuosas. A fome o supliciava, a sede lhe ardia, a dor o dilacerava. Seu peito fendido sangrava e o primeiro sopro seu foi em direção ao céu que ele acabara de deixar. "É isso a morte de um homem", pensou ele. Mas como não viu o sinal prometido da morte, nem os anjos, nem o círculo inflamado no céu, deu-se conta que isso não era senão a vida.

De noite, as imagens interiores iam perdendo sua luz solar, e fluíam num misto de chamas e fumaças confusas e colossais. O véu mortuário do sonho por fim o envolveu por inteiro, e mergulhado no túmulo da noite, ali jazia ele, rígido e solitário. No sonho viu uma roda de anjos, um céu resplandescente, e viu também seu corpo, que parecia desligar-se dele mesmo. "Ah, disse então num vão entusiasmo, esse sono era então meu adeus à vida!" Mas como despertou com o coração oprimido, percebendo a terra e a noite, disse para si mesmo: Não era a morte, mas apenas sua imagem, ainda que eu tenha visto o céu estrelado e seus anjos.

---

1) Jean Paul Richter. "La mort d'un ange", in *La vie de Fixlein, in Romantiques Allemands*, v. I. Paris, Gallimard, col. La Pléiade.

Depois viu a noiva do herói segurando sua mão. Ciumento de sua própria forma, o anjo da morte não queria morrer a fim de poder amá-la até receber dela o perdão por ter enlaçado num único peito um anjo e um homem. Mas ela morreu antes dele, de uma dor imensa, diante do anjo em prantos. O anjo da morte imaginou então que era morte que chegava. Mas não havia em torno dele nenhum céu resplandescente, apenas uma escuridão enlutada. E ele suspirou, pois não era a morte, mas a tortura que causa ao homem a morte de um outro.

"Ó vós, homens oprimidos", gritou então, "como podeis, pobres seres fatigados, como podeis pois envelhecer, quando se rompe e por fim desmorona o círculo das formas que povoaram vossa juventude, quando as tumbas de vossos amigos desce, em direção à vossa como degraus, e quando a velhice é para vós um crepúsculo mudo e vazio sobre um campo de batalha congelado? Ó, pobres homens, como pode vosso coração suportar isso?" E quando mais tarde sentiu ódio pela primeira vez não pôde deixar de se aterrorizar com uma tal quebra interior. "Infelizmente", disse ele, "a morte humana dói muito." Mas não era ela.

Em poucos dias cansou-se dessa vida e desejou retornar ao céu. Foi-se ao cemitério, o vento da noite contra suas faces pálidas, e postou-se com melancólica nostalgia sobre a tumba nua da noiva. E aí reviveu em pensamento a penosa vida dos homens os estremecimentos de seu peito ferido lhe mostravam com que dores os homens compram suas virtudes e sua morte, dores que ele poupara à nobre alma que havia habitado este corpo. Compadeceu-se de todos os corações torturados em torno dos quais nada luz senão a esperança de desaparecer deste velho mundo para reaparece em outro. Aí o êxtase abriu sua ferida, e o sangue, essa lágrima da alma, escorreu de se coração para a sepultura da amada, O corpo que já começava a se dissolver se prostrou, perdendo sangue voluptuosamente. Uma nuvem escura ou uma curta noite passo como um dardo frente ao anjo, trazendo o sono. E agora abria-se um céu radiante que o submergia com sua luz e mil anjos flamejantes. "Eis-te de volta, sonho brincalhão" disse ele. Mas seu irmão, o anjo da primeira hora, atravessando os raios avançou em sua direção e lhe disse: "Era a morte, tu que és para a eternidade meu irmão e amigo celeste".

A Morte e o Absoluto

Apesar desse belo conto ter sido escrito por Jean Paul Richter há aproximadamente dois séculos, não é certo que nos tenhamos desvencilhado de todo da concepção romântica nele presente – a morte entendida como liberação, como descanso, com "sorriso", a morte que nos livra da dor, da fome, da sede, da separação, do ciúme, do ódio, do cansaço, do desamparo, do desespero... A morte como alívio e promessa. A própria caracterização do anjo da morte como o mais terno e delicado, como o melhor dos anjos, o mais misericordioso, o mais compadecido, é revelador desse estatuto amigável da morte. A inversão é clara: a vida como corroída, degradada, intolerável mortífera, a morte como a conquista de uma resplandecência eterna. A vida, olhada do ponto de vista da morte, como mais terrível do que a própria morte.

Aproximadamente na mesma época em que foi redigido o conto, o poeta Heinrich von Kleist sai pelo mundo com um estranho projeto na cabeça: encontrar alguém que se disponha a suicidar-se juntamente com ele. A história da vida e da morte de Kleist foi filmada por Helma Sanders Brahms em 1976, numa obra austera, quase seca, e que ecoa com este relato de Jean Paul num nível insuspeitado, e que eu gostaria de evocar.

Do que trata, então, o filme de Helma Sanders Brahms? Da vida torturada do poeta von Kleist, de origem prussiana, que em 21 de novembro de 1811 dá cabo à vida às margens do lago Kleiner Wansee, juntamente com Henriette Vogel. Durante toda sua vida, Kleist busca precisamente isto: alguém que queira não viver, mas morrer com ele. Primeiro faz a proposta para sua cunhada Marie, que recusa, depois para sua irmã quase andrógina Ulrike, que também se nega, em seguida estende o convite aos amigos Dahlman, Pfuel, Lohse, Rühle, que desejavam "a bela morte" das batalhas, mas que não consideraram que a morte a dois pudesse representar alguma felicidade. Só Henriette Vogel está disposta a morrer com ele, ela que de qualquer modo está condenada à morte por uma doença do corpo, assim como ele está afligido por uma doença da alma.

O filme mostra as diversas circunstâncias da vida de Kleist, sua carreira de oficial prussiano com a qual se desilude, seu sonho de uma identidade alemã frustrado por essa nação de soldados e burocratas, sua luta pela língua alemã, a dificuldade de comunicar-se, o isolamento crescente, a miséria, as viagens, e sempre a escrita, à luz de velas, na cadeia ou fora dela, sobretudo no leito, espécie de tumba branca, onde os lençóis estendidos parecem véus mortuários. E a escrita febril, e a destruição dos escritos, e a reescrita... E o principal, atravessando tudo: a nostalgia da morte. A morte como promessa de um absoluto que o presente lhe recusa, a morte como promessa da perfeição que a vida lhe nega.

Mas por que filmar agora a morte de um poeta ocorrida há tanto tempo? Diz Helma Sanders Brahms: Kleist, na sua autodestruição, é um retrato da Alemanha atual. A Alemanha sofre hoje da mesma nostalgia da morte que Heinrich von Kleist, ou Ulrike Meinhof e Andreas Baader, ou os nazistas[2]! O que têm em comum Kleist, um dos maiores escritores de língua alemã, os guerrilheiros urbanos de extrema esquerda Baader-Meinhof e os membros do movimento nacional-socialista? Diz ela: a busca orgulhosa do absoluto, da perfeição. Na Idade Média, acrescenta a cineasta, as danças macabras naquele país já exprimiam não só a nostalgia da morte, mas uma relação quase terna com ela. A morte vista como a companheira familiar, amiga, redentora.

A tese de Sanders Brahms é polêmica e discutível, pois a paixão de abolição suicidária não é, obviamente, monopólio da alma alemã. É igualmente fundamentalista, ou americana na sua fixação banditista, para não falar em certas constelações subjetivas contemporâneas, infantis ou adolescentes, nos grandes centros urbanos. Claro, em cada caso o mapa econômico, cultural, sociopolítico, psicossocial é outro. Como comparar as condições da Prússia na virada do século XVIII com a banalização da morte na Rocinha, ou a reação ao capitalismo selvagem na Alemanha dos anos 60-70 ao fundamentalismo xiita dos anos 90? E como equiparar o enfrentamento revolucionário com a morte, em que se oferece em sacrifício o próprio corpo, à orgia macabra do nazismo, em que se sacrificava o corpo do outro? Se ousamos retomar

2) Helma Sanders Brahms. *Heinrich*. Paris, Des femmes, 1983.

essa observação em tudo problemática, sobretudo na indiferenciação que suscita, do ponto de vista político, entre movimentos oriundos de polos tão opostos, é apenas para dar início a uma reflexão, num nível ainda excessivamente genérico, sobre uma certa tradição de relação com a morte.

As duas mortes

Maurice Blanchot chamou a atenção para duas concepções de morte inteiramente distintas. Uma em que ela faz sentido: o não ser como poder de negar, mas a força do negativo como alavanca de uma totalização. A morte como uma verdade plena de sentido, a morte como extremo do poder, como minha possibilidade mais própria em que acabo dizendo Eu, mesmo ao morrer. A outra morte, que é mais um morrer do que uma morte, mais um rumor do que um fato, é da ordem da incerteza, do excesso, da indecisão do que nunca chega, do que nunca cessa de acontecer, do que não se consuma, do que sempre vem cedo demais ou tarde demais, o que acontece a "ninguém" pois desapossa o alguém do seu próprio eu[3]. No primeiro sentido é a Morte que despreza a Vida, pois ao colocar-se como fundamento da existência, nega-lhe o valor intrínseco, submetendo-a ao seu sentido transcendente. E como no conto de Jean Paul, em que a vida aparece como uma quase-vida, e a morte como passagem para a vida verdadeira. Ainda de alguma maneira é o caso na vida de Kleist, toda ela voltada para esse absoluto que torna a vida mesma uma meia-vida. E certamente o caso da "alma alemã", como o diz de modo simplificador Helma Sanders Brahms, que num de seus avatares assombrosos fez da morte coletiva o grande ritual sacrificial do século XX. Não resta dúvida de que é igualmente o caso de todos os nazismos e fundamentalismos, cujo pivô é o absoluto frente ao qual a vida é sempre pouco, ainda que seja ela o palco para a materialização do absoluto.

Imortalidade tecnológica

Se a ultrapassagem do tempo numa totalização apaziguada outrora era feita em nome de Deus ou da Nação ou da História ou da Liberdade, assiste-se hoje a uma nova modalidade de negação do tempo. A versão contemporânea dessa soberba, devida em grande parte aos avanços da tecnologia, à velocidade da telecomunicação, sobretudo ao tempo real da informática, é o anseio por uma espécie de imortalidade tecnocientífica. Não vivemos mais um tempo que passa, mas uma instantaneidade sem espessura, fixada no presente hipnótico do tubo catódico. É a maneira astuciosa com que a pós-modernidade se atribuiu uma pseudoimortalidade, abolindo o tempo e sua dimensão estrangeira, construindo uma eternulidade chapada, conjurando a potência de estranhamento do tempo.

O Morrer evocado por Blanchot, em contrapartida, refere-se a uma relação com o tempo no seu excesso, como em Proust, e na sua proliferação de dimensões. Um pouco como no Bergman de *Morangos silvestres*: um velho médico sonha com um grande relógio sem ponteiro, e subitamente parece apavorado com a Morte que se aproxima.

3) M. Blanchot. Rilke et l'exigence de la mort. In *L'Espace Literaire*. Paris, Gallimard, 1955.

A partir desse pânico se desorganiza toda sua vida e o seu tempo homogêneo, linear, glorioso. Começa então um estranhamento com a existência, com seus excessos, com o excesso de memória, toda uma aventura íntima que desapossa o sujeito de sua vontade e arrogância, num estado em que os tempos se misturam e a vida ganha um novo relevo. Não que a personagem subitamente tenha constatado que o tempo passa e que envelhecemos, que tudo há de desaparecer, que a vida é uma quimera, que nada vale a pena, que somos sombras pálidas, vagando na noite espessa. O relógio sem ponteiro não é o tempo vazio da Morte (apesar da visão da carruagem e o caixão), mas a abertura para o tempo multilinear do Morrer.

Caducidade

O Morrer é algo diferente do que saber que o tempo do relógio não para ou que o do nosso próprio relógio parou. Não constitui sequer uma "experiência" unicamente íntima ou psicológica. Walter Benjamin compreendeu o caráter profundamente histórico da caducidade, ou seja, sua relação com o capitalismo. Segundo ele, não vivemos mais na antítese entre o tempo e a eternidade, já que ela foi substituída pela perseguição incessante do novo. A produção desenfreada de mercadorias, de "novidades", sempre prestes a se transformarem em sucata, não só é uma corrida para a morte, mas também inscreve a morte e o vazio nas próprias coisas. Com isso, reduz-se drasticamente a experiência e aguça-se o sentido da caducidade e a caducidade do sentido. Mas, ao mesmo tempo, surge uma *consciência aguda do tempo*. É o que caracterizaria, segundo Benjamin, a literatura moderna, mas também os tempos modernos.

A partir dessa observação tão lúcida de Benjamin, referida por Jeanne Marie Gagnebin[4], não seria descabido supor que convivemos hoje com várias estratégias em luta. Tudo corre para a morte e a morte está em tudo, diz Benjamin. Frente a isso, os nostálgicos buscam ainda no absoluto extrínseco porém familiar da Morte o sentido que lhes foge sob os pés. Que bons tempos aqueles em que havia a bela morte, com sua promessa de eternidade (como aquela idealizada e apaziguadora, de Jean Paul, ou todas as outras que prometem o absoluto). Visão regressiva, com todos os perigos políticos evidentes.

O cinismo pós-moderno, por sua vez, contorna a angústia do descartável, intensificando-a, mas voluptuosamente: já que a morte está disseminada nas coisas como seu verme constitutivo, a própria diferença entre a morte e a vida se esfumaça, tudo é sem sentido, até a morte, sobretudo a vida...

É preciso reconhecer, contudo, que numa época em que o capitalismo desterritorializou o tempo das coisas, insuflando nelas sua ilimitada precariedade, não só surge uma consciência aguda do tempo, como sugere Benjamin, mas abrem-se possibilidades para outras temporalizações (inclusive aquelas produzidas pelas novas tecnologias na sua interface com as artes), com seu novo cortejo de estranhamentos, estrangeirices, aberrações.

---

4) Jeanne Marie Gagnebin. *História e narração em Walter Benjamin*. São Paulo, Perspectiva, 1994.

Conviria admitir, enfim, que não obstante as diversas estratégias coexistente, continua o murmúrio do Morrer, esse rumor que nos trabalha por toda parte, constantemente, intensivamente. Não hesito em dizer que cabe ao pensamento, à arte, à clínica, também cultivar essa arte do morrer que há na vida e que a abre constantemente para as dimensões inclementes, não apaziguadas, não reconciliadas do Tempo.

PARTE VII
A GUERRA E O TEMPO

LEMBRAR DE ESQUECER LAMPE!

O trem estacionado na Plataforma 1 dessa impronunciável estação ferroviária de *Nyugati Pályaudvar* sai de Budapeste pontualmente às 6h45 e estará em Trieste só ao cair da tarde. Chego cedo demais. Tenho tempo para comprar cigarros americanos e uma vistosa revista húngara, com Lênin estampado na capa, guitarra na mão e travestido de roqueiro. Uma publicação mais austera traz uma matéria de Ágnes Heller que me interessa, sobre a morte do sujeito (o que pensarão os húngaros desse tema em que ainda nos deliciamos no outro lado do mundo?). Também levo um suco de maçã autenticamente *made in Hungary*. Estou inquieto, com medo de perder o trem, apressado em partir, a visão embotada, ali vai o trem para Zagreb, outro para Zurique ainda espera, vago sonambúlico ao longo da Plataforma 1 e me pergunto quantos croatas viajarão comigo (o trajeto até Triste passa pelo que sobrou de Iugoslávia). Asseguro-me de que tenho em mim o visto de trânsito da Croácia, mas não o da Eslovênia, penso nos bósnios e não me estranha que uma viagem de trem pela Europa lembre sempre as rotas da guerra, presente, passada, futura. Talvez eu nunca mais consiga viajar de trem sem pensar em guerra. Semana passada foi o mesmo, vi vagões de carga estacionados na linha ferroviária de Oswieczin que nós chamamos de Auschwitz, alguns deles apenas entreabertos, outros escancarados, deixando à mostra uma escuridão obscena que por noites a fio preenchi com o terror de lembranças não vividas. Mas todo meu sonho agora é ver meu trem deslizar rente à Plataforma rumo ao Ocidente luminoso. Por que pensar em guerra se o que me intriga é saber como andam os loucos de Trieste, se tudo que quero agora é a brisa do mar, e limpar do meu corpo extenuado essa carcaça de Leste que me arde na pele como um sal grosso?

Ocupo enfim uma cabine vazia, satisfeito de poder estar só por tantas horas, terei tempo de ler, divagar, escrever, deixarei meus pensamentos, junto com o trem, se distanciarem ainda mais dos vilarejos perdidos do extremo norte da Transilvânia na fronteira com a Ucrânia, com todos seus judeus dizimados. Satu Mare e Mare Mare, que deixei dias atrás, ou aquelas valas comuns do cemitério judeu de Varsóvia que visitei num fim de tarde de *shabat* clandestinamente escalando o muro, para não falar de Auschwitz-Birkenau, oito dias atrás, sim, pensarei agora só em Berlim da semana retrasada, isto sim, desenharei em minha mente os magníficos *graffiti* pintados em pedaços do Muro espalhados pela cidade, nos descampados imensos onde cruzei um anjo de Wenders; lembrarei das frases em comemoração à reunificação da cidade ("Danke, Andrej Sacharow", "Pensamentos são como rastros de pássaros no Céu", "Quem quer que o mundo se mantenha tal como ele é não quer que ele se mantenha"); passearei um pouquinho mais pela Biblioteca Central onde fui ouvir a última história do Narrador. Dessa vez refarei o percurso pela parte oriental da cidade, com os edifícios do ex-partido comunista inteiramente ocupados por jovens criativos e barulhentos, ali descansarei nos grandes bares futuristas, mirando os fuscas alados pendurados no teto, os ônibus encravados na terra em diagonal, coloridíssimos, levantando voo para um Céu que já viu de tudo. Não, não lembrarei do piso da sala da Wansee Konferenz aquela bela mansão às margens de um lago em Berlim, onde Eichmann, Heydrich e alguns mais decidiram em janeiro de 1942 pela solução final da "questão judaica". Acomodo-me melhor na cabine e me vejo fazendo como o grande e ridículo Kant, que ao perder de um dia para outro seu serviçal Lampe depois de 40 anos de fidelidade prussiana, perturbado com a súbita mudança de rotina, escreveu em sua agenda num lembrete severo para si mesmo, *Lembrar de esquecer Lampe*. Eu faria o mesmo, lembraria de esquecer tudo o que vi nesses dez dias e começaria isto já, agora mesmo, em Budapeste.

Adiantou pouco esticar as pernas sobre o banco da frente, tirar os sapatos, espalhar meus pertences, abrir espaçosamente a revista "libertária", encher de fumaça a cabine inteira. Uma senhora mais fumante do que eu se instala à minha frente, nada intimidada com minha apropriação do território. Gorda, pelos na perna descuidada, de chinelo, afundada na leitura de uma revista de política. Resignado à companhia deselegante e intrigado pelo estilo desenvolto eu me digo: "seja mais sociável, uma pessoa é um mundo, não é hora de desperdiçar um mundo". E a conversa brota do nada, conta-me da Hungria, vive agora na Alemanha embora passe aqui mais da metade do tempo, vai em visita a uma amiga no campo, sim o país está difícil, o comunismo estragou muita coisa, é um desastre, até consertar tudo vai demorar. Claro, tem gente boa, mas o mau exemplo vem de cima, veja só, meu senhor (as fórmulas de polidez em húngaro me soam de um formalismo desconcertante!) todos os políticos corruptos, o que pode a juventude, senão seguir-lhes o exemplo? Não, já não há como nos velhos tempos o senso do trabalho, do respeito, da dignidade humana.

Eu ouço interessado e no que posso vou concordando, e não por menos. Dias antes dois jovens húngaros me confidenciaram de que modo pensavam chegar ao BMW e à América tão sonhada: roubando o carro dos pais dos amigos (com a conivência do filhos e divisão dos lucros, num sistema de rodízio de bando), traficando cocaína e esperando que a guerra iugoslava já não tão longínqua chegasse logo às fronteiras, "nada tão lucrativo quanto o comércio ilegal de armas". Só posso concordar com senhora, estarrecido com esse pós-comunismo feito de miragem e delinquência.

Não, continua ela, não há mais gosto pela verdade, a economia continua na mão dos que ainda ontem se diziam comunistas, os mesmos ladrões que hoje se proclamam liberais. A União Soviética estragou esse país, meu senhor. Os russos nos devem um indenização de guerra semelhante à que os alemães pagaram aos judeus, e por bem menos. Afinal, dos 600 mil judeus que se alega terem sido deportados, 450 mil voltaram à Hungria e implantaram aqui o comunismo!

Eu silencio, abismado com a estatística. Sei que 450 mil judeus húngaros foram mortos, que a Hungria hoje tem 80 mil, que... Também me estranha a equação que identifica judeu com comunista, no geral são assimilados aos capitalistas. Mas eu me digo, diante das pernas peludas de minha companheira de viagem, que não vale a pena discutir. De que serviria a desavença? Sei que deslizo subrepticiamente do cordial ao cordato, mas não consigo fazer diferente. Para espanto meu o tom de voz, a segurança dessa mulher me intimidam.

Bem, prossegue ela com uma vivacidade crescente, os judeus sempre foram muito espertos, e com isso ganharam muito dinheiro. Veja, meu senhor, a maioria dos parlamentares são judeus. O próprio primeiro-ministro, todos conhecem sua origem. Não adianta esconder, a gente reconhece, seja pelo nome, seja pelo rosto. E eu me digo: "ela sabe, meu rosto é inconfundível". Não tenho nada contra eles, me consola ela, eu mesma tinha uma amiga judia, que minha família ajudou a esconder durante a guerra, e quando se salvou dos alemães foi estuprada por um batalhão de russos. Nada tenho contra os judeus em geral, mas não admito que mintam nem que se façam de vítimas. Veja, meu senhor, aquele diplomata sueco que comprou salvo-condutos aos milhares, com dinheiro dos judeus milionários, e só salvou os ricos... Os judeus nadam em dinheiro e se aproveitam disso. "Sim", penso eu, "eu também tenho parentes milionários." Não queria estender-me nesse assunto, prossegue ela, mas o senhor me escuta com tanta atenção, inspira tanta confiança, que me permito contar-lhe o que costumo omitir a meus colegas húngaros, eles me taxariam imediatamente de antissemita. Eu tinha dois irmãos. Em 1956 lutaram contra os russos, como tantos outros. Pode o senhor imaginar o que lhes aconteceu? Foram presos e processados. Quem foi o promotor? Um "camarada" judeu. Quem eram os juízes? Quatro "camaradas" judeus. Pena de morte. Morreram os dois, simplesmente porque eram patriotas.

Subitamente me sinto culpado, eu mesmo, pela morte injusta dos dois irmãos dela que, como meus pais, lutaram contra os russos em 1956, embora por razões políticas opostas. Os comunistas, meu senhor, não perdoaram ninguém, e agora querem nos fazer crer que esquecemos, querem nos fazer de idiotas, mas nós não somos idiotas, estamos vendo tudo, eu mesma estou reabrindo esse processo, se for preciso vou à Corte Internacional de Haia para reabilitá-los e processar os seus assassinos, que continuam soltos. Vejo que o senhor é uma pessoa sensata, vive fora daqui há anos, de onde mesmo são seus pais? Em que ano foram embora? Como é mesmo seu sobrenome?

Eu digo e pela primeira vez na vida me sinto aliviado com a sonoridade pouco característica. Pois é, veja só como anda este país, prossegue a dama, lama, lama e mais lama. Vê o senhor essas mansões aqui do lado, por onde passa agora o trem? Aqui é o lago Balaton, era uma maravilha, e essas mansões todas são de ex-funcionários do partido, que agora se dizem democratas, liberais. Ah, meu senhor, isso dói, dói, mas eles não sabem que nós estamos vendo tudo, registrando tudo, tudo isso será denunciado em detalhes, pormenorizadamente, nada vai escapar, tudo será publicado na imprensa internacional, e os políticos pagarão caro.

Eu olho pela janela, já arrepiado como os rumos da conversa, vejo o lago Balaton, e lembro que meu pai, um ex-comunista, tinha aqui uma casa de campo, da qual herdei uma parte logo após sua morte, e à qual renunciei porque vivia no exterior. Grudado na cadeira, emudecido, acuado, medroso, covarde, afundando em mim mesmo, penso "deve ser isso que eles sentiam, esse medo paralisante, não dá para reagir, é tão impensável, tão inacreditável, essas pessoas parecem ter razão, parecem ter um direito que prevalece, inalienável, está no tom de voz, na indignação, nesse sentimento de injustiçados, na ira mal contida". Tudo que sei, naquele momento, é que não há ali lugar para mim, assim como não houve para todos os que fugiram ou que foram gaseificados. Sinto-me atirado numa história antiga, na vala comum do estrangeiro predador e sem direitos, que não consegue justificar sua presença ali onde o acusam de existir. Um fio de pânico me atravessa a espinha, lembro dos *skinheads* que me deram carona na fronteira húngaro-romena, estranhamente excitados quando identificaram no passaporte de meu primo que viajava comigo o carimbo de um visto de Israel e a exclamação "eu sabia!" sussurrada entre eles. Lembro ainda da porta escancarada do trem de carga em Oswieczin, e também da cara assustada da cabeleireira de Maru Mari pensando que tomaríamos de volta, eu e meu primo, a casa que agora ocupa e que pertencia à família numerosíssima de meu tio, depois dizimada, lembro dos barracões do campo, dói-me a cabeça e tenho fome. Quero sair correndo e vejo o lago Balaton, quanto mais estarrecido mais me comporto, sorrio, quero agradar, que não desconfie de mim, essa senhora peluda, quiçá minha simpatia me salve como não salvou milhões, eu me detesto, eles certamente se detestavam, os outros os detestavam, aí não tem fim essa história horrenda.

Felizmente somos interrompidos em nosso macabro idílio por um campônio simplório, olhar esbugalhado e curioso, animado com o contrato de emprego que vai assinar em breve, perto da fronteira, com a companhia ferroviária. Ouve atento a sequência do monólogo da senhora e não resiste. Desculpe a intromissão, intervém ele, não queria atrapalhar a conversa dos senhores, mas se me permitem uma opinião, eu não posso concordar que todos os políticos sejam sujos. No Parlamento tem muita gente direita. Nas últimas eleições votei num partido honesto, o partido da juventude democrática.

Eu me surpreendo que um humilde camponês tenha ousado desafiar essa mulher, discordando dela abertamente, fazendo o que não me permitia minha incompreensível covardia. A senhora o mira com ar bonachão mas fulmina em seguida. Esse partido é o pior de todos, sabe o senhor quem o financia? O milionário judeu de nome Soros que hoje vive na Inglaterra ou nos Estados Unidos, dono daquelas fundações todas. Pergunto-me se ela sabe que alguns dias antes encontrei o representante de Soros na Hungria, um deputado judeu que durante a guerra foi salvo por meu pai, e a quem em vão fui pedir auxílio para o delirante projeto de uma revista internacional a ser feita no Brasil e financiada pela fundação do megainvestidor de origem húngara. Semana passada, continua ela, estive no Parlamento e conversei com um desses deputados (será o mesmo?, perguntei-me), eu lhe disse francamente o que pensava dele, ofendeu-se porque mencionei que era judeu; ora, nem precisava dizê-lo, está na cara, ou melhor, no nome... Por que envergonhar-se? Por que negá-lo? Que o diga, não há nada demais, apenas que não nos venda gato por lebre!

Eu me pergunto se ela desconfia de mim, se ela já descobriu, se me diz isto para me provocar, se está testando meus nervos de judeu, se quer vê-los explodindo. Sinto crescer meu nariz, minha barba, minha circuncisão, meu sotaque *idish* (que não falo), recordo da parte milionária de minha família, da outra parte comunista, sou a síntese perfeita, já me reconheço por inteiro na descrição que faz ela do judeu. Sinto-me Gregor Samsa, ela conseguiu provocar em mim uma inesperada metamorfose, por fim virei o que ela quis e que eu nunca fui. Ela se dirige a mim, agora, novamente. O senhor que vai para longe, conte ali isso tudo que está ouvindo, diga a seus colegas o que viu, que podridão vivemos aqui, quanto engodo. Mas isso não pode durar muito. Esse povo não é burro. Ele há de se vingar, e ouça o que lhe digo: quando vier a vingança desse povo, e ela virá, essa desforra não terá a mais remota semelhança com nada que já se viu neste país. Ela será tão terrível, tão completa, tão estrondosa, tão definitiva, que tudo o que esta Terra testemunhou de sangrento no passado recente ou longínquo há de empalidecer timidamente diante desse acerto de contas final. Nesse dia, que se aproxima, meu senhor, e isso eu lhe digo confidencialmente porque simpatizei com o senhor, de nada adiantará a esses criminosos fugirem com seus passaportes israelenses na mão, nem com proteção internacional nenhuma. Nós os buscaremos em qualquer parte, estejam onde estiverem, desse lado ou do outro lado do mundo, e os esmagaremos. Eles não escaparão!

Já inflamada e com o dedo em riste, dá-se conta a senhora de que se aproxima sua estação. Despede-se amavelmente, agradece a companhia atenta e amigável, "sempre é bom encontrar gente sensata neste mundo de safados".

Resta-me dizer adeus, também amavelmente, mirar o campônio com olhar indagador e afundar de vez em mim. Para minha surpresa ele me finca o olho com rústica franqueza, mas em tom benevolente, quase como quem afaga um surrado, me pergunta: O senhor é judeu, não? Eu hesito um segundo que será o mais longo de minha vida e balbucio um sim envergonhado, e logo me justifico, explico que não disse antes pois estava curioso em saber o que pensava a mulher, não queria interrompê-la nem desviar o curso de seu raciocínio, se soubesse com quem falava certamente omitiria o que pensa e fico ainda mais atrapalhado, enrubescido de dever explicações a um desconhecido sobre um terror que vem de longe e que não é meu, mas que é meu.

Todo simpático, ele me retruca afavelmente: Meu senhor, não dê ouvidos ao que ela disse. Não é certo o que falou dos judeus. Os judeus são boa gente, são bons comerciantes. Quando um judeu vai vender um garfo, ele tem um lucro pequenininho, então vende mais barato cada garfo que vende e assim consegue vender muitos garfos e ao total acaba tendo um lucro grande com todos os garfos que vendeu. Para o consumidor isso é vantajoso. O comerciante cristão é o contrário: quer um lucro grande por cada garfo, vende menos garfos, ganha menos pelo total dos garfos vendidos e ainda prejudica o consumidor, entende? Por isso eu gosto dos judeus, porque eles são espertos e nós saímos lucrando. Também o que ela disse dos comunistas não é correto, eles não foram tão maldosos como ela pretende, veja o meu caso, eu tinha um emprego oficial no qual mal trabalhava, era um emprego de mentirinha, mas me permitia ter outros dois empregos informais em que ganhava um bom dinheiro. Com o fim do comunismo fiquei desempregado dois anos, só agora consegui esse serviço como jardineiro na companhia ferroviária.

Fico surpreso com a lógica do campônio, tenho por ele uma súbita simpatia, não é antissemita, não é fervoroso anticomunista, embora cite de cabeça passagens inteiras da Bíblia, longuíssimas, muitas delas que mal entendo, exigiriam um húngaro bíblico que não domino. Estou mais apaziguado, nem tudo são trevas no reino da Dinamarca.

Não, meu senhor, continua ele, o problema da Hungria, como o senhor mesmo pode constatar, não são os judeus, nem os comunistas. Eu vou lhe dizer qual é problema da Hungria, meu senhor. O problema da Hungria, bem, o problema da Hungria, meu senhor, é bem simples, eu vou lhe dizer, não costumo dizer isso em publico porque me taxariam sei lá do quê, mas o problema da Hungria... são... os ciganos. Eu não tenho nada contra os ciganos, não pense, ao contrário. Inclusive o meu melhor amigo na escola era um cigano. Mas os ciganos são ladrões, preguiçosos, sujos, maltrapilhos.., por isso a Hungria não vai para frente.

Agora estamos na fronteira com a Croácia. O camponês já desceu, estou só na cabine, vejo na estação a placa em croata, os soldados sobem no trem para controlar o vistos e eu penso nas mulheres bósnias violentadas por sérvios ou croatas, nas mulheres croatas violentadas pelos sérvios, nos jovens húngaros esperando ansiosos que a guerra chegue mais perto, no dedo em riste da mulher peluda, me pergunto pela décima vez se ela sabia, acaricio o nariz que certamente me delata, apesar do sobrenome que camufla, e tenho de novo a sensação de uma metamorfose enlouquecida. Recomponho-me por um segundo e me indago se não terei encontrado uma desvairada isolada, um horrenda versão de Drácula às portas do século XXI, à mercê desse interminável *hamsin* da História. Lembro das últimas palavras do campônio sobre os ciganos, ponho a mão na cabeça e desato num choro incontrolável. Num acesso de fúria juro a mim mesmo que jamais voltarei a pôr os pés nesse continente fétido, que a Europa está podre, que os seus monstros de novo estão à solta, que estão todos ensandecidos, húngaros, polacos, croatas, sérvios, eslovenos, eslovacos, ucranianos, tchecos, tchetchenos, franceses, alemães, também os judeus, sim, também os judeus, todos mordidos por este incurável e ancestral vírus da identidade, contra o qual o tema da morte do sujeito parece uma piadinha vã, embora não de todo absurda. Bato o olho na foto de Lênin, na minha frente dança o guarda croata, e pulula o nome de Agnes Heller no meio da lágrimas. *Como curar nazistas* é o título de um *best-seller* de Franco Berardi recém-publicado na Itália, mas tudo o que quero agora é chegar ao porto de Trieste, sentir no corpo a brisa do mar e de lá ouvir o canto de uma sereia, de uma sereia latina que não leve no peito um coração de Drácula. Sentado ali entre meus jornais e o ruído dos meus pensamentos, lembro que havia programado espairecer em Trieste, que me havia prometido atravessar a Croácia sem pensar nos bósnios, passaria pela Eslovênia e que não me cobrassem visto de trânsito, tudo o que eu queria era chegar são e salvo ao mar Adriático numa tarde ensolarada, e desfazer-me da grande Noite que devagar vai se abatendo sobre o Leste do Mundo.

Pobre Kant, levar na biografia tão puritana esta pérola de insensatez: Lembrar de esquecer Lampe![1]

---

1) Este relato não é uma ficção. O episódio ocorreu em julho de 1993.

A VERGONHA E O INTOLERÁVEL

Cinema e Holocausto

> *"(...) a meu ver e de uma outra maneira que o decidiu Adorno, de resto com a maior razão, eu diria que não pode haver relato-ficção de Auschwitz (...)"*
> Maurice Blanchot

Ainda está por ser escrita a história dos sonhos no Holocausto, essas toneladas de matéria etérea que deram estofo à noite dos internos, que os acompanharam até o momento da morte, no campo ou fora dele. Primo Levi reportou-nos alguns fragmentos de sonho memoráveis que atormentaram o sono dos sobreviventes. Na última página de seu *A trégua*, já em casa, de volta ao lar aconchegante, depois da guerra, ele sonha que, em meio a cenas de bem-estar, subitamente tudo desmorona à sua volta, e ele está de novo no campo, e nada era verdadeiro fora do campo. E ouve a voz do comando da alvorada de Auschwitz gritando: Levantem!

Mais perturbador é o sonho que o acometia anos antes, durante sua estada no campo: ele está em casa entre seus familiares, e lhes conta a vida no campo, a cama dura, a fome, o controle dos piolhos, o soco do *kapo*, mas ninguém o escuta, continuam conversando entre si, indiferentes. Esse sonho era comum a muitos de seus companheiros de infortúnio. "Por quê", pergunta Levi, "o sofrimento de cada dia se traduz, constantemente, em nossos sonhos, na cena sempre repetida da narração que os outros não escutam?[1]" De qualquer modo, o Holocausto talvez tenha uma vez mais jogado por terra a suposta fronteira entre sonho individual e sonho coletivo. No rastro dessa observação abrupta, passo ao relato do meu sonho privado do Holocausto, recentíssimo, e feito em meio à leitura de um dos livros de Primo Levi.

---

1) Primo Levi. *É isto um homem?*. Rio de Janeiro, Rocco, 1988, p. 60. Cf. o comentário de Jeanne Marie Gagnebin, que m e chamou a atenção para este sonho, em *História e narração em Walter Benjamin*, op. cit., pp. 122-131.

Alegoria do sobrevivente

Eis o sonho: morri. Vejo estendido no chão, diante de mim, meu próprio cadáver, percebo grandes marcas de bala perfurando o peito. Levanto esse meu corpo com esforço e o carrego nas costas. Vejo então à minha frente uma televisão enorme, de ponta cabeça com a imagem de meu rosto em primeiríssimo plano, imagem resplandescente e saudável falante, sorridente, muito viril. Afasto-me dessa imagem e parto com meu cadáver na costas; a caminhada é longa. Sinto o corpo de meu cadáver ainda quente, a carne branda, o sangue dá impressão que corre, embora a pele já esteja azulando. Chego por fim a um sítio onde estão amigos muito caros e minha ex-mulher, pouso o cadáver no chão, todos o olham com grande consternação e pesar. Percebo que lhe prepararam uma lápide, feita de uma pedra branca, típica de Jerusalém, onde leio uma inscrição em alto relevo, um frase que tem a ver com lembrar-se, com amizade. Antes de ir-me enfio a mão sob a lápide, toco o corpo já enterrado, e tateando entre a roupa e a pele branda busco no peito alguma coisa que quero levar comigo, que talvez eu tenha esquecido. Não sei o que é. Vou-me embora, nem triste nem aliviado (não é um sonho de angústia).

Deixo de lado as associações pessoais, não é intenção minha fazer psicanálise a céu aberto. Na verdade eu preferiria deixar esse sonho assim, fechado em si mesmo, como um curta-metragem pessoal. Mas não resisto à tentação de usá-lo aqui, tendo em vista as circunstâncias em que ele me visitou e que incluíam a preparação desta comunicação. Tomo a liberdade, então, de considerar esse sonho, um pouco grosseiramente, talvez, como uma alegoria da condição do sobrevivente (ou de seu descendente), na sua figura tríplice de espectro, mártir e star. O espectro é esse ser meio imaterial e desencarnado, alma penada ou anjo errante, que carrega nas costas o cadáver baleado de seu duplo terreno, ainda quente, palpitante, para dar-lhe sepultura entre amigos. Que dificuldade tem o espectro de abandonar o morto sem dele levar alguma coisa, que ele mesmo não sabe o que é... Como enterrar o seu duplo, o duplo de cada um de nós saído dos campos, como enterrar esse mártir, ao mesmo tempo vítima e herói? Como dar-lhe descanso sem sentir que, indo embora, de um lado o abandonamos e, de outro, vamo-nos de mãos vazias, um pouco ocos, sem a aura que o envolve, e que deixamos sepultada ali, junto com ele? De certo modo essa aura reaparece no brilho do star televisivo, esse que fala sobre o mártir, e que muitas vezes quer representá-lo (por exemplo, alguém que fala em público ou escreve sobre o Holocausto, como eu neste momento). Nessa trama o único desprovido de aura ou brilho é esse que carrega, esse que enterra, esse que resgata alguma coisa: dos três eus do sonho é ele o mais impalpável, invisível, inapreensível, sem espessura, sem passado nem futuro. Contrasta com o eu glorioso do cadáver, cheio de história, de passado, de substância, mas também com o eu radiante da televisão, o pleno de presente e futuro, de certeza, de cintilação. A vida parece estar injustamente distribuída, ora na glória do mártir ora no brilho do star, mas aquele que carrega parece não ter vida própria, a não ser uma função indefinida e solitária de testemunhar em silêncio pela vida dos outros dois que ele acompanha. Como fazer para que a vida eminente, sanguínea, palpitante, não seja propriedade exclusiva desse cadáver sagrado e consagrado pelo sofrimento, e portanto que não permaneça ali, enterrada, na estéril monumentalidade de uma lápide? Como fazer para que a vida não seja apenas, ao contrário, monopólio do estrelismo midiático, desse que através dos colóquios e mesas redondas e debates e publicações fala sobre a catástrofe, sua ou alheia, e que pretende, talvez, representá-la também para sua glória própria, narcísica, num estranho e duvidoso vampirismo? Como pode esse ser impalpável descolar-se tanto da pele azulada como da tela azulada, da opacidade de um e da fosforescência do outro, do pesado passado substantivo, por um lado, e igualmente do virtual frívolo e efêmero, por outro, para poder enfim ganhar vida própria? Talvez minha questão só possa vir de uma geração que sucedeu ao Holocausto e que tem dificuldade de desfazer-se do peso do seu cadáver, que acredita não obstante ser isso incontornável, que pensa ser preciso levar dele algo muito precioso mas que tem escrúpulo em capitalizar essa herança.

Gostaria de mostrar brevemente, ainda no campo das imagens – embora não as de sonho – que nas últimas décadas foi feito um esforço considerável para que questões como essa soassem menos irrespondíveis. Para ficar no domínio cinematográfico, eu mencionaria dois exemplos, entre os mais corajosos, em polos diametralmente opostos: Claude Lanzmann, Hans Jürgen Syberberg.

Da interdição das imagens

O documentário de Claude Lanzmann intitulado *Shoá* tem a duração incomum de nove horas e meia, e não exibe sequer uma única imagem de horror: nenhuma criança de mãos para o alto, nem velhos suplicantes, corpos esquálidos, ou ainda valas entreabertas, montanhas de cadáveres, suásticas, uniformes, multidões, música marcial, aparições do Führer. Nenhum espetáculo que nos fizesse gozar sem risco o absoluto do poder e do perigo, ou o fascínio da morte infinita. Nem imagens de arquivo, nem reconstituição. Apenas paisagens atuais, rostos atuais, palavras atuais. A sobriedade mais digna para tratar do mais indigno.

Um documentário insólito que não recorre aos filmes ou fotos de época, nem aos uniformes de época, que não nos introduz no presente do Desastre e faz questão de tratar da abjeção sem mostrá-la diretamente. Se é privilégio do cinema poder mostrar imagens de época, por que privar-nos delas? Já que o cinema pode fazer ver o que já foi como sendo agora, de presentificar o passado como se fosse presente e fazer-nos mergulhar nesse passado, seja ele o de Espártaco ou de Auschwitz, como justificar essa abstinência iconográfica de Lanzmann?

Ela se contrapõe, evidentemente, a uma certa filmografia sobre o nazismo. Tão logo termina a Segunda Guerra Mundial o americano George Stevens atravessa a Europa destruída partindo de Saint Lô, junto a um grupo de soldados cineastas, e se depara, para surpresa geral, com um Auschwitz não previsto. Filma a abertura do campo em cores, o empilhamento de cadáveres, tudo numa certa inocência americana e em technicolor. Em 1955, Alain Resnais, em seu *Nuit et Brouillard*, usa imagens de corpos empilhados, montanhas de óculos, de cabelo e dentes das vítimas, num tom que a essa altura, passados dez anos do fim da guerra, já não poderia ser de inocência americana em technicolor: é de distante justeza. Em 1960, o italiano Gillo Pontecorvo roda *Kapo*, filme que mereceu uma crítica de Jacques Rivette no *Cahiers de Cinema* intitulada "Da abjeção". Ali Rivette descreve um plano do filme em que um prisioneiro se suicida, atirando-se contra o arame farpado eletrificado. E o comentário diz o seguinte: o homem que no momento dessa cena decide fazer um *travelling* de avanço para reenquadrar o cadáver em *contra-plongée*, isto é, visto de baixo, inscrevendo com exatidão a mão levantada do morto num ângulo de seu enquadre final, esse homem, diz Rivette, merece o mais profundo desprezo.

O crítico francês Serge Daney relata ter lido esse pequeno texto de Rivette sobre o filme *Kapo* aos dezessete anos, e conta como na época entendeu imediatamente que o autor tinha absoluta razão. Diz Daney que aí tomou forma uma indignação sua, e que foi essa sua primeira certeza de futuro crítico de cinema, O "*travelling* de Kapo" tornou-se seu dogma, o axioma indiscutível, o ponto-limite de qualquer debate. Quem não sentisse imediatamente a abjeção do "*travelling* de Kapo" nada podia ter a ver com Daney, nada a partilhar. Pois há coisas, dizia Rivette naquele artigo, que devem ser abordadas no temor e no tremor: a morte é uma delas, sem dúvida; e como, ao filmar algo tão misterioso, não se sentir um impostor? Como não desembocar no que Godard chamaria mais tarde de gênero "pornô concentracionário"? Filmar a morte sem temor e tremor, eis a abjeção estetizante, a fruição impostora. Onde termina o acontecimento e começa a obscenidade ou a pornografia? Em suma, pergunta Daney, qual é o indício da abjeção na própria filmagem?[2]

Pode-se dizer que ali onde uma certa abstinência cessa de operar, a banalidade do mal se estende da arte para a vida e nela se expande. A necrofilia ainda elegante de Resnais, com sua distância justa, foi violada e transformada em espetáculo com aquele pequeno *a mais* de Pontecorvo. Para não falar de filmes como *O porteiro da noite*, ou a série americana *Holocausto* e, mais recentemente, *A lista de Schindler*. Diante disso, talvez o imperativo moderno devesse ser a proibição, ou pelo menos o freio da imagem, numa espécie de embargo sobre a ficção. Toda uma política da imagem.

Imaginar o inimaginável

Mas por que todas essas questões de forma quando todo o fundo é tão imenso e grave? Porque aí começa o filme de Lanzmann, nessa ética que consiste em recusar o movimento de câmara estetizante e exibicionista pelo qual tudo aparece, tudo se vê, tudo se toca, tudo se entende, pelo qual entramos onde nunca estivemos e por procuração cinematográfica vivemos o que os outros viveram e nessa proximidade promíscua com a abjeção e o passado no fundo tudo se equivale e uma imagem vale a outra pois afinal tudo é imagem, mundo pleno do *déja-vu*, em que tudo é visível e tangível e compreensível, portanto possível.

Gosto dos filmes que me fazem sonhar, mas não gosto que sonhem por mim, dizia o cineasta Georges Franju. Lanzmann parece aplicar essa ética e essa estética no seu reverso, com todo o rigor e a ascese em que implicam, como quem diz: essa história precisa ser narrada no seu inenarrável, vista no seu invisível, para que o espectador possa, no caso, não sonhar, porém *pesadelar*, e pesadelar por conta própria. Há um trabalho que cabe a ele fazer, por mais que seja um trabalho fadado ao fracasso. Isso

---

2) Serge Daney. Le travelling de Kapo. In *Trafic*, n. 4. Paris, 1992.

fica patente numa cena em que Lanzmann está interrogando o SS *Untersturmführer* Franz Suchomel, subcomandante de Treblinka. A sequência das perguntas é mais ou menos esta: Como era possível, em Treblinka, nos dias de pico, "tratar" dezoito mil pessoas? Liquidar dezoito mil pessoas? Um transporte chega: gostaria que me descrevesse muito exatamente todo o processo em período de pico. Quantos alemães havia na rampa? E quantos ucranianos? E quantos judeus do comando azul? E quanto tempo entre a rampa e a operação de desnudamento, quantos minutos? E pode descrever com exatidão esse "desfiladeiro" por onde se era conduzido da rampa à câmara de gás? Como era? Quantos metros? O desfiladeiro era chamado de "Caminho do Céu", não? Preciso imaginar. Eles penetram no desfiladeiro... E o que acontece? Completamente nus? E por que as mulheres não apanhavam? Por que tanta humanidade, se de qualquer modo era a morte?

Em meio a essa bateria de perguntas, ao pedir que o SS descreva o desfiladeiro chamado "Caminho do Céu", pelo qual se chegava à câmara de gás, Lanzmann diz de passagem: preciso imaginar. Creio que reside nessa formulação simples todo o desafio do diretor de *Shoah*. Ele não diz "sei", ele não diz "vi", ele não diz "imagino", ele não diz "entendi", ele o diz na forma de um imperativo para si mesmo cuja impossibilidade testemunhamos seguidamente, *preciso imaginar*, isto é, não posso furtar-me a essa compulsão, mas tampouco posso realizá-la. Imaginar o inimaginável, eis o que esse filme mostra ser tão impossível quanto inevitável.

Frente à compulsão de *imaginar* tudo, Lanzmann se recusa a oferecer qualquer *imagem* sobre aquilo tudo, a não ser paisagens de agora, rostos de agora, falas de agora. É preciso imaginar, mas sem dispor de imagens, como se imaginar *aquilo tudo* só fosse possível a partir de um grau zero da imagem. Imaginar o inimaginável sustentando-o *enquanto inimaginável*, é esse o desafio paradoxal lançado por Lanzmann. Caso pusesse imagens para que imaginássemos o inimaginável, estaria transformando o inimaginável em imagens, em imaginável, ou seja, em visível, articulável, mensurável, compreensível, até explicável; em suma, em tolerável.

Os historiadores do nazismo às vezes chegam por outras vias a um dilema semelhante. Para Saul Friedländer, por exemplo, o historiador tem o dever de tentar visualizar o quanto for possível os acontecimentos descritos a fim de reportá-los com toda a necessária plasticidade. Porém quando ele se aproxima do imenso domínio da criminalidade nazista, o dever do historiador talvez seja o de renunciar a tentar visualizar, precisamente a fim de poder preencher a sua função em termos de precisão documental e relato dos acontecimentos[3]. É o mesmo paradoxo de Lanzmann, embora Friedländer o resolva de outro modo. A visualização impossível porém tentadora, a transmissão necessária.

O que Lanzmann nos dá, então, são os elementos mais pobres, mais despojados, palavras, rostos, pedras, prados. Lanzmann diz que todo seu filme se passa no presente. É o presente dos campos que ele filma, com suas flores, bosques, pedras, descampados, é o presente incessante dos trens, é o presente dos homens e mulheres entrelaçando seus discursos em alemão, inglês, polonês, hebraico, francês, tudo aqui

---

3) Historical Writing and the Memory of the Holocaust. In *Writing and the Holocaust*. Berel Lang (ed.). New York / London, Holmes & Meier, 1988, pp 66-80.

é presente. Tudo é presente e no entanto supõe-se que o filme trate de uma catástrofe passada, de uma devastação pretérita.

O cinema, que poderia ser considerado como a arte do presente, pois a imagem é presente puro e só se vê no presente, conforme uma certa visão (um tanto simplista) de cinema, em vez de levar-nos ao presente da destruição, mostrando suas imagens, traz imagens de nosso presente de onde está ausente a destruição, a não ser na forma de vestígios, traz palavras presentes, de onde está ausente a destruição, a não ser como lembrança. Mas não creio que tudo esteja no presente apenas para significar que Auschwitz ainda é presente – o que de resto é inteiramente verossímil. Do ponto de vista da construção do filme há um efeito temporal ainda mais perturbador. As palavras e as coisas desse filme estão no nosso presente como duas linhas paralelas que se encontram num ponto do infinito, que se supõe teria sido esse passado, que nós não vemos, só tentamos imaginar, e *pesadelamos*. Esse ponto do infinito, esse passado irrepresentável, nós o vislumbramos ondulante para além do rosto endurecido de cada vítima, ou através dele. E o rosto, como diz Levinas, é a parte mais exposta, frágil e desprotegida do homem. Na sua nudez um rosto nos diz sempre e primeiramente "Não matarás". É nesse ponto que somos obrigados a videnciar a Morte.

Da disjunção entre ver e falar

No filme várias vezes ouvimos sobre Auschwitz e vemos o rio Sena, ouvimos sobre Treblinka e vemos apenas pedras. Fala-se de uma coisa, mas nem sempre a fala é legenda da imagem, e a imagem nem sempre ilustra a fala, e mesmo quando ouvimos falar de Treblinka e vemos Treblinka não há redundância, pois não é Treblinka, mas aquilo que a terra encobriu de Treblinka. Por que o falar e o ver não coincidem, no filme e na vida? Por que será que ver não é falar, como diz Blanchot? Dizemos o que é dizível, empurramos a fala em direção ao seu limite, que é justamente o indizível mas que só se atinge através do que se diz. Em compensação sempre vemos o que é visível, e empurramos esse visível em direção ao seu extremo a fim de ver nele o invisível, as intensidades, a memória, o tempo...

Como se houvesse a Voz e a Terra cruzando o Rosto. Por um lado as palavras, como nesse filme, que evoluem numa cascata de precisões, hesitações, buracos, recusas, contradições, gagueiras; somos tomados pelas vozes nos vários idiomas (hebraico, polonês, inglês, francês, alemão etc.) e elevados como por uma Babel do espírito para um plano de afecções indizíveis, onde a linguagem para e se arrepia. Por outro lado está a Terra, e na Terra o que vemos é a massa pesada que enterrou os cadáveres, o sangue, os vestígios, as colheres, as lembranças, o passado. Assim, ouvimos o nome de Treblinka com seu cortejo de suplícios, mas vemos o prado verdejante ou florido, e sentimos que nessa disjunção ficamos perturbados, pois o horror do que está sendo dito pela Voz não está sendo visto na Terra, o que a Voz emite na sua forma etérea a Terra apagou na sua materialidade bruta, nela vemos outra coisa, as flores, a neve, as pedras, o rio, vemos a Natureza na sua altiva indiferença, que terá engolido em suas entranhas o último sopro de cada vítima, fazendo coincidirem a cinza e a terra. E o ato de fala, como uma resistência obstinada, tenta arrancar à terra aquilo que ela enterra. A Voz e a Terra numa briga infernal, numa relação de incomensurabilidade.

Quem quer que algum dia tenha visitado um campo de concentração sabe que impressão nos acomete quando passeamos a céu aberto pela extensão imensa de um Auschwitz-Birkenau, e olhamos a terra e nos dizemos: aqui pisaram mil, cem mil, um milhão, esse prado encobre duzentos mil cadáveres, primeiro enterrados depois incinerados, e olhamos a terra e não entendemos, porque não vemos nada, porque não há nada para ver, mas tentamos ver, tentamos ressuscitar os mortos jogados no lago ou nas valas, e tentamos imaginar, quantificar almas em metros, e colocamos um corpo sobre um outro corpo na imaginação, e empilhamos, e imaginamos um prisioneiro dando esse passo que nós damos agora, e ali está a torre de onde me vigia o guarda e ouço os cães ladrarem, e já seria hora de voltar ao barraco onde mil prisioneiros esfomeados aguardam o nada... E assim passamos horas apenas olhando a terra, perscrutando suas brechas, seus detalhes, seus detritos, e ouvindo ao longe o latido de cães, como se ouve no filme, e a terra nos atrai como um polo insano, ela diz Vem, Vem, Esquece, e não entendemos, e continuamos empilhando num esforço de resistência, e a imensidão do que sabemos não cabe nessa extensão de terra, três mil almas não cabem nessa câmara de gás cujo contorno preciso acompanho agora com o olhar atento, e meço, e me digo duzentos metros de comprimento, tantos de largura, quantas pessoas por metro quadrado, e tento enfiar ali, projetar sobre essa Terra-Tela imagens de filmes ou fotos de corpos esquálidos vistas há tempos, mas sinto que não cabem, não entram nesse espaço exíguo, empurro daqui e dali e digo aqui devem entrar três mil, e já que não dá tudo de uma vez, vou enfileirá-las diante daquela abertura que outrora foi uma porta e as farei entrar uma a uma, e penso que quando terminar tudo serão trazidas para esse recinto em que agora estou, que é o forno crematório. Quanto tempo levará para queimarem três mil? Mas será que cabem aqui três mil empilhados? E vejo que tudo o que calculo com precisão é inútil, embora incontornável, assim como são inúteis, porém incontornáveis, as perguntas de Lanzmann, pois a morte é irrepresentável. Como diz Primo Levi, nossa língua não tem palavras para expressar esta ofensa: a aniquilação de um homem. Esse acontecimento não cabe nas palavras, nem nas imagens, nem nesta Terra, nem na hesitação dessa Voz, nem na dureza desse Rosto que logo desatará num tremor incontrolável. Muito menos poderia caber num cinema de ação, como de um Spielberg. Daí a opção de Lanzmann, fazer todo o contrário de um filme de ação.

Gilles Deleuze nota que no neorrealismo italiano as personagens passam o tempo se espantando, com o que é demasiado ignóbil, ou terrível demais, ou excessivamente belo. Elas já não interagem com as situações num encadeamento sensório-motor, no sentido em que uma percepção se prolongaria em ação. As personagens são condenadas a presenciar o intolerável numa espécie de paralisia motora, de vidência, com imagens vindas do tempo ou do pensamento. É uma nova subjetividade que se anuncia nesse cinema do pós-guerra, menos motora e material, mais temporal ou espiritual. É todo o contraste com o cinema americano, O cinema europeu tentando, nessas imagens, atingir o mistério do pensamento e do tempo: à impotência motora da personagem corresponde agora uma mobilização total do pensamento, do tempo, da memória, do passado. O Passado vem à tona, envolvendo a todos no grande Tempo das coexistências, nesse meio vital lamacento que é a Terra onde coexistem todos os crimes e todos os amores de todos os tempos.

O salto de Mefisto

Conjugam-se, nesse filme de Lanzmann, uma ética da imagem, uma perturbação temporal que ela provoca, e um princípio historiográfico preciso que os norteia a ambos, do qual tratarei a seguir. Nessa disjunção entre ver e falar que deixa emergir entre os dois uma espécie de vertigem, nesse presente da fala e da imagem por onde se infiltra o Excesso de um passado, nessa intemporalidade alucinatória, como diz Lanzmann, em que se apaga a distância entre o presente e o passado, há ao mesmo tempo a obsessão de descrever, a impossibilidade e o imperativo de imaginar e, sobretudo, uma recusa de entender. Entre os três, esse último princípio é, de longe, o mais problemático.

"*Hier ist kein warum*", aqui não há porquê, era a regra fundamental no campo, conta Primo Levi. Lanzmann fez disso seu lema próprio, indicando a obscenidade absoluta do projeto de compreender. Não compreender, não tentar entender. Qualquer inteligibilidade seria fatal para o outro projeto mais essencial, o de transmitir. Jeanne Marie Gagnebin viu nessa recusa de explicar, nessa exigência radical de que o presente acolha o sofrimento passado sem que um saber prévio o elida, uma proximidade com normas historiográficas e narratológicas que Walter Benjamin tentou formular a respeito de uma história dos vencidos. A transmissão ela mesma é o saber. Para além da descrição ou explicação dos fatos, a história humana teria por tarefa transmitir o inenarrável, única maneira de ser fiel ao passado e aos mortos, com todos os efeitos "terapêuticos" daí derivados, entre os quais a libertação em relação a esse mesmo passado em vista de uma nova atualidade[4].

Malgrado essa recusa que Lanzmann sustenta, cujo sentido parece aceitável e até próximo de Benjamin, duvido que alguém que já visitou um campo de extermínio não tenha sido sistematicamente estrangulado nas noites subsequentes pela pergunta por quê?, irrespondível, obsedante, incontornável. E Lanzmann nos obriga a recusar essa pergunta, sustentando uma cegueira diante daquilo que aconteceu, porém a cegueira como o modo mais puro do olhar sobre uma realidade que cega, ou seja, em outros termos, clarividência. Dirigir sobre o horror um olhar frontal exige que se renuncie, como diz ele, às distrações e escapatórias das quais a primeira, a mais falsamente central, é a questão do porquê. Para alguns historiadores, principalmente alemães, essa atitude só pode significar um culto estéril de uma memória mítica e monumental a respeito do genocídio, em que a diabolização do Holocausto, sua singularização extrema, acaba bloqueando nosso acesso a seu sentido histórico, com todos os seus nexos causais capazes de restituir-lhe alguma inteligibilidade. Apenas uma atitude objetiva (que eles chamam de científica) pode alinhavar os fatos, por mais horrendos que sejam, numa cadeia causal compreensível.

Claro que essa posição, mais ou menos consensual, tem mil variantes e dá lugar a muita discórdia. Saul Friedländer considera que o projeto de historicização do nazismo empreendido pelo historiador Martin Broszat, por exemplo, teria levado a uma relativização do genocídio[5]. Ernst Nolte e Hillgruber, por sua vez, ao revisarem

4) Jeanne Marie Gagnebin. *História e narração em Walter Benjamin*, op. cit., p. 122ss.
5) Peter Baldwin (ed). *Reworking the past*. Boston, Ed. Bacon Press, 1990; trata-se de uma troca de

a história do nazismo, privaram o Holocausto de seu caráter inédito, diluindo-o na história dos massacres do século XX etc., Mas não é meu propósito entrar nos termos dessa "controvérsia dos historiadores" que agitou a Alemanha na década de oitenta, contrapondo Habermas aos revisionistas, intencionalistas a funcionalistas etc. Só o mencionei para lembrar em que medida a opção "historiográfica" de Lanzmann não é inocente. Pois para ele, a serenidade dos historiadores em geral, com seu cortejo de explicações sobre a crise econômica, o lugar do judeu na sociedade europeia, o desenvolvimento tardio do Estado alemão, a história do antissemitismo ou da Igreja, a banalidade do mal etc., são de pouca serventia. Na ruminação infindável do incomensurável que ele empreende, através da mais minuciosa e detalhista rememoração, creio que se pode ler, como que no reverso da pergunta recusada sobre o porquê, a ideia de que há aí, ao longo de toda essa história, uma loucura da História que faz escândalo e que a razão historiográfica é incapaz de abarcar. Uma espécie de salto de Mefisto.

A blasfêmia de Syberberg

Tomemos a outra ponta dessa corda sobre o abismo, Hans Jürgen Syberberg e seu filme grandioso, intitulado *Hitler*, um filme da Alemanha. Também Syberberg recusa qualquer ficção realista, qualquer representação do passado tal como ele foi, qualquer reconstrução no estilo "psicologia da pistola", como ele diz. Também esse é um filme que se passa no presente, nesse nosso presente assediado pelos fantasmas do passado, pelas assombrações fantasmagóricas. Quase no início do filme, um diretor de circo anuncia o maior espetáculo do mundo, e acrescenta: "Temos que decepcionar a todos os que querem ver de novo Stalingrado ou o 20 de julho ou o lobo solitário no *bunker* do seu ocaso ou o Nuremberg de Riefenstahl. Mostramos a realidade, não os sentimentos das vítimas, tampouco a história dos especialistas, os grandes negócios com a moral e o horror, com o medo e a contrição e a arrogância e a cólera do justo. Isto é, nada de pornografia esquerdista de campos de concentração.". E seguem-se sete horas de um espetáculo fantasmal, verdadeiro teatro da mente alemã, onde comparecem no presente de um palco, de um estúdio, de um parque de diversões ou de um picadeiro tudo o que alimentou a aventura hitlerista, tudo o que a nutriu, a compôs, lhe deu sustentação, e também que lhe sobreviveu, numa rede imensa e complexa, apenas aparentemente disparatada: dos mitos à música, do Graal aos castelos da Baviera, De Ludwig II a Karl May, dos objetos de fetiche pertencentes ao Führer às obras de arte saqueadas por ele, figuras miniaturizadas, cães e águias gigantes, caixões fumegantes, cabeças boiando em águas borbulhantes, bonecos de toda sorte, manequins, marionetes, e ao fundo do palco projeções frontais de documentários da época nazista, *slides*, superposições, gravuras, projetos arquitetônicos, tudo ao som de marchas militares fusionadas à música de Wagner, entrecortadas pelos patéticos discursos de Goebbels, por manifestos futuristas, e a cada tanto a meditação sensual de um ator que representa o próprio Syberberg, e seguem as reflexões de Himmler deitado diante de seu massagista, um Himmler deslumbrado com a maneira pela

cartas entre Friedländer e Broszat. Devo ao historiador Roney Cytrinowicz, autor de *Memória da barbárie*, precisões sobre o debate em questão.

qual os monges budistas levam amarrado um sininho para espantar os insetos e evitar pisoteá-los no caminho, ou um cosmólogo prevendo o surgimento de uma raça de gigantes e o fim do mundo pela Era Glacial, ou o camareiro de Hitler falando das cuecas do Führer, tendo ao fundo imagens gigantes da chancelaria, tudo sempre testemunhado por uma menina de nove anos, com fitas de celuloide escorrendo pelos cabelos.

Grande filme audiovisual, uma inflação de camadas superpostas, as vozes de Hitler, os discursos de Hitler, filmes de propaganda de Hitler, filmes amadores sobre Hitler, fotos de Hitler, o cachorro com cara de Hitler, Hitler representado como Chaplin, Hitler vestido de Napoleão, Hitler como hipnotizador, Hitler como diabo, Hitler expulso do inferno, Hitler como ressuscitado, Hitler emergindo da tumba de Wagner vestido com toga romana, num grande monólogo em que conta a que ponto foi apenas o produto da civilização ocidental europeia, a realização de necessidades privadas e de sonhos de uma época, Hitler como um boneco nos joelhos de um ventríloquo, defendendo sua grande obra e convencendo-nos de que ganhou a guerra, pois o III Reich não foi mais do que um prelúdio, do qual seríamos os herdeiros, em toda parte. E segue-se uma vasta lista de crimes e técnicas de massa aprendidas com ele, aperfeiçoadas pelos EUA, Argentina, África, a televisão, o cinema, a indústria de entretenimento, a política, a economia. Eis uma das teses do filme: a Alemanha perdeu a guerra mas Hitler triunfou, ele que impôs a este século sua lógica diabólica, que fez da política essa arte das massas, esta obra de arte total. Esta é a segunda tese do filme, benjaminiana: Hitler, o mais pretensioso dos cineastas. É preciso vê-lo como cineasta, é preciso julgá-lo como cineasta. A própria Alemanha como um filme de Hitler, ou Hitler como um filme da Alemanha[6].

Hitler cineasta

O projetista particular de Hitler conta como até a guerra o Führer assistia a vários filmes por dia, depois disso, só atualidades filmadas no front, ou seja, esse filme grandioso e macabro do qual era ele o roteirista, diretor, protagonista, ator e espectador, no seu estúdio particular chamado Alemanha, ou o próprio mundo. Como diz Goebbels num discurso, já no fim da guerra: "Senhores, em cem anos mostrarão o filme que descreverá os espantosos dias que vivemos atualmente. Não querem representar um papel nesse filme? Cada um tem a oportunidade de escolher seu papel. Será um grande, belo e edificante filme, e por isso vale a pena sermos firmes". Representar a catástrofe, ser seu protagonista, esse novo e insano sonho contemporâneo. É sabido que cada regimento do exército alemão possuía sua companhia de propaganda, cuja função era essa síntese entre ação militar, ação cinematográfica, ação propagandística, permitindo que fatos ocorridos no front distante se tornassem imediatamente documentários jornalísticos, autênticos, na própria velocidade da *Blitz*. A aspiração crescente da guerra total, do espetáculo total, cada vez mais grandioso, cada vez mais capaz de rivalizar com Hollywood.

6) Susan Sontag. *Sob o signo de Saturno*. Porto Alegre, LP&M, 1986, p. 107, em seu esplêndido comentário que acompanho de perto: "Hitler de Syberberg".

É esse o sentido da pergunta que Goebbels dirige aos alemães, em 1943: "*Eu lhes pergunto, vocês querem a guerra total? Vocês ainda a querem mais total, mais radical do que podemos imaginá-la hoje?*". Dada a aprovação da assembleia, ele responde: "*Que a tempestade se inicie!*". A catarata de orgias de sangue, diante do sol nascente, o espetáculo total, a obra de arte total, a guerra total, o filme total. E onde Syberberg pretende rivalizar com o próprio Hitler, vencê-lo cinematograficamente[7]. Mas também, com isso, combater não o próprio Hitler, mas a imagem de Hitler, suas proliferações, o Hitler-em-nós, o Hitler do homem médio, o Hitler querido pela maioria e respaldado pela vontade popular. Syberberg propõe que cada qual se represente a si, represente o seu Hitler, tal e qual continua a representá-lo em toda parte. Hitler multiplicado, inflado, miniaturizado, agigantado, fantasmagorizado, é como uma catarse em que se quer esgotar o tema numa terapia do grito primal, esvaziar a própria representação, a imagem do nazismo. Christian Zimmer tem razão ao afirmar que o filme nos priva da representação do objeto odiado, com toda a dialética do amor e do ódio, da fascinação e do mimetismo, jogando-nos numa exterioridade, numa distância brechtiana, onde também qualquer pompa beira o ridículo, a imagem de grandeza é ela mesma negada, desinflada, apequenada, já seja pela presença dos fantoches, ou pelo kitsch, ou pelos detalhes anódinos que, em compensação, tornam a própria banalidade ignominiosa, a cotidianidade ganhando pouco a pouco as cores de horror[8]. Tudo é paradoxal nesse filme que oscila entre Wagner e Brecht, e que mostra como Hitler capturou o mito germânico, sequestrando o próprio irracional alemão.

Uma última ideia a respeito dessa chave de leitura presente nele. Não é um filme sobre uma catástrofe, mas sobre como a catástrofe se produziu como filme, a catástrofe como uma *mise-en-scène*, como uma mega-produção político-cinematográfica. Basta lembrar do Congresso de Nuremberg, grande encenação para virar um filme de Riefenstahl[9]. Ou Albert Speer, o arquiteto de Hitler, nomeado em 1942 projetista da guerra, para quem erguer uma construção era prever a maneira pela qual ela seria destruída, a fim de obter um tipo de ruína que depois de milênios pudesse inspirar pensamentos heroicos. Contra isso, o cinema de Syberberg mostra como é preciso que tudo se quebre, que tudo desmorone, que toda a parafernália mítica dessa Alemanha, ainda que seja a extraterritorial Alemanha do espírito, se revele como um amontoado de escombros para que dali seja extraída uma voz, para que ascenda um ato de fala avesso aos mitos dominantes. Como diz Susan Sontag a respeito desses solilóquios calmos, pesarosos, musicais em que alguém que representa o diretor medita o destino da Alemanha em meio aos seus fantasmas, numa lamentação lânguida, "ouvir essas vozes graves e inteligentes embargadas pela dor constitui uma experiência civilizadora": de algum modo elas supririam a incapacidade congênita dos alemães de realizarem um trabalho de luto.

---

7) Gilles Deleuze. Cinema 2, *A Imagem-tempo*. São Paulo, Brasiliense, 1990, pp. 319-321.
8) Christian Zimmer. Hitler unter uns. In *Syberbergs Hitler-Film*. Munique / Viena, Carl Hanser Verlag, 1980.
9) Paul Virilio. *Guerra e cinema*. São Paulo, Scritta, 1993, p. 129.

Um desejo de Hitler

Para os que acusam Syberberg de complacência com seu objeto (Hitler ou o nazismo), trata-se, obviamente, de um mal-entendido inevitável, já que Syberberg mergulhou no imaginário alemão, e encontrou ali o que nenhum cineasta ousou olhar de frente: um desejo de Hitler. Sem maniqueísmos fáceis, tão acusatórios quanto estéreis, ele enfrentou a dimensão desejante do nazismo, com seu teatro onírico, com seu repertório alucinatório, com sua carga de fascinação que nenhum reducionismo socioeconômico foi capaz de explicar – toda uma montagem complexa, um agenciamento subjetivo, mortífero e suicidário ao mesmo tempo. No romance de Klaus Mann chamado *Mefisto*, uma personagem sintetiza o espírito da época que corresponde a esse frenesi: "O heroísmo patético fazia cada vez mais falta a nossa vida... Na realidade, não marchamos no passo militar, avançamos titubeando... Nosso Führer bem-amado nos arrasta para as trevas e o nada... Como nós, poetas, que entretemos relações particulares com as trevas e o abismo, não o admiraríamos por isso? [...] Clarões de fogo no horizonte, rios de sangue sobre todos os caminhos, e uma dança de possessos dos sobreviventes, desses que ainda foram poupados em torno dos cadáveres!". Como não ver a paixão de abolição que atravessa tais textos, com seu fascínio mórbido e sua estética tentadora, ainda que o corpo a corpo com tal objeto monstruoso acabe respingando lama sobre quem se atreve a enfrentá-lo, fazendo incidir sobre o artista a suspeita de uma estranha perversão? Foucault comentou, a propósito, que Syberberg produziu um belo monstro.

Quanto à insuficiência das explicações trazidas pelos historiadores, sejam elas econômicas, políticas ou ideológicas, talvez coubesse invocar a ideia de Virilio sobre a natureza do que ele chamou de "Estado suicidário". O Estado suicidário é definido por ele como o "desencadeamento de um processo material desconhecido sem limites e sem objetivo... Uma vez desencadeado, seu mecanismo não pode culminar com a paz, pois a estratégia indireta instala efetivamente o poder dominante fora das categorias usuais do espaço e do tempo...". O fascismo nesse sentido seria quase o oposto do totalitarismo: ele não quer conservar-se, mas anuncia sua própria destruição através da destruição dos outros, num niilismo realizado[10]. É o que acontece quando uma máquina de guerra se apropria de um aparelho de Estado, e esse Estado, que antes tentava tamponar o que fugia e o ameaçava por todos os lados, agora monta sobre uma linha de fuga generalizada. O que em momento anterior talvez até fosse movimento de mutação, potencialmente disruptivo ou até revolucionário, agora se transforma em pura linha de destruição. Nesse salto, em que a molecularização fascista tem por objeto o buraco negro, uma espécie de paixão de abolição generalizada toma conta do corpo social e do próprio Estado, levando-o ao abismo, ao mesmo tempo que ele atira ao abismo os seus outros[11].

Tudo isso, evocado aqui de relâmpago, não pretende oferecer uma "explicação" que colmate a beância aberta pelo Excesso, esse excesso que Lanzmann fez questão de

---

10) P. Virilio. *L'insécurité du territoire*, citado por G. Deleuze e F. Guattari, *Mil platôs*, v. 111, pp 113-115.
11) Idem.

deixar exposto. Serve para sugerir que esse salto de Mefisto não deveria ser concebido como a mera encarnação de um Mal atemporal, nem de uma pulsão de morte intrínseca ao humano, tampouco como uma simples derivada de condições econômicas, políticas ou ideológicas. É, sem dúvida, uma montagem desejante complexa, um agenciamento subjetivo mortífero e suicidário ao mesmo tempo, que Syberberg soube mostrar no seu perigo mas também na sua sedução.

Da voz

Shoá e Hitler, dois filmes em tudo opostos, um priorizando as vítimas, outro os carrascos, um documental, o outro fantasmal, um ascético, o outro excessivo, um constituído por depoimentos reais das testemunhas oculares, o outro feito de pastiche e paródia, um econômico e repetitivo nas imagens, o outro saturado e proliferante, um iconoclasta, o outro iconomaníaco, um deliberadamente seco, o outro melancólico, verborrágico, poético, exaltado, sensual. E no entanto, desses dois filmes que inventaram cada qual uma estética singular para dar conta desse evento único, de ambos eleva-se uma voz à qual não podemos ficar indiferentes.

Num comentário sobre esse filme de Syberberg, Michel Foucault escreveu que o sonho do cineasta, do intelectual ou do filósofo é que a memória das pessoas estivesse suficientemente desperta para que não fosse preciso apelar para as carpideiras, os guardiães de cemitério, os discursadores frente aos monumentos de mortos. Isso liberaria os criadores da tarefa ingrata de escavadores da memória, para que pudessem olhar para o futuro e usar a imaginação como criadores de utopia[12]. Seria preciso perguntar se esses dois grandes filmes aqui abordados nos ajudam a realizar essa passagem.

Para ficar nos termos de meu sonho, caberia indagar se eles nos auxiliam a enterrar o cadáver, se eles nos permitem descobrir o que é que buscávamos nele antes de nos irmos – se o que esquecíamos, afinal, não era justamente de colher dele a Voz, e de levá-la conosco. Não será com ela que temos alguma chance de dar corpo a esse impalpável que somos depois de Auschwitz, almas penadas ou anjos errantes? Não será com a voz ali colhida que estaremos por fim em condições de escapar à sua assombração, emitindo outras vozes, inventando outras histórias, novos mitos e utopias?

A vergonha e o intolerável

Pois essa voz diz a vergonha e o intolerável. Até mesmo a vítima se envergonha, como o mostrou Primo Levi, ele que deu à vergonha uma extensão inaudita. Vergonha do mundo, vergonha de ter sido aviltado, vergonha de ter-se adaptado ao intolerável, de assim ter sobrevivido como um animal, de não ter feito nada ou não o suficiente contra o sistema que lhe deu sobrevida, vergonha de presenciar passivamente a morte dos que resistiram, vergonha de ter pecado por omissão de socorro, vergonha pela

---

12) Michel Foucault. Die vier Reiter der Apokalypse und die altäglichen kleinen Würmchen. In *Syberbergs Hitler Film*, op. cit., retomado em *Dits et Ecrits IV*. Paris, Gallimard, 1994, p. 102.

suspeita de que cada qual tenha sido o Caim de seu irmão, vergonha de concluir que Guerra é sempre, vergonha de que o homem seja o lobo do homem.

Quanto ao intolerável, ele requer, para ser flagrado a tempo, um exercício cartográfico constante e obstinado, e o que se poderia chamar de uma *pedagogia do intolerável*. É, sem dúvida, o que Lanzmann nos oferece em seu filme com uma coragem superior. Uma pedagogia do intolerável não consiste num culto do horror, nem no gozo mórbido, tampouco na monumentalização da tragédia, muito menos em qualquer miserabilismo ou vitimização. É coisa mais sóbria, mais inaparente, mais cáustica, privilégio de um poeta maior como Paul Celan, ou mesmo de um Primo Levi, cujo sonho em Auschwitz era afinal o mais humilde e que ele mesmo define assim: poder chorar, poder enfrentar o vento como antigamente, de igual para igual, não como vermes ocos sem alma! Jean-Luc Nancy o formulou com as seguintes palavras: o homem, aquele por quem o aniquilamento vem ao mundo, é sobretudo afirmação absoluta de ser; isto é, resistência absoluta e inabalável ao aniquilamento[13].

Talvez essas vozes que acompanham tão insistentemente as imagens de Lanzmann ou Syberberg digam, cada qual à sua maneira e desde sua perspectiva, a vergonha e o intolerável, a resistência e a afirmação absoluta. A meu ver, com isso elas extrapolam em muito essa Hecatombe que leva o enganoso nome de Holocausto, bem como o anseio de simplesmente "representá-lo". Para além dessa Catástrofe e de todas as outras, pretéritas, presentes e por vir, essas vozes prolongam a vida por outros meios.

---

13) Jean-Luc Nancy. Les deux phrases de Robert Antelme. In *Lignes*, n. 21. Paris, Editions Hazan, 1994.

REFERÊNCIA DOS TEXTOS

Os textos incluídos neste volume são, em sua maioria, versões modificadas de trabalhos apresentados em colóquios ou eventos diversos, em alguns casos já publicados. Todos foram alterados para as necessidades desta edição, seja no título, seja no corpo do texto.

Eu(reka)!
Apresentado no Seminário Comemorativo dos 20 anos do Instituto Sedes Sapientae, em 23 de maio de 1997, e publicado como "Subjetividades contemporâneas", em *Subjetividades Contemporâneas*, Instituto Sedes Sapientae, Ano 1, n. 1, São Paulo, 1997.

Direitos humanos e cyber-zumbis
Apresentado na mesa redonda sobre Direitos Humanos e Subjetividade, no I Seminário Nacional de Psicologia e Direitos Humanos, organizado pelo Conselho Federal de Psicologia e Comissão de Direitos Humanos da Câmara de Deputados, em 18 de maio de 1998, em Brasília.

Da claustrofobia contemporânea
Apresentado na mesa redonda sobre Neoliberalismo e Produção de Subjetividade, no IV Seminário Subjetividade e Instituições Públicas, promovido pelo Departamento de Psicologia da UFF, em Niterói, em 3 de dezembro de 1998.

Cidade, lugar do possível
Apresentado no Colóquio *A Cidade Vivente*, promovido pelo Movimento Instituinte de Belo Horizonte e pelo Instituto Félix Guattari de Belo Horizonte, em 19 de abril de 1997, e publicado nos seus Anais como "A cidade virtual".

Literatura e loucura
Apresentado no Colóquio *Rhizomatics, Genealogy, Deconstruction*, promovido pela Trent University, em Peterborough, Ontario, no Canadá, em 23 de maio de 1999.

Deserto Vermelho
Apresentado no Seminário Nacional *A Loucura pelas Lentes do Cinema*, em Porto Alegre, em 19 de novembro de 1994, e como "A Loucura no Deserto Vermelho", no evento *Pontos de Fuga*, da Universidade Livre, no Parque Lage, em 2 de dezembro do mesmo ano. Publicado em *Pontos de Fuga: visão, tato e outros*, Mauro de Sá Rego (org.), Rio de Janeiro, Taurus, 1996.

Ueinzz - Viagem a Babel
Apresentado na 1ª Jornada de Psicologia da Universidade Federal de Santa Maria (RG), intitulada *Um Balanço das Psicologias na virada do Século*, em 7 de novembro de 1997, e publicado no Boletim da Pulsional n. 110, em maio 1998.

O Tempo se Quebra
Tempo e Psicanálise
Da Psicose
Subjetividade Esquizo
Apêndices à tese de doutoramento em Filosofia intitulada *O tempo não reconciliado: Imagens de tempo em Deleuze*, defendida na FFLCH da USP em 2 de maio de 1996, sob orientação do Prof. Bento Prado Jr.

Imagens de tempo em Deleuze
Apresentado parcialmente no Colóquio Gilles Deleuze: *uma vida filosófica*, promovido pelo Colégio Internacional de Estudos Filosóficos Transdisciplinares e Centro Cultural Banco do Brasil, no Rio de Janeiro, em 5 de dezembro de 1995 e, em parte, nos *Encontros Internacionais Gilles Deleuze*, promovido pelo mesmo Colégio Internacional, no Rio de Janeiro, em 10 de junho de 1996.

Rizoma temporal
Palestra proferida em encontro do projeto IDEA, na ECO, UFRJ, no Rio de Janeiro, em 5 de novembro de 1996.

Tempo pós-moderno
Apresentado parcialmente na Semana de Filosofia promovida pelo Departamento de Filosofia da PUC-SP, em 20 de outubro de 1998, e no VII Encontro Nacional da Formação Freudiana, no Rio de Janeiro, em 24 de outubro de 1998.

O anjo da morte
Apresentado na *2ª Semana de Cinesofia*, organizada pela UFSC em Florianópolis, em 23 de agosto de 1994, em seguida no Colóquio Internacional sobre *O Estrangeiro*, na PUC-SP, em 3 de setembro, e reapresentado no Simpósio *Os Tempos na Psicanálise*, promovido pela Formação Freudiana, no Rio de Janeiro, em novembro do mesmo ano. Publicado como "O tempo não reconciliado", in *Temporalidade e Psicanálise*, Chaim Katz (org.), Rio de Janeiro, Vozes, 1996, e com variantes em *O Estrangeiro*, São Paulo, Escuta, 1998.

Lembrar de esquecer Lampe!
Publicado no *Boletim da Pulsional* n. 57, São Paulo, jan/1994.

A vergonha e o intolerável
Parcialmente apresentado na *1ª Semana de Cinesofia*, organizada pela UFSC em Florianópolis, em novembro de 1993, e publicado como "O Salto de Mefisto", in *Imagens* n. 2, São Paulo, 1994. O texto foi reapresentado em versão mais completa no evento *Catástrofe e Representação*, promovido pelo Centro de Estudos da Cultura, na PUC-SP, em 13 de novembro de 1997, e publicado no livro *Catástrofe e Representação*. Artur Nestrovski e Márcio Seligmann-Silva (orgs.). São Paulo, Escuta, 2000.

**CADASTRO
ILUMINURAS**

Para receber informações
sobre nossos lançamentos e
promoções envie e-mail para:

cadastro@iluminuras.com.br

Este livro foi composto em Times e Triplex pela *Iluminuras*
e terminou de ser impresso em abril de 2018 nas oficinas da
Meta Brasil Gráfica, em Cotia, SP.